telc

Einfach besser!

Deutsch für Berufssprachkurse B1
Kurs- und Arbeitsbuch

Milena Angioni
Nicole Fernandes
Maja Rettig
Gonca Bilge

telc gGmbH
Bad Homburg

Impressum

Einfach besser! Deutsch für Berufssprachkurse B1
Autorinnen Milena Angioni, Nicole Fernandes, Maja Rettig, Gonca Bilge
Phonetik Corinna Smars
Tests Birgit Kleist-Ostrowskyj, Pia McManama-Mundhenke
Testredaktion Ines Hälbig, Christian Langrock, Silvia Minge, Ingrid Dressel, Cornelia Völke
Mitarbeit Susanne Franz, Dr. Svea Koischwitz
Begutachtung Elena Grimm
Satz Christiane Manz
Tonaufnahmen ten7.ton.studio
Illustrationen Dominik Wendland, Lisa Frühbeis

Weitere Informationen zu unseren Lehrwerken finden Sie unter:
www.telc.net/lehrmaterialien

2. Auflage [2] 2024

© telc gGmbH, 2021
www.telc.net
Printed in Germany

telc Order-Nr.: V01-4004-BAC-2101A
ISBN: 978-3-946447-76-4

Liebe Kursleitende, liebe Lernende,

Einfach besser! Deutsch für Berufssprachkurse B1 ist das vollständig neu entwickelte Lehrwerk für den berufsorientierten Deutschunterricht auf dem Niveau B1 mit Stoff für 400 Unterrichtseinheiten. Es orientiert sich konsequent am Konzept für den Spezialkurs B1 und dem Lernzielkatalog des BAMF für die berufsbezogene Deutschsprachförderung und bietet eine gezielte Vorbereitung auf den *Deutsch-Test für den Beruf B1*.

Alle zwölf Lektionen von **Einfach besser! B1** bereiten auf den Berufsalltag in niederschwelligen Berufssektoren, auf Qualifizierungsmaßnahmen sowie auf den Besuch des Basiskurses B2 vor. Dabei berücksichtigt das Lehrwerk die Heterogenität der Zielgruppe insbesondere mit einer flachen Progression, passenden Aufgabentypen und -formaten sowie der einfachen Erklärung von komplexen Inhalten. Nach je zwei Lektionen im Kursbuch bieten Zwischenstopps die Möglichkeit zur Festigung und Wiederholung der Inhalte auf spielerische, kommunikative und interaktive Art, um die Motivation der Lernenden zu fördern. Alle Fertigkeiten werden gleichermaßen geübt – zum Training der Mediation auch in kombinierter Form. Im Lehrwerk finden Sie außerdem Redemittel- und Wortschatzlisten nach jeder Lektion sowie ein separates Kapitel zum Aussprachetraining.

Das Lehrwerk bereitet konsequent auf die Abschlussprüfung des B1-Spezialkurses, den *Deutsch-Test für den Beruf B1*, vor. Die Lektion *Fit für die Prüfung* führt die Lernenden Schritt für Schritt an das neue Prüfungsformat heran. Auch in den einzelnen Lektionen befinden sich Aufgaben, die dem Prüfungstraining dienen. Zwischentests zu den Lektionen und ein Übungstest runden das Angebot zur Prüfungsvorbereitung ab.

Die Lösungen, Hörtexte und Audiodateien des Lehrwerks können Sie hier herunterladen:
www.telc.net/lehrmaterialien/downloadbereich

Der Downloadbereich enthält außerdem Wortschatzlisten in verschiedenen Sprachen sowie weitere Zusatzmaterialien. Die Lehrerhandreichungen zum Lehrwerk können Sie kostenlos in unserem Webshop herunterladen: **shop.telc.net**. Mit dem digitalen Unterrichtsbegleiter für Kursleitende können Sie Ihren Unterricht online gestalten oder begleiten und mit interaktiven Übungen das Angebot des Lehrwerks ergänzen.

Einfach besser! B1 gehört zur Reihe **Einfach besser!** und führt die Teilnehmenden sicher zu B1. Das Lehrwerk berücksichtigt ein breites Spektrum an Berufen und alle wichtigen Kommunikationsfelder in der Ausbildung, Arbeit und Weiterbildung. Darüber hinaus vermittelt es Gepflogenheiten und Werte der deutschen Arbeitswelt.

Erfahrene Kursleiterinnen und Kursleiter haben uns bei der Entwicklung dieses Lehrwerks beraten. Wir freuen uns, Ihnen mit **Einfach besser! B1** ein aktuelles Lehrwerk vorlegen zu können, das optimal in berufsbezogenen Deutschkursen eingesetzt werden kann.

Viel Spaß und viel Erfolg wünscht Ihnen Ihr

J. Keicher
Geschäftsführer telc gGmbH

Inhalt

	KURSBUCH	
1	**Arbeit ist nur das halbe Leben.**	7
	Inhalt — Es freut mich, Sie kennenzulernen. I Small Talk in Alltag und Beruf I Erst die Arbeit, dann das Vergnügen!	
	Lernziele — Sich vorstellen I Small Talk führen I Lernstrategien austauschen und anwenden I Digitale Lernangebote kennenlernen I Über einfache Statistiken sprechen I Eine einfache Statistik erstellen	
	Grammatik — Trennbare und untrennbare Verben	
2	**Man lernt nie aus.**	15
	Inhalt — Die duale Ausbildung I Eine Weiterbildung I Die Berufsberatung	
	Lernziele — Ein Berufsinformationsgespräch verstehen I Sich über Ausbildungsmöglichkeiten informieren I Den Ablauf einer Ausbildung verstehen I Eine Sprachnachricht verstehen I Telefonisch einen Beratungstermin vereinbaren I Eigene Stärken und berufliche Ziele nennen I Ein Beratungsgespräch führen I Über berufliche Erfahrungen berichten	
	Grammatik — Sätze mit *sodass/so … dass, deshalb/darum/deswegen* I Vergleiche	
	Zwischenstopp A	23
3	**Hilfe bei der Jobsuche**	29
	Inhalt — Keine leichte Lebenssituation I Bei der Arbeitsagentur am Empfang I Das Beratungsgespräch	
	Lernziele — Über schwierige Lebenssituationen sprechen I Sich bei der Arbeitsagentur anmelden I Erforderliche Unterlagen vorbereiten I Im Beratungsgespräch Fragen beantworten I Informationen zum Sozialversicherungssystem verstehen I Informationen zur aktuellen Situation und zur bisherigen Stellensuche geben	
	Grammatik — Konjunktiv II für höfliche Bitten und Wünsche I Reflexive Verben mit Präpositionen	
4	**Auf Arbeitssuche**	37
	Inhalt — In welche Branche möchten Sie? I Selbst aktiv werden I Ein Stellenangebot	
	Lernziele — Wichtige Branchen und Berufe kennenlernen I Einem Vortrag relevante Informationen entnehmen I Sich über eigene Erfahrungen bei der Arbeitssuche austauschen I Ein Stellengesuch verfassen I Ratschläge für die Arbeitssuche geben I Sich über eine ausgeschriebene Stelle informieren	
	Grammatik — Präteritum	
	Zwischenstopp B	45
5	**Eine neue Chance**	51
	Inhalt — Der Lebenslauf I Das Anschreiben I Das Vorstellungsgespräch	
	Lernziele — Eine Stellenanzeige verstehen und ihr Informationen entnehmen I Einen tabellarischen Lebenslauf verstehen I Einen Lebenslauf schreiben I Ein Anschreiben verfassen I Ein Vorstellungsgespräch verstehen und führen I Auf Fragen im Bewerbungsgespräch eingehen	
	Grammatik — Sätze mit *damit, um … zu, indem* und *dadurch, dass*	
6	**Neuer Job, neues Glück**	59
	Inhalt — Der Arbeitsvertrag I Der erste Arbeitstag I Der Arbeitsantritt	
	Lernziele — In einem Arbeitsvertrag Informationen verstehen I Nachfragen zu einem Arbeitsvertrag stellen I Am ersten Arbeitstag Informationen verstehen und Anweisungen entgegennehmen I Sich mit neuen Kolleginnen/Kollegen unterhalten I E-Mails an das Personalbüro schreiben	
	Grammatik — Infinitiv mit *zu*	
	Zwischenstopp C	67

7	**Kommunikation am Arbeitsplatz**	73
Inhalt	Absprachen I Die Krankmeldung I Die Gehaltsabrechnung	
Lernziele	Teambesprechungen verstehen I Tagesordnungspunkte (TOPs) einer Team-besprechung verstehen I Ein Standardformular für den Urlaubsantrag ausfüllen I Eine schriftliche Krankmeldung verstehen und verfassen I Sich telefonisch krank-melden I Einer Gehaltsabrechnung Detailinformationen entnehmen	
Grammatik	Indirekte Fragen	

8	**Der Kunde ist König.**	81
Inhalt	Bestellungen und Lieferungen I Anfragen und Kundengespräche I Beschwerden	
Lernziele	Bestellungen aufgeben I Mit Lieferanten kommunizieren I Kundenanfragen verstehen und aufnehmen I Beratungs- und Verkaufsgespräche führen I Schrift-liche Beschwerden verstehen und formulieren I Mit Beschwerden umgehen	
Grammatik	Relativsätze	

	Zwischenstopp D	89

9	**Ah, diese Technik!**	95
Inhalt	Geräte in der Wäscherei I Funktion der Arbeitsgeräte I Sicherheit am Arbeitsplatz	
Lernziele	Beschreibungen von Arbeitsgeräten verstehen I Arbeitsgeräte beschreiben I Eine Bedienungsanleitung verstehen I Sich über Störungen bei Arbeitsgeräten austauschen I Mit dem Kundendienst telefonieren I Sicherheitshinweise und Vorschriften am Arbeitsplatz verstehen I Einen Arbeitsunfall melden I Dem Arbeitgeber einen Arbeitsunfall beschreiben	
Grammatik	Passiv Präsens und Präteritum	

10	**Gut gemacht!**	103
Inhalt	Viel Lob I Kritik auf der Arbeit I Konflikte im Beruf	
Lernziele	Lob ausdrücken und angemessen darauf reagieren I Mündliche und schriftliche Kritik verstehen I Konstruktiv Kritik üben I Auf Kritik angemessen reagieren I Probleme benennen und mögliche Lösungen besprechen	
Grammatik	Futur I I Zweiteilige Konnektoren	

	Zwischenstopp E	111

11	**Mein gutes Recht**	117
Inhalt	Die Kündigung I Die Zeugnisse I Mutterschutz und Elternzeit	
Lernziele	Ein Kündigungsschreiben verstehen I Ein Kündigungsgespräch mit dem Vorgesetzten führen I Ein einfaches Kündigungsschreiben verfassen I Ein Zwischenzeugnis verstehen I Ein Arbeitszeugnis verstehen und auf Richtigkeit prüfen I Informationen über Mutterschutz und Elternzeit verstehen I In einem Beratungsgespräch Informationen über Elternzeit verstehen	
Grammatik	Partizip II als Attribut I Komparativ und Superlativ als Attribut	

12	**Fit für die Prüfung**	125
Inhalt	Lesen I Lesen und Schreiben I Hören I Hören und Schreiben I Sprachbausteine und Schreiben I Sprechen	
Lernziele	Sich mit der Prüfung vertraut machen I Prüfungsrelevante Aufgabenformate kennenlernen I Zeitvorgaben für die einzelnen Prüfungsteile einhalten lernen	

	Zwischenstopp F	133

Inhalt

ARBEITSBUCH		**139**
Aussprachetraining		140
Übungen zu den Lektionen 1–11		145
1	Arbeit ist nur das halbe Leben.	145
2	Man lernt nie aus.	153
3	Hilfe bei der Jobsuche	161
4	Auf Arbeitssuche	169
5	Eine neue Chance	177
6	Neuer Job, neues Glück	185
7	Kommunikation am Arbeitsplatz	193
8	Der Kunde ist König.	201
9	Ah, diese Technik!	209
10	Gut gemacht!	217
11	Mein gutes Recht	225

TESTS	**233**
Zwischentest zu den Lektionen 1–3	234
Zwischentest zu den Lektionen 4–6	236
Zwischentest zu den Lektionen 7–9	239
Zwischentest zu den Lektionen 10–12	242
Übungstest *Deutsch-Test für den Beruf B1*	245

Die wichtigsten Abkürzungen und Symbole

🔊 8	Hörübung mit Trackangabe	Nom.	Nominativ
✓ ✗	richtig / falsch	Akk.	Akkusativ
		Pl.	Plural
📖 2	Verweis auf eine Aufgabe im Kursbuch	etw.	etwas
		jmd.	jemand
★	einfache Übung	jmdn.	jemanden
★★	mittelschwere Übung	jmdm.	jemandem
★★★	anspruchsvolle Übung	jmds.	jemandes
🙂😐🙁	Selbstevaluation		

Arbeit ist nur das halbe Leben.

Name	verheiratet, zwei Kinder
Alter	Damaskus (Syrien)
Geburtsort	Daja Sabia
Wohnort	32 Jahre
Familienstand	Reinigungskraft
Beruf	Dresden

1   Sich im Kurs vorstellen

a Suchen Sie sich eine Partnerin / einen Partner und stellen Sie
sich vor. Die Redemittel helfen Ihnen.

> **REDEMITTEL**
>
> **Einander kennenlernen**
>
> | | |
> |---|---|
> | Hallo, ich heiße … / Ich bin … | Wie heißen Sie? |
> | Hallo, mein Name ist … | Wie ist Ihr Name? |
> | Ich komme aus … | Woher kommen Sie? |
> | Ich bin … Jahre alt. | Wie alt sind Sie? |
> | Ich arbeite als … Ich bin … | Als was arbeiten Sie? / |
> | Ich möchte eine Ausbildung als / zum / zur … machen. | Was machen Sie beruflich? |
> | Ich mache eine Ausbildung als / zum / zur … | Und Sie? |
> | Ich gehe zur Schule und verbessere mein Deutsch / meine Deutschkenntnisse. | Was machen Sie momentan? |
> | Ich bin seit … in Deutschland. | Seit wann sind Sie in Deutschland? |
> | Meine Hobbys sind … | Was sind Ihre Hobbys? |
> | In meiner Freizeit … ich gern. | Was machen Sie gern in Ihrer Freizeit? |

b Suchen Sie sich gemeinsam ein anderes Paar und bilden Sie eine Gruppe. Stellen Sie Ihre
Partnerin / Ihren Partner vor. Wenn Sie Informationen vergessen haben, fragen Sie Ihre Partnerin /
Ihren Partner mithilfe der Fragen aus dem Redemittelkasten.

c Schreiben Sie einen Text über sich. Beginnen Sie mit den persönlichen Informationen, z. B. Ihrem
Namen. Schreiben Sie auch etwas über Ihren Beruf oder Ihre Arbeit. Sie können diese Fragen benutzen.

- Wer sind Sie? Wie alt sind Sie? Woher kommen Sie?
- Haben Sie schon gearbeitet? Wo? Wie lange? Mögen Sie Ihren Beruf?
- Welcher Beruf interessiert Sie? Was machen Sie gern? Wo möchten Sie arbeiten? Warum?

> *Mein Name ist … Ich bin … Jahre alt und komme aus …*
> *Ich habe fünf Jahre als … gearbeitet. Das war in …*
> *Die Arbeit mit … macht mir Spaß. …*

d Hängen Sie alle Texte im Kursraum auf. Lesen Sie die Texte
der anderen Kursteilnehmenden.

> **TIPP**
>
> Lesen Sie die anderen Texte
> genau. Vielleicht finden
> Sie besonders gute Wörter
> und Sätze, die Ihnen beim
> Schreiben helfen.

2   Daja stellt sich bei der Arbeit vor.

a   Was sehen Sie auf den Fotos? Sprechen Sie im Kurs.

b   Daja stellt sich bei Familie Meyer als neue Reinigungskraft vor. Hören Sie das Gespräch und ordnen Sie   **1 ◀))**
die Fotos aus 2a den Gesprächsteilen zu.

1 ☐ ▶ Hallo, Frau Sabia! Schön, dass Sie da sind. Kommen Sie doch herein!
   ▷ Hallo, Herr Meyer!

2 ☐ ▶ Guten Tag, ich bin Jan Rojek. Es freut mich, Sie kennenzulernen.
   ▷ Mich ebenfalls. Ich heiße Daja Sabia.

3 ☐ ▶ Hallo, ich bin Eva. Ich bin 19 Jahre alt und arbeite neben dem Studium in einem Callcenter.
   ▷ Hallo, Eva!

c   Hören Sie das Gespräch noch einmal und beantworten Sie die Fragen in Stichworten.   **1 ◀))**

1 Wie viele Kinder hat Daja?   *zwei Kinder*
2 Aus welcher Stadt kommt sie?
3 Seit wann ist Daja in Deutschland?
4 Wie alt ist Tom?
5 Welche Ausbildung möchte Dajas Sohn machen?

d   Welche Familienmitglieder gehören zusammen? Schreiben Sie.

~~Vater~~ | Schwester | Großvater | Sohn | Großmutter | Tochter | Tante | Neffe | Onkel |
Nichte | Schwiegervater | ~~Mutter~~ | Schwiegermutter | Bruder

Vater – Mutter,

e   Wählen Sie ein Mitglied Ihrer Familie aus. Machen Sie sich Notizen zu der Person und stellen Sie dann
das Familienmitglied im Kurs vor.

3 Ein bisschen quatschen ...

a Was ist Small Talk? Was bedeutet Small Talk für Sie? Sprechen Sie im Kurs.

b Was sind typische Small-Talk-Themen? Ergänzen Sie die Mindmap.

Wetter

Small Talk

Restaurantempfehlungen

Verspätung der Verkehrsmittel

c Ist Small Talk im Alltag anders als Small Talk im Beruf? Vermuten Sie in Kleingruppen.

4 Small Talk in *Saidans Obst- und Gemüseladen*

◀)) 2 **a** Hören Sie den Dialog zwischen Frau Rath und dem Verkäufer, Kazim Kader. Ergänzen Sie die Lücken.

▶ Guten Morgen, Frau Rath! Wie geht es Ihnen?

▷ Guten Morgen, Herr Kader! _____1_____. Ich habe mich leider ein bisschen erkältet. Und selbst?

▶ Das tut mir leid! Aber kein Wunder bei dem _____2_____.
Mir geht's gut, danke.

▷ Ja, das Wetter ist wirklich schrecklich gerade. Und ich habe gelesen, morgen fängt es auch noch an zu schneien!

▶ Oh, dann müssen wir uns noch wärmer anziehen. Ich hoffe aber, es hört schnell auf zu schneien. Was darf es denn sein, Frau Rath? Vielleicht ein paar Zitronen für eine heiße Zitrone gegen _____3_____ ?

▷ Gute Idee! Vier Stück, bitte. Dann nehme ich noch ein paar Tomaten mit.

▶ Sehen Sie sich mal die schönen Tomaten aus Spanien an. Die hat mein Chef heute Morgen frisch auf dem Großmarkt eingekauft.

▷ Ja, die sehen gut aus. Wiegen Sie mir bitte ein Kilogramm ab. Ich möchte meinem Sohn seine Lieblingstomatensoße kochen. Ich habe ein gutes _____4_____.

▶ Wie geht es denn Ihrem Sohn? Ich bin ihm neulich im Schwimmbad begegnet.

▷ Stimmt, er hat mir davon erzählt! Ja, er geht gern dorthin und entspannt sich von dem Stress in der Schule. Sonst geht es ihm gut, danke.

▶ Das freut mich! Ich habe vor Kurzem ein tolles neues Schwimmbad entdeckt. Das kann ich _____5_____. Mir fällt nur gerade der Name nicht mehr ein. Bekommen Sie denn sonst noch etwas?

▷ Nein, danke. Das wär's.

▶ Gut. Sie müssen aber noch ein Stück Pomelo probieren. Nehmen Sie ein Stück! Sie ist zuckersüß und saftig.

▷ Mmh, köstlich. Davon nehme ich gern noch eine mit. Was macht das dann, bitte?

▶ Acht Euro, bitte.

▷ Bitte sehr.

▶ Ich bedanke mich. Einen schönen Tag noch und _____6_____ Sie Ihren Sohn von mir!

▷ _____7_____. Das mache ich – versprochen! Bis bald!

b Lesen Sie den Dialog in 4a. Sind die Aussagen dazu richtig (✔) oder falsch (✘)? Kreuzen Sie an.

		✔	✘
1	Frau Rath ist ein bisschen krank.	☐	☐
2	Kazim Kader bietet Frau Rath Zitronen an.	☐	☐
3	Frau Rath möchte Tomatensoße kochen.	☐	☐
4	Kazim Kader hat den Sohn von Frau Rath getroffen.	☐	☐
5	Frau Rath braucht eine Pomelo für ihr Rezept.	☐	☐

c Lesen Sie den Dialog aus 4a mit Ihrer Partnerin / Ihrem Partner in verteilten Rollen.

d Lesen Sie den Text aus 4a noch einmal. Achten Sie dabei auf die trennbaren Verben. Markieren Sie alle trennbaren Verben und tragen Sie sie dann in eine Tabelle in Ihrem Heft ein. Schreiben Sie den Satz aus dem Text neben das Verb.

Trennbares Verb	Satz
anfangen	..., morgen *fängt* es auch noch *an* zu schneien.

an ✂ fangen

GRAMMATIK

Trennbare Verben

Präsens:	an | sehen	*Sehen Sie sich mal die schönen Tomaten aus Spanien an.*
Mit Modalverb:	an | ziehen	*Wir müssen uns wärmer anziehen.*
Perfekt:	ein | kaufen	*Die habe ich heute Morgen frisch auf dem Großmarkt eingekauft.*

---

e Welche weiteren trennbaren Verben kennen Sie schon? Sammeln Sie in Gruppen. Vergleichen Sie dann Ihre Ergebnisse im Kurs.

f Setzen Sie die richtige Verbform aus dem Text ein. Was ist hier anders? Sprechen Sie im Kurs.

1 Ich habe mich leider ein bisschen ....
2 Ich bin ihm neulich im Schwimmbad ....
3 Er geht gern dorthin und .... sich.
4 Das kann ich ....

GRAMMATIK

Untrennbare Verben

Präsens:	bekommen	*Ich bekomme noch ein Kilo Tomaten, bitte.*
Mit Modalverb:	erholen	*Er kann sich dort gut erholen.*
Perfekt:	entdecken	*Ich habe vor Kurzem ein tolles neues Schwimmbad entdeckt.*

---

g Schreiben Sie zu zweit einen eigenen Dialog zum Thema „Small Talk". Benutzen Sie die Verben aus 4d, e und f.

5 Ich muss noch lernen.

a Was machen Sie, wenn Sie vor einer Prüfung viel lernen müssen? Wie können Sie sich Sachen gut merken? Sprechen Sie im Kurs.

🔊 3   **b** Mia Radkowa kommt aus Bulgarien und will ihr Deutsch verbessern. Hören Sie den ersten Teil des Dialogs und beschreiben Sie ihre berufliche Situation. Sprechen Sie im Kurs.

🔊 4   **c** Hören Sie nun den zweiten Teil des Dialogs und kreuzen Sie die richtige Antwort an.

1   Wann ist die Prüfung?
- a ☐ in vier Wochen
- b ☐ in drei Wochen
- c ☐ in zwei Wochen

2   Was empfiehlt Mia:
Wo kann Pierre in Ruhe lernen?
- a ☐ zu Hause
- b ☐ in der Stadt
- c ☐ in der Bibliothek

3   Wie lernt Pierre in der U-Bahn?
- a ☐ mit Karteikarten
- b ☐ mit digitalen Karteikarten
- c ☐ mit einem Plan

4   Was kann die neue Vokabel-App von Mia?
- a ☐ Youtube-Videos abspielen
- b ☐ Fotos für digitale Karteikarten nutzen
- c ☐ Lernportale anzeigen

🔊 4   **d** Mia und Pierre geben einander Lerntipps. Hören Sie noch einmal und sammeln Sie die Tipps.

Lerntipps

1   einen ruhigen Ort zum Lernen suchen, wo man sich konzentrieren kann

2   den Lernstoff organisieren: Vokabeln auf ....1........... schreiben

3   sich mit anderen zusammentun und eine ....2........... bilden

4   den Lernstoff mehrmals ....3..........., damit man sich den Inhalt merken kann

5   einen ....4........... erstellen, damit genug Zeit zum Lernen ist

6   digitale Lernangebote nutzen wie ....5..........., ...6...........,
...........7...........

e Haben Sie noch andere Lerntipps? Ergänzen Sie die Liste mit Ihrer Partnerin / Ihrem Partner. Stellen Sie dann Ihre Ideen im Kurs vor.

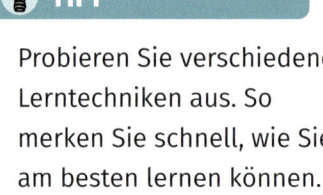

💡 **TIPP**

Probieren Sie verschiedene Lerntechniken aus. So merken Sie schnell, wie Sie am besten lernen können.

6 Und was machen Sie gern in Ihrer Freizeit?

a Sehen Sie sich die Grafik zum Thema „Freizeit" in Deutschland an. Beantworten Sie die Fragen 1–5 in Stichworten in Ihrem Heft. Sprechen Sie dann in Kleingruppen.

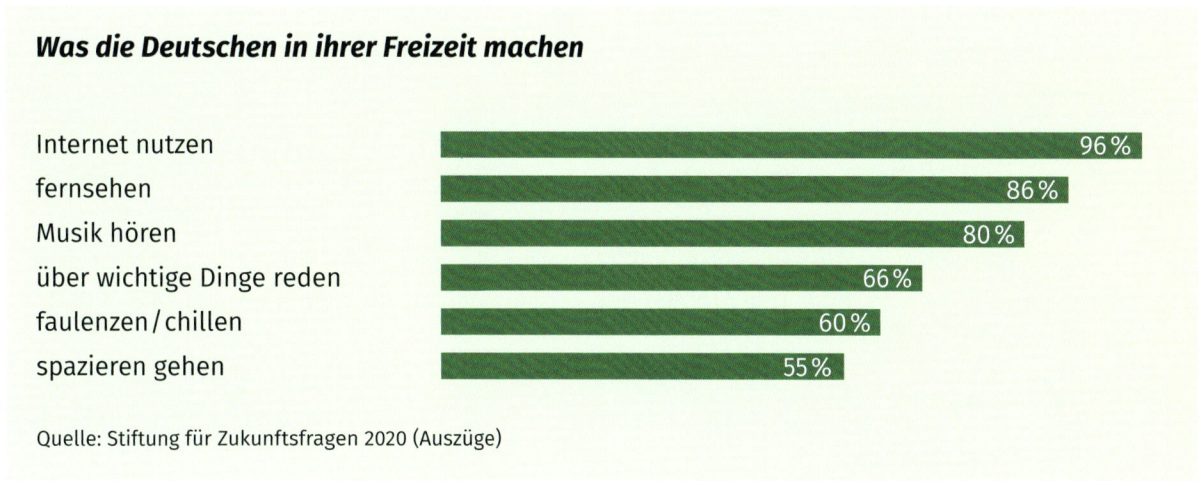

Was die Deutschen in ihrer Freizeit machen

Internet nutzen	96 %
fernsehen	86 %
Musik hören	80 %
über wichtige Dinge reden	66 %
faulenzen/chillen	60 %
spazieren gehen	55 %

Quelle: Stiftung für Zukunftsfragen 2020 (Auszüge)

1 Was finden Sie interessant oder überraschend an der Grafik?

2 Welche Hobbys sind in Ihrem Land beliebt?

3 Gibt es Unterschiede zu Deutschland?

4 Was machen Sie gern in Ihrer Freizeit?

> Ich finde interessant, dass ... Prozent der Deutschen ...

> Mich überrascht, dass ...

b Sprechen Sie im Kurs über die folgenden Fragen.

- Nutzen Sie das Internet auch so häufig?
- Was machen Sie im Internet: E-Mails schreiben, Informationen suchen oder anderes?
- Machen Sie das am Computer oder am Smartphone?
- Wie gut kennen Sie sich damit aus?

c Was machen die anderen in Ihrem Kurs gern in ihrer Freizeit? Erstellen Sie eine Kursstatistik.

Internet nutzen	IIII IIII	über wichtige Dinge reden	
fernsehen		faulenzen/chillen	
Musik hören		spazieren gehen	

d Schreiben Sie Sätze über die Kursstatistik in 6b in Ihr Heft.

> Zehn Personen aus unserem Kurs nutzen in ihrer Freizeit das Internet.

Sprachbausteine

Small Talk: Erstes Kennenlernen im Beruf

▶ Schön, dass Sie da sind! Kommen Sie doch herein!

▷ Vielen Dank, gern.

▶ Es freut mich, Sie kennenzulernen.

▷ Mich ebenfalls.

▶ Darf ich Ihnen den Mantel / die Jacke / die Tasche abnehmen?

▷ Gern, vielen Dank.

▶ Sie haben mir bei unserem Telefonat erzählt, dass …

▷ Ja / Nein, ich …

▶ Darf ich Ihnen Frau / Herrn … vorstellen?

▷ Guten Tag. Es freut mich, Sie kennenzu-lernen. Mein Name ist … / Ich heiße …

▶ Ich freue mich, dass Sie heute bei uns anfangen.

▷ Ich mich ebenfalls.

▶ Jetzt zeige ich Ihnen erst mal Ihren Arbeitsplatz. Das interessiert Sie sicher sehr.

▷ Vielen Dank. Ich bin schon gespannt.

Small Talk: Zeitangaben

Was machen Sie **momentan**?

Gerade arbeite ich in einem Callcenter.

Im Moment suche ich eine Ausbildungsstelle.

Aber **jetzt** zu dir.

Ich freue mich, dass Sie **nun** bei uns sauber machen.

Ich bin Ihrem Sohn **neulich** im Schwimmbad begegnet.

Ich habe **vor Kurzem** ein tolles neues Schwimmbad entdeckt.

Sie haben ja **schon** bei unserem Telefonat erzählt, dass Sie auch zwei Kinder haben.

Dazu muss ich aber **erst einmal** die Prüfung bestehen.

Jetzt habe ich **erst mal** angefangen, Vokabeln auf Karteikarten zu schreiben.

Ich benutze **bis jetzt** noch keine App, aber ich schaue mir gern Videos zum Thema „Deutschland" an.

Grammatik

Trennbare Verben und untrennbare Verben

Viele Verben haben ein Präfix. Die wichtigsten Präfixe, mit denen **trennbare Verben** beginnen, sind die folgenden: *ab-, an-, auf-, aus-, bei-, ein-, los-, mit-, nach-, her-, hin-, vor-, weg-, zu-, zurück-.*

ein ✂ kaufen				
Präsens	*Frau Rath*	**kauft**	*Tomaten*	**ein.**
Mit Modalverb	*Frau Rath*	muss	*Tomaten*	**einkaufen.**
Perfekt	*Sie*	hat	*heute Morgen Tomaten*	**eingekauft.**

Die wichtigsten Präfixe, mit denen **untrennbare Verben** beginnen, sind die folgenden: *be-, emp-, ent-, er-, ge-, miss-, ver-, zer-.*

bekommen				
Präsens	*Du*	**bekommst**	*heute eine Lieferung.*	
Mit Modalverb	*Du*	möchtest	*heute eine Lieferung*	**bekommen.**
Perfekt	*Du*	hast	*eine Lieferung*	**bekommen.**

Man lernt nie aus.

Ausbildung	Weiterbildung
dauert länger	dauert kürzer
...	...
...	–

 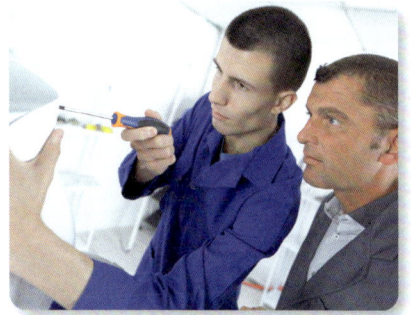 

1   Ein Informationsgespräch

a   Sehen Sie sich das Foto an. Wo sind Daja Sabia und ihr Sohn? Mit wem sprechen sie? Was ist das Thema? Vermuten Sie mit Ihrer Partnerin / Ihrem Partner.

> *Ich denke, sie sind in/bei …*

> *Vielleicht sprechen sie mit …*

> *Ich glaube, sie sprechen über …*

🔊 5   **b**   Hören Sie das Gespräch. Sind die Aussagen dazu richtig oder falsch? Kreuzen Sie an.

		✓	✗
1	Die Beratung ist vor allem für Daja.	☐	☐
2	Es geht vor allem um das Thema „Weiterbildung".	☐	☐
3	Ahmad findet, dass die Ausbildung lange dauert.	☐	☐
4	Als Elektroniker sollte man sich für das Fach Physik interessieren.	☐	☐
5	Man verdient erst am Ende der Ausbildung Geld.	☐	☐
6	Für die Ausbildung als Elektroniker braucht man mindestens den Hauptschulabschluss.	☐	☐
7	Es gibt verschiedene Fachrichtungen des Berufs.	☐	☐
8	Daja hätte auch gern eine Beratung.	☐	☐

c   Ordnen Sie den Kategorien 1–6 die passenden Informationen aus dem Dialog zu.

1   Dauer der Ausbildung   a   Technik und Physik
2   erforderlicher Schulabschluss   b   dreieinhalb Jahre
3   erforderliche Interessen   c   700 bis 920 Euro brutto
4   monatlicher Verdienst   d   Betrieb und Berufsschule
5   Ausbildungsorte   e   Geräte und Systeme
6   mögliche Fachrichtung   f   Erster Schulabschluss

d   Welche Wörter aus dem Dialog finden Sie in der Wortschlange? Markieren Sie und erklären Sie die Wörter anschließend Ihrer Partnerin / Ihrem Partner.

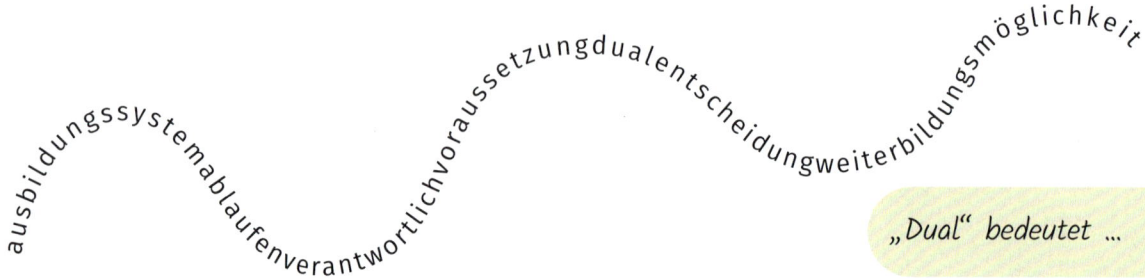

ausbildungssystemablaufenverantwortlichvoraussetzungdualentscheidungweiterbildungsmöglichkeit

> *„Dual" bedeutet …*

e Hören Sie die Ausschnitte aus dem Gespräch noch einmal und ergänzen Sie die Wörter.   6 🔊🚩

1   Ich möchte Ihnen an der richtigen Stelle helfen,
    deshalb   *brauche*   ich noch ein paar Informationen.

2   Man muss so viel über Technik und Handwerk lernen,
    _____ man die Verantwortung danach auch tragen _____.

3   Und an ein oder zwei Tagen pro Woche lernt man die Theorie,
    _____ _____ man zur Berufsschule.

4   Über die Fachrichtungen solltest du dich dann noch genauer informieren,
    _____ du da die richtige Entscheidung treffen _____.

5   Ich könnte ein paar Ideen für meine Zukunft brauchen,
    _____ _____ ich auch gern eine Berufsberatung.

f Markieren Sie die Verben in 1e und ergänzen Sie die Regel.

> **GRAMMATIK**
>
> **Sätze mit *sodass/so ... dass* und *deshalb/darum/deswegen***
>
> Folge | am Ende | auf Position 2
>
> Sätze mit *so ... dass* und *sodass* drücken eine _____1_____
> aus. Das Verb steht _____2_____. (Nebensatz)
>
> *Ich informiere mich gut, **sodass** ich gute Entscheidungen treffe.*
>
> Auch Sätze mit *deshalb/darum/deswegen* drücken eine Folge
> aus. Das Verb steht _____3_____. (Hauptsatz)
>
> *Ich möchte mich gut informieren, **deswegen** gehe ich zur
> Berufsberatung.*

Ich möchte in einer Minute Deutsch lernen, deshalb habe ich diese Maschine gebaut.

g Bringen Sie die Sätze in die richtige Reihenfolge. Der Grammatikkasten in 1f hilft Ihnen.

1   Ahmad möchte eine Ausbildung zum Elektroniker machen, darum | zur Berufsberatung | geht | er | .

2   Ahmad hat noch Fragen zur Ausbildung, deswegen | er | braucht | Hilfe | .

3   Familie Sabia lebt in Deutschland, deshalb | möchte | hier | Daja | arbeiten | .

4   Ahmad ist so interessiert an einer Ausbildung, dass | recherchiert | im Internet | er | .

5   Daja ist zufrieden mit der Berufsberatung, sodass | vereinbart | sie | einen weiteren Termin | .

h Sprechen Sie zu zweit über das Thema „Ausbildung".

- Welche Ausbildung haben Sie gemacht oder möchten Sie machen? Warum?
- Welche Berufe interessieren Sie? Recherchieren Sie unter
  https://planet-beruf.de/schuelerinnen/welche-ausbildungen-gibt-es/welche-berufe-gibt-es/berufe-a-z/

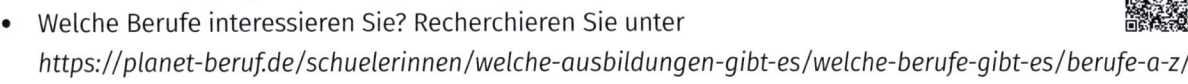

2 Ein Beratungsangebot

🔊 7 **a** Daja hat eine Nachricht auf der Mailbox und macht sich Notizen dazu. Hören Sie und ergänzen Sie.

Zu erledigen:

- ....1................................ *vom*
  Berufsberatungszentrum Nord zurückrufen
- *Telefonnummer:* ....2.............
- *Sprechzeiten:* ....3...............

b Daja ruft zurück. Schreiben Sie zu zweit den Dialog in Ihr Heft und nutzen Sie dazu die Redemittel. Spielen Sie die Situation mit Ihrer Partnerin / Ihrem Partner nach.

Situation: Am Telefon

Frau Paulsen
- nimmt Anruf an und begrüßt am Telefon
- schlägt einen Termin am 8.2. um 14 Uhr vor
- fragt, ob es am 10.2. um 11 Uhr geht
- verabschiedet sich

Daja Sabia
- begrüßt am Telefon und nennt den Grund des Anrufs
- lehnt den ersten Terminvorschlag ab
- nimmt den Terminvorschlag am 10.2. um 11 Uhr an
- verabschiedet sich

REDEMITTEL

Telefonisch einen Termin vereinbaren

Begrüßung am Telefon
- ▶ Paulsen, guten Tag …
- ▷ Guten Tag, mein Name ist …

einen Termin vorschlagen
Geht es bei Ihnen am … um … Uhr?
Können Sie am … um …?

nach einem anderen Termin fragen
Geht es auch am …?
Geht es um …?
Geht es nachmittags?

Verabschiedung am Telefon
- ▶ Vielen Dank, auf Wiederhören.
- ▷ Danke schön und einen schönen Tag noch.

den Grund des Anrufs nennen
Ich rufe Sie zurück, weil ich einen Beratungstermin vereinbaren möchte.
Ich rufe zurück, um einen Beratungstermin zu vereinbaren.

einen Terminvorschlag ablehnen
Nein, da geht es leider nicht.
Nein, da kann ich leider nicht.

einen Terminvorschlag annehmen
Ja, das passt gut.
Ja, da habe ich Zeit.

3 Am wichtigsten ist der nächste Schritt.

a Mia und Daja treffen sich zufällig. Hören Sie das Gespräch und beantworten Sie die Fragen in Stichworten.

8 ((▶

1 Wo treffen sich Daja und Mia? ....

2 Woher kennen sie sich? ....

3 Wo arbeitet Mia? ....

4 Was macht sie dort? ....

5 Was will sie bald machen? ....

6 Was möchte Daja verändern? ....

b Hören Sie das Gespräch noch einmal. Welche Formulierung ist richtig? Unterstreichen Sie.

8 ((▶

1 Daja war nicht so lange im letzten Deutschkurs **als / am / wie** Mia.

2 Dajas Tochter war lange krank. Aber jetzt geht es ihr viel **besser / am besten / gut.**

3 Ein Job an der Kasse macht Mia **am meisten / mehr / viel** Spaß als die Arbeit mit den Burgern.

4 Daja möchte eine feste Stelle, damit ihr Gehalt **höher / hoch / am höchsten** als jetzt ist.

5 Mia findet es **genauso wichtig wie / wichtiger / am wichtigsten,** dass man den ersten Schritt macht.

> **GRAMMATIK**
>
> **Vergleiche**
>
> *Daja ist jetzt viel motiviert**er als** vor der Berufsberatung.*
>
> ***Am** wichtig**sten** ist der nächste Schritt.*
>
> *Sie spricht **genauso** gut Deutsch **wie** er.*
>
> *Daja war **nicht so** lange im Deutschkurs **wie** Mia.*

c Was passt? Ergänzen Sie.

> **GRAMMATIK**
>
> | | | |
> |---|---|---|
> | gut | besser | am besten |
> | gern | lieber | am liebsten |
> | viel | mehr | am meisten |

mehr | besser | lieber | besten

1 Mia ist gut im Kontakt mit Kunden. Das kann sie viel .... als viele Kollegen.

2 In ihrem nächsten Job möchte Daja .... Geld verdienen als im Moment.

3 Mia möchte .... an der Kasse arbeiten als in der Küche.

4 Hoffentlich findet Daja einen Job hier in der Nähe. Das wäre am .... für sie.

d Markieren Sie die Adjektive in 3b und 3c. Ergänzen Sie die Tabelle mit den Adjektiven in Ihrem Heft.

+	++	+++
lange	*länger*	*am längsten*

e Schreiben Sie Vergleiche über bekannte Persönlichkeiten. Präsentieren Sie Ihre Ergebnisse im Kurs.

4 Stärken und berufliche Ziele

a Daja teilt ihre Erfahrungen bei der Berufsberatung in einem Forum, in dem sich Migranten über ihre Erfahrungen in Deutschland austauschen. Lesen Sie den Text. Sind die Aussagen dazu richtig oder falsch? Kreuzen Sie an.

1 Daja_1224	 **Forum**
15.03., 16:08 Uhr Hallo zusammen,	

mein Name ist Daja, ich bin 32 Jahre alt und ich brauche eure Hilfe zum Thema „Weiterbildung". Ich arbeite in Deutschland als Reinigungskraft in Privathaushalten.
5   In meiner Heimat Syrien habe ich zehn Jahre lang die Schule besucht und dann eine Familie gegründet. Deshalb war für eine Ausbildung oder eine Arbeit keine Zeit. Jetzt möchte ich gern eine feste Stelle und auch besser verdienen. Die Berufsberaterin hat mir verschiedene Möglichkeiten zur Weiterbildung genannt: Ich kann entweder eine Weiterbildung im Bereich Gebäudereinigung oder in der
10   Textilreinigung machen. Als Gebäudereinigerin könnte ich dann zum Beispiel in großen Firmen die Büros reinigen. Textilreiniger braucht man in Wäschereien oder auch Hotels. In beiden Berufen würde ich besser verdienen.

Jetzt muss ich mich entscheiden! Habt ihr schon Erfahrung in diesen Berufsfeldern und könnt mir bei der Entscheidung helfen? Ich freue mich über alle Tipps!

15   Viele Grüße
Daja

		✓	✗
1	Daja ist in Deutschland zur Schule gegangen.	☐	☐
2	Die Berufsberaterin hat über Ausbildungsberufe gesprochen.	☐	☐
3	Daja muss eine Entscheidung treffen.	☐	☐

b Lesen Sie den Text in 4a noch einmal und markieren Sie die Informationen zu den folgenden Fragen. Beantworten Sie dann die Fragen in ganzen Sätzen in Ihrem Heft.

1   Als was hat Daja bisher in Deutschland gearbeitet?

2   Hat sie Berufserfahrung in Syrien gesammelt?

3   Was wünscht sich Daja von einer neuen Stelle?

4   Welche Optionen hat Daja jetzt?

c Was denken Sie? Welche Stärken braucht Daja für ihre Arbeit? Sprechen Sie im Kurs.

> 💡 **TIPP**
>
> Wenn Sie eine Arbeit suchen, ist es wichtig, Ihre Stärken und Schwächen zu kennen. Überlegen Sie, was Sie gut können und was weniger gut.

d Bilden Sie zwei Kreise, einen außen und einen innen. Zwei Personen stehen sich gegenüber. Nennen Sie der anderen Person Ihre Stärken. Dann rückt der Außenkreis eine Position weiter. Nennen Sie dann eine weitere Stärke.

pünktlich | genau | hilfsbereit | kreativ | motiviert |
geduldig | konzentriert | freundlich | teamfähig |
kommunikativ

Ich bin immer pünktlich.

Ich arbeite sehr genau.

5 Rollenspiel: Bei der Berufsberatung

a Sprechen Sie mit Ihrer Partnerin / Ihrem Partner über Ihr berufliches Ziel und Ihren nächsten Schritt.

> *Mein Ziel ist eine feste Stelle in der Pflege.*

> *Mein nächster Schritt ist eine Berufsberatung, sodass ich mehr Informationen bekomme.*

b Machen Sie sich Notizen zu den Fragen.
Spielen Sie dann den Dialog mit Ihrer Partnerin / Ihrem Partner.

> *Ich kann gut nähen.*

Fragen von der Berufsberatung

- Haben Sie eine Idee, was Sie beruflich machen möchten?
- Was ist für Sie wichtig bei der Arbeit?
- Wie viele Stunden möchten Sie pro Woche arbeiten?
- Haben Sie Berufserfahrung in Ihrem Herkunftsland oder in Deutschland gesammelt?
- Was können Sie gut? Was fällt Ihnen nicht leicht?
- Was haben Sie schon als Kind gern gemacht?
- Welche Frage haben Sie an die Berufsberatung?

> *Ich habe alte Menschen gepflegt.*

c Die Berufsberaterin / Der Berufsberater aus 5b macht Vorschläge. Variieren Sie die Dialoge mit Ihren eigenen Ideen.

REDEMITTEL

Eine Lösung finden

Vorschläge machen

Sie könnten als Elektroniker arbeiten.
Warum arbeiten Sie nicht in einem Supermarkt?
Sie könnten Reinigungskraft werden.

Vorschläge annehmen	**Vorschläge ablehnen**
Das ist eine gute Idee.	Nein, ich glaube, das ist nichts für mich.
Das klingt gut.	Ich denke, das ist mir zu …
Ja, warum nicht?	Nein, das halte ich für keine gute Idee.

---

d Welche Erfahrungen haben Sie mit Berufsberatungsangeboten? Wo gibt es Berufsberatungsangebote für Migrantinnen / Migranten in Ihrer Nähe? Bietet Ihr Deutschkursträger eine Beratung an? Schreiben Sie einen Forumsbeitrag wie in 4a über Ihre Erfahrungen in Ihr Heft.

Sprachbausteine

Beratungsgespräch zur Aus- und Weiterbildung

Können Sie mir ein paar Ideen für meine Zukunft zeigen? Ich möchte mich gern beruflich weiterentwickeln.

Ich interessiere mich für die Ausbildung/ Weiterbildung zum/als … Können Sie mir bitte ein paar Fragen beantworten?

Ich möchte gern wissen, wie eine Ausbildung in Deutschland abläuft.

Können Sie mir ein paar grundsätzliche Informationen zu dieser Ausbildung/Weiter-bildung geben?

Wie lange dauert diese Ausbildung normalerweise?

Wann muss ich mich für eine Fachrichtung entscheiden?

Bekommt man in der Ausbildung schon Geld?

Interesse ausdrücken

Ich hätte gern eine feste Stelle als …

Ich möchte nicht den ganzen Tag im Büro arbeiten. Ich arbeite gern draußen.

Ich kann mir die Arbeit als … gut vorstellen.

Meinen Job als … finde ich ziemlich langweilig.

Qualifikationen

Welche Voraussetzungen gibt es für die Arbeit als …?

Welchen Schulabschluss braucht man für die Ausbildung als …?

Grammatik

Konsekutivsätze

Sätze mit *so … dass* und *sodass*

Sätze mit *so … dass* und *sodass* drücken eine Folge aus. Das Verb steht im Nebensatz am Ende.

*Er ist **so** interessiert an der Ausbildung, **dass** er stundenlang im Internet recherchiert.*

*Über die Weiterbildungen solltest du dich informieren, **sodass** du die richtige Entscheidung triffst.*

Sätze mit *deshalb/darum/deswegen*

Auch Sätze mit *deshalb/darum/deswegen* drücken eine Folge aus. Sie sind Hauptsätze und das Verb steht direkt danach auf Position 2.

*Ich möchte Ihnen helfen, **deshalb** brauche ich noch ein paar Informationen.*

Adjektive: Vergleiche

Adjektive können gesteigert werden. Man kann so verschiedene Dinge, Personen o. Ä. miteinander vergleichen.

	Positiv (+)	Komparativ (++)	Superlativ (+++)
Regelmäßig	schnell	schneller	am schnellsten
Mit Umlaut	lange	länger	am längsten
Unregelmäßig	gut	besser	am besten

*Pedro ist **schneller als** Sarah.   Maria ist noch schneller als Sarah, sie ist **am schnellsten.***

Weitere Vergleichsformen

*Sie hat **(genau)so viel** Berufserfahrung wie er.   Ich habe **nicht so viel** Zeit **wie** früher.*

1 Ich stelle mich vor.

a Was passt nicht? Streichen Sie durch.

1 Ich bin **ledig / 33 Jahre alt / zwei Kinder / arbeitslos.**
2 Ich habe **drei Geschwister / ein Kind / einen Job / 25 Jahre alt.**
3 Ich mache **einen Deutschkurs / Schüler / eine Ausbildung / eine Weiterbildung.**
4 Ich arbeite **Ausbildung / in einem Restaurant / als Reinigungskraft / bei McBurger.**

b Spielen Sie ein Kettenspiel in Kleingruppen. Sie beginnen einen Satz mit *Ich bin / habe / mache / arbeite*, Ihre Partnerin / Ihr Partner beendet den Satz. Die nächste Person beginnt einen neuen Satz.

2 Small Talk

a Schreiben Sie zu den folgenden Small-Talk-Themen mindestens je zwei Fragen.

Wetter | Ihr Ort | Essen | Wochenende | Gesundheit | Sport

....
....
....
....
....
....
....
....
....
....

b Machen Sie einen Klassenspaziergang und führen Sie Small Talk. Sprechen Sie mit jedem Partner drei Minuten lang, danach wird auf ein Signal hin gewechselt. Beginnen Sie mit dem Thema, das Sie würfeln.

1 Ihr Kursort | 2 Wetter | 3 Wochenende | 4 Essen | 5 Gesundheit | 6 Sport

3 Lernen und Arbeiten

a Suchen Sie sechs Wörter aus den Lektionen 1 und 2 und schreiben Sie sie. Die Wörter sind waagerecht oder senkrecht versteckt.

F	S	T	E	L	L	E	D	J	V	V	D
N	R	J	M	C	S	J	U	B	S	E	K
I	S	A	I	G	B	P	S	E	I	R	S
Z	F	U	T	L	I	B	A	T	O	A	N
O	O	S	L	B	B	C	Y	R	J	N	D
G	G	B	V	I	L	X	Y	I	F	T	Y
E	L	I	E	L	I	B	W	E	F	W	Y
H	T	L	M	L	O	O	B	B	C	O	E
A	X	D	B	B	T	O	K	C	X	R	O
L	R	U	C	N	H	A	U	E	F	T	W
T	I	N	C	T	E	I	Z	L	L	U	Z
W	G	G	N	I	K	F	O	N	I	N	H
A	R	E	R	S	D	F	G	H	J	G	K

....

....

....

....

....

....

b Arbeiten Sie zu zweit und erklären Sie je ein Wort aus 3a. Ihre Partnerin / Ihr Partner rät, welches es ist.

4 Einen Termin vereinbaren

a Lesen Sie den Dialog und bringen Sie ihn in die richtige Reihenfolge.

- [ ] ▶ Ja, Sie sind in der Eichenstraße 9a, oder?
- [ ] ▶ Ja, aber nur mittwochs.
- [ ] ▶ Guten Tag, hier spricht Latifa Abdul. Ich hätte gern einen Beratungs-termin.
- [ ] ▶ Auf Wiederhören.
- [ ] ▷ Bürgerhaus Nord, mein Name ist Kimming, was kann ich für Sie tun?
- [ ] ▶ Ja, das passt gut.
- [ ] ▷ Richtig. Auf Wiederhören, Frau Abdul.
- [ ] ▷ Ja, gern. Was für eine Beratung brauchen Sie denn, eine Sozialberatung, eine Erziehungsberatung oder eine Berufsberatung?
- [ ] ▷ Sehr schön. Kommen Sie dann bitte in Zimmer 105. Haben Sie unsere Adresse?
- [ ] ▷ Okay. Passt es Ihnen am Mittwoch, den 8. März um 9:30 Uhr?
- [ ] ▶ Ach, so. Ich möchte eine Berufsberatung.
- [ ] ▷ Gut. Das wäre dann ein Termin bei Frau Hemstedt. Können Sie auch vormittags?

b Schreiben Sie den sortierten Dialog aus 4a dann in Ihr Heft.

c Setzen Sie sich mit Ihrer Partnerin / Ihrem Partner Rücken an Rücken. Üben Sie den Dialog mit verteilten Rollen.

5 Trennbar oder untrennbar?

a In der Wortschlange sind zehn Verben versteckt. Sind sie trennbar oder untrennbar?
Schreiben Sie sie in die Tabelle.

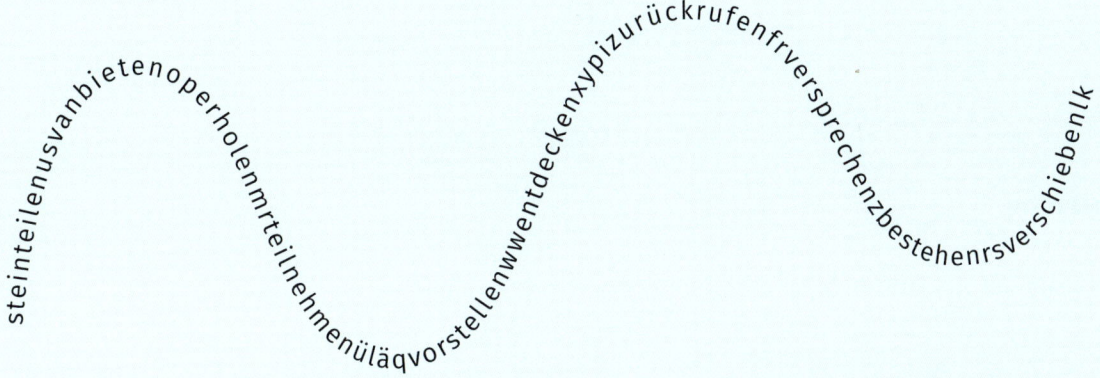

Trennbare Verben	Untrennbare Verben
 einteilen,	

b Zwei Gruppen mit je zwei Personen spielen gegeneinander: Aus Gruppe A sagt jemand ein Verb aus 5a, Gruppe B bildet einen Satz damit. Alle kontrollieren den Satz. Wenn Sie nicht sicher sind, fragen Sie Ihre Kursleiterin / Ihren Kursleiter. Die Gruppe mit den meisten korrekten Sätzen gewinnt.

6 Weshalb? Wozu?

a Bringen Sie die Sätze in die richtige Reihenfolge.

> 💡 **TIPP**
>
> Sie können die Aufgabe auch spielen, indem jeder Teilnehmende ein Satzelement darstellt.
> Schreiben Sie dafür je ein Satzelement auf eine Karte. Stellen Sie sich dann mit Ihrer Karte an
> die richtige Satzposition.

1 Ich möchte hier in meinem Beruf arbeiten, deshalb   Deutsch   ich   lerne
Ich möchte hier in meinem Beruf arbeiten, deshalb lerne ich Deutsch.

2 Wir haben nicht mehr viel Zeit, sodass   wir   gut   aufteilen   den Lernstoff   müssen

3 Das Handy habe ich immer dabei, darum   Vokabeln   lerne   mit einer App   ich

4 Ich habe heute so viel gelernt, dass   jetzt   ich   bin   total müde

5 Zum Lernen brauche ich Ruhe. Deshalb   ich   lerne   in der Bibliothek

b Spielen Sie ein Kettenspiel in Gruppen. Sie beginnen einen Satz, Ihre Partnerin / Ihr Partner nennt die Folge mit *deshalb / darum / deswegen*. Die nächste Person beginnt einen neuen Satz.

> *Der Beruf Verkäufer interessiert mich ...*

> *... Deshalb suche ich Informationen dazu.*

7 Vergleiche

Vergleichen Sie die Wörter. Schreiben Sie mindestens zwei Sätze.

1 Büro | Werkstatt | Küche

Ich arbeite lieber in einer Werkstatt als in einem Büro. In einer Küche arbeite

ich am liebsten, weil ich gern koche.

2 Ausbildungsplatz | Teilzeitstelle | Vollzeitstelle

3 Ausbildung | Praktikum | Deutschkurs

4 Deutsch sprechen | Deutsch hören | Deutsch lesen | Deutsch schreiben

8 Laufdiktat

Legen Sie Ihr Buch in die andere Ecke des Raums. Laufen Sie dann dorthin. Merken Sie sich einen Satz und laufen Sie zurück zu Ihrem Heft. Schreiben Sie den Satz dann auf. Wenn Sie sich den Satz nicht komplett merken können, laufen Sie noch mal zum Buch.

1 Endlich hört es auf zu regnen. Das Wetter war schrecklich!
2 Es hat angefangen zu schneien. Man muss sich jetzt warm anziehen.
3 Der Verkäufer war sehr freundlich. Der Kunde hat sich höflich bedankt.
4 Ich gebe zu, dass ich gern Zeit mit Fernsehen verbringe.
5 Ich finde es überraschend, dass du dieses Hobby hast.
6 Tim möchte eine Ausbildung machen, deshalb sucht er einen Ausbildungsplatz.
7 Die Weiterbildung ist so interessant, dass ich sie auf jeden Fall machen will.
8 Ich bin krank, sodass ich meinen Beratungstermin verschieben muss.
9 Noah arbeitet am liebsten als Landschaftsgärtner.
10 Wir mögen am liebsten die Bäckerei in der Nähe.

9 Lesen: Eine Weiterbildungsanzeige

Lesen Sie die Anzeige zu einer Schulung. Sind die Aussagen dazu
richtig oder falsch? Kreuzen Sie an.

Akademie der Gebäudereinigung

Schulung
Grundlagen der Gebäudereinigung

Samstag, 01.02., 10–17 Uhr

Für alle, die in einem unserer Betriebe anfangen wollen oder schon angefangen haben.
Egal, ob mit viel Erfahrung in der Reinigung oder als Neuling: Hier bekommen Sie eine
Einweisung in unsere Standards.

Schulungsgebühr: 69 Euro
Für Mitglieder der Akademie: 58 Euro

Themen:

- Säuren und Laugen und unser Farbsystem
- Reinigungsgeräte
- Sicherheitsunterweisung
- Praxisübungen

	✓	✗
1 Die Schulung findet immer samstags statt.	☐	☐
2 Teilnehmen können nur Personen, die viel Erfahrung in der Reinigung haben.	☐	☐
3 Für Mitglieder der Akademie kostet die Schulung weniger.	☐	☐
4 Die Schulung besteht nur aus praktischen Übungen.	☐	☐

10 Hören: Telefonisch nachfragen

Ivan Marić kommt aus Kroatien und lebt seit fünf Jahren in Deutschland.
Er ruft bei der Akademie der Gebäudereinigung an. Was passt? Hören Sie
und kreuzen Sie an.

9 ((►

1 Die Schulung wird
   a ☐ regelmäßig angeboten.
   b ☐ einmal pro Woche angeboten.
   c ☐ nur einmal angeboten.

3 Nach der Schulung
   a ☐ hat man gute Chancen auf eine Stelle.
   b ☐ muss man ein Angebot machen.
   c ☐ hat man automatisch eine Stelle.

2 In der Schulung Anfang Februar
   a ☐ gibt es keine Plätze mehr.
   b ☐ gibt es noch einen freien Platz.
   c ☐ gibt es noch zwei freie Plätze.

4 Die Anmeldung erfolgt
   a ☐ telefonisch.
   b ☐ online.
   c ☐ persönlich.

11 Schreiben: Ein Anmeldeformular ausfüllen

Ergänzen Sie das Onlineformular für Ivan Marić, damit er noch einen Platz in der Schulung im Februar bekommt. Seine E-Mail-Adresse ist ivan.maric@xweb.de und er ist am 17.01.1988 geboren.
Die Anzeige in Aufgabe 9 hilft Ihnen.

Anmeldung zu einer Weiterbildung

1   Name: _____

2   Vorname: _____

3   E-Mail-Adresse: _____

4   Geburtsdatum: _____   ▦

5   Titel der gewünschten Fortbildung: _____

6   Preis: _____   Euro

7   Fortbildungstermin: _____

8   Arbeiten Sie schon in einem unserer Betriebe?   ☐ ja   ☒ nein

12 Sprechen: Über ein Foto sprechen

Sehen Sie sich zu zweit die Fotos an. Beantworten Sie die Fragen für je ein Foto.

- Was ist er von Beruf?
- Wo arbeitet er?
- Welche Stärken sollte man in diesem Beruf haben?
- Möchten Sie in diesem Beruf arbeiten?
  Warum (nicht)?

- Was macht sie beruflich?
- Braucht man dafür eine Ausbildung?
- Wo arbeitet sie?
- Finden Sie diesen Beruf interessant?
  Warum (nicht)?

Hilfe bei der Jobsuche

Was macht die Agentur für Arbeit?

Ich habe einen Termin bei ...

Ich war schon mal beim Jobcenter.

Das Jobcenter schickt mir Briefe.

1 Tülin und ihre Familie

a Sehen Sie sich die drei Fotos an und überlegen Sie: Warum ist die Frau rechts in einer schwierigen Situation? Vermuten Sie im Kurs.

Ich denke, sie …

Ich finde, sie sieht … aus. Vielleicht …

b Die Frau aus 1a beschreibt in ihrer E-Mail an eine Migrationsberaterin ihre Situation. Waren Ihre Vermutungen richtig? Lesen Sie die E-Mail und sprechen Sie im Kurs.

Von:	t.pamuk@freemail.com
An:	c.carlsson@migrationsberatung.net
Betreff:	Bitte um Beratung

1   Sehr geehrte Frau Carlsson,

vielen Dank für Ihr Beratungsangebot per E-Mail.

Ich heiße Tülin Pamuk, bin 42 Jahre alt und komme aus der Türkei. Vor dreieinhalb Jahren bin ich mit meiner Familie nach Deutschland gekommen. Ich habe eine Tochter, die im
5   Sommer 10 Jahre alt wird, und einen 19-jährigen Sohn, der als Fitnesstrainer jobbt. Gerade ist alles schwierig: Vor Kurzem habe ich mich von meinem Mann getrennt, außerdem verliere ich ab übernächstem Monat meinen Job als Verkäuferin in einer kleinen Bäckerei. Denn sie schließt am 30. Mai. Ich weiß noch nicht, wie es weitergeht. Zum Glück mache ich seit drei Jahren Judo im Verein. Der Kampfsport macht mir Spaß und gibt mir gerade jetzt
10   viel Kraft, das hilft mir sehr.

Mein Sohn arbeitet auch, trotzdem geht es uns finanziell leider nicht gut. Ich brauche so schnell wie möglich einen Job. Haben Sie eine Idee für mich?

Mit freundlichen Grüßen

Tülin Pamuk

c Beantworten Sie die Fragen zum Text in 1b in Stichworten.

1 Woher kommt Tülin Pamuk? ....

2 Warum geht es ihr im Moment nicht gut? ....

....

3 Was ist Judo? ....

4 Warum ist das gut für sie? ....

....

5 Was braucht sie jetzt? ....

d Was könnte Tülin Pamuk tun, um ihre Situation zu verbessern?
Welche Ideen haben Sie? Sprechen Sie in Gruppen.

Vielleicht könnte sie …

Ich denke, sie sollte …

e Lesen Sie die E-Mail in 1b noch einmal und markieren Sie die folgenden Wörter.
Wann verwendet man sie? Sprechen Sie in Gruppen.

am | im | vor | ab | seit

Ich bin seit 127 Jahren im Amt und möchte da noch lange bleiben.

f Was passt? Verbinden Sie. Schreiben Sie dann die Sätze in Ihr Heft.

1 Seit   30. Mai dieses Jahres   hat sie sich von ihrem Mann getrennt.
2 Am   Juni   lebt Tülin in Deutschland.
3 Vor   wenigen Wochen   hat sie keinen Job mehr.
4 Ab   dreieinhalb Jahren   hat ihre Tochter Geburtstag.
5 Im   Sommer   schließt die Bäckerei.

g Wählen Sie eine der beiden Personen und lesen Sie die Informationen. Präsentieren Sie dann die
Person Ihrer Partnerin / Ihrem Partner.

A
Tayfun Pamuk

- *geboren: 25.03.*
- *2019:*
  Hauptschulabschluss
- *neuer Job als*
  Fitnesstrainer,
  Beginn 01.05.

B
Melda Pamuk

- *geboren: 23.06.*
- *2016:*
  die Grundschule in
  der Türkei besucht
- *Herbst: wechselt auf*
  weiterführende Schule

h Schreiben Sie eine Rollenkarte über sich selbst. Schreiben Sie nicht Ihren Namen. Raten Sie im Kurs,
wer die anderen Personen sind.

i Schreiben Sie eine E-Mail an die Migrationsberatung. Schreiben Sie über folgende Punkte.

- Ihre Ankunft in Deutschland
- Sie haben finanzielle Sorgen
- Sie suchen einen Job

2 Tülin kümmert sich um die Zukunft.

a Tülin geht zur Agentur für Arbeit. Was glauben Sie: Was bespricht sie mit der Frau am Empfang? Vermuten Sie im Kurs.

🔊 10 **b** Hören Sie das Gespräch. Sind die Aussagen dazu richtig oder falsch? Kreuzen Sie an.

	✓	✗
1 Tülin wird ihre Arbeit im Juli verlieren.	☐	☐
2 Sie meldet sich arbeitssuchend.	☐	☐
3 Wenn man weiß, dass ein Arbeitsverhältnis enden wird, muss man sich nach spätestens zwei Tagen melden.	☐	☐
4 Sie bekommt den Antrag auf Arbeitslosengeld zusammen mit einer Liste von benötigten Dokumenten.	☐	☐
5 Tülin bekommt einen Termin bei einem Berufsberater.	☐	☐

🔊 11 **c** Welche Dokumente sind wichtig für Tülin? Hören Sie und verbinden Sie. Ergänzen Sie dann die Liste.

1 der Reise-   a vertrag
2 die Melde-   b lauf
3 die Aufenthalts-   c bescheinigung
4 der Arbeits-   d schreiben
5 das Kündigungs-   e nummer
6 die Sozialversicherungs-   f pass
7 der Lebens-   g erlaubnis

Beim Termin mitbringen:

– Reisepass
....
....
....
....
....
....
....

d Welche Dokumente aus 2c haben Sie? Welche Dokumente brauchen Sie noch? Sprechen Sie mit Ihrer Partnerin / Ihrem Partner.

e Lesen Sie den folgenden Text. Wofür sind die Agentur für Arbeit und das Jobcenter zuständig? Fassen Sie den Text zusammen.

1   **Agentur für Arbeit oder Jobcenter – wo informiere ich mich?**
    Zur Agentur für Arbeit geht man, wenn man in den letzten zwei
    Jahren eine Arbeit hatte und dann arbeitslos wird. Man meldet
    sich arbeitslos und bekommt 18 Monate lang Arbeitslosengeld I.
5   *Wenn diese Zeit vorbei ist und man noch keine neue Arbeit hat*
    oder wenn man in den letzten zwei Jahren keine Arbeit hatte, von
    der man leben konnte, dann bekommt man Arbeitslosengeld II.
    Es wird auch Hartz IV genannt. Um diese Grundsicherung
    kümmern sich die Jobcenter. Beide Behörden, Agentur für Arbeit
10   *und Jobcenter, helfen dabei, eine neue Arbeit zu finden.*

f Wie sind Ihre Erfahrungen mit der Agentur für Arbeit oder dem Jobcenter? Sprechen Sie mit Ihrer Partnerin / Ihrem Partner.

> Mir hat ... geholfen.

> Die Mitarbeiter waren ...

> Meine Erfahrungen waren ..., weil ...

> Die Wartezeiten waren ...

g Hören Sie Ausschnitte des Gesprächs zwischen Tülin und der Dame am Empfang der Agentur für Arbeit noch einmal. Ergänzen Sie. 12 ((▶

1 Sie möchten _____ also _____ der Agentur für Arbeit arbeitssuchend melden.
2 Ich habe _____ _____ diesen Dingen noch nicht beschäftigt.
3 Ich interessiere _____ sehr _____ eine Berufsberatung.
4 Ich hätte gern ein paar neue Ideen, _____ wem ich _____ bewerben kann.
5 _____ diese Fragen kümmert _____ dann Ihr Berater.
6 Er wird _____ ausführlich mit Ihnen _____ Ihre Situation unterhalten.

h Schreiben Sie die Verben aus 2g im Infinitiv in Ihr Heft. Der Grammatikkasten hilft Ihnen.

GRAMMATIK

Reflexive Verben mit Präpositionen

sich interessieren für + Akkusativ

Ich *interessiere* **mich** für diesen Beruf.
Interessierst du **dich** für diesen Beruf?

sich beschäftigen mit + Dativ

Ich *beschäftige* **mich** mit der Zukunft.
Beschäftigst du **dich** mit der Zukunft?

> 1   sich arbeitssuchend melden bei + Dativ,

i Kennen Sie die Formen von *sich interessieren* für die anderen Personen? Sammeln Sie mit Ihrer Partnerin / Ihrem Partner und vergleichen Sie dann im Kurs.

> er/sie/es interessiert sich
> wir ...

j Stellen Sie Ihrer Partnerin / Ihrem Partner Fragen zum Thema „Agentur für Arbeit".

> Informierst du dich bei der Agentur für Arbeit oder beim Jobcenter?

> Beschäftigst du dich mit der Berufsberatung?

3 Neue Berufsideen

a In welchen Berufen arbeiten die Personen auf den Fotos? Ordnen Sie zu.

Pflegehelferin | Kassierer | Müllwerker | Tagesmutter

A

B

C

D

b Was wissen Sie über die Berufe in 3a? Welchen können Sie Tülin empfehlen und warum?
Sprechen Sie im Kurs.

Ich kann Tülin ... empfehlen.

Ich finde ...

c Wer sagt was? Ordnen Sie die Sätze den Fotos aus 3a zu.

1 ☐ Ich hätte gern noch eine Tüte.

2 ☐ Könntest du die Mülltonne zurückbringen?

3 ☐ Wärt ihr bitte nett zu ihr?

4 ☐ Würden Sie mich bitte an den See schieben?

5 ☐ Hätten Sie ein Glas Wasser für mich?

6 ☐ Könntet ihr bitte ruhig sein?

7 ☐ Würdest du das Tor aufmachen?

8 ☐ Ich würde gern mit Karte zahlen.

GRAMMATIK

Höfliche Bitten formuliert man oft im Konjunktiv II.

Ich **hätte** gern ...
Wäre es möglich, ... zu tun?
Würden Sie bitte ... machen?
Könntest du bitte zuhören?

---

d Formulieren Sie höfliche Bitten. Ihre Partnerin / Ihr Partner antwortet.

1 mir einen Kaffee holen

2 das Fenster schließen

3 die Tür öffnen

4 die Tafel putzen

5 das Fenster öffnen

6 mir einen Job empfehlen

Könntest du mir bitte einen Kaffee holen?

Ja, gern.

4   Der Vorschlag des Beraters

a Hören Sie das Gespräch von Tülin mit ihrem Berater bei der
Agentur für Arbeit. Notieren Sie und vergleichen Sie im Kurs.

13 ((▶

- *unbedingt einen Termin vereinbaren bei:*
  ....1..
- *Grund für den Termin:* ....2..................................
- *vorgeschlagener Beruf:* ....3..................................
- *mehr Informationen zu Berufen und Bewerbung:*
  ....4..

b Hören Sie das Gespräch noch einmal und beantworten Sie die Fragen in Stichworten.

13 ((▶

1   Wann endet Tülins Arbeitsvertrag in der Bäckerei?
2   Hat sie eine Ausbildung gemacht?
3   Hat Tülin einen Führerschein?
4   Was sind Tülins Wünsche an eine neue Stelle?
5   Wie viel verdient man als Müllwerker?

c Was passt wo? Ergänzen Sie die Sätze. Hören Sie dann zur Kontrolle.

14 ((▶

hätte **|** wäre **|** wäre **|** würde

1   Ich .... gern in einem anderen Bereich arbeiten.
2   Was .... Ihnen denn sonst noch wichtig für Ihre nächste Stelle?
3   Außerdem .... ich gern eine Stelle, bei der die Arbeit morgens früh anfängt.
4   Daher .... ich gern nachmittags gegen 16 Uhr zu Hause.

> **GRAMMATIK**
>
> Auch für **Wünsche** verwendet man die Konjunktiv-II-Formen.
>
> *Ich **würde** gern wieder arbeiten.*   *Ich **hätte** gern eine neue Arbeit.*

d Was ist für Sie wichtig bei Ihrer nächsten Arbeit? Sprechen Sie in Kleingruppen über Ihre Wünsche.

Ich würde gern draußen arbeiten.

Ich hätte gern eine Stelle bei …

Sprachbausteine

Die berufliche Situation

Ich verliere meinen Job / meine Stelle im nächsten Monat.

Ich brauche so schnell wie möglich einen neuen Job.

Ich möchte wieder als ... arbeiten.

Ich würde gern in einem anderen Bereich arbeiten.

Ich habe eine Ausbildung als ... / keine Ausbildung.

Ich müsste eine Arbeit finden, bei der ich keine Ausbildung brauche.

Die finanzielle Situation

Es geht mir finanziell nicht so gut.

Ich habe finanzielle Sorgen.

Das Gehalt ist mir am wichtigsten.

Ich müsste mehr Geld verdienen als jetzt.

Die persönliche Situation

Meine Situation ist im Augenblick schwierig.

Ich weiß noch nicht, wie es weitergeht.

Ich habe kein Problem mit körperlicher Arbeit.

Ich habe mich von meinem Mann / von meiner Frau getrennt.

Ich bräuchte Hilfe bei der Bewerbung.

Grammatik

Reflexive Verben mit Präpositionen

	sich interessieren
ich	interessiere **mich**
du	interessierst **dich**
er/sie/es	interessiert **sich**
wir	interessieren **uns**
ihr	interessiert **euch**
sie/Sie	interessieren **sich**

Viele reflexive Verben haben eine feste Präposition: **sich** interessieren für, **sich** beschäftigen mit, **sich** kümmern um.

Ich interessiere **mich** für diesen Beruf.

Interessierst du **dich** für diesen Beruf?

Konjunktiv II

Man benutzt den Konjunktiv II unter anderem für Wünsche und höfliche Bitten. Man verwendet bei den meisten Verben die Form **würde + Infinitiv,** aber nicht bei *sein, haben* und den Modalverben.

Ich **würde** gern halbtags arbeiten.   Er **wäre** gern sein eigener Chef.

Könnten Sie das bitte erklären?   Ich **hätte** gern eine neue Arbeit.

Verben im Konjunktiv II

	werden	sein	haben	können	müssen
ich	würde	wäre	hätte	könnte	müsste
du	würdest	wärst	hättest	könntest	müsstest
er/sie/es	würde	wäre	hätte	könnte	müsste
wir	würden	wären	hätten	könnten	müssten
ihr	würdet	wärt	hättet	könntet	müsstet
sie/Sie	würden	wären	hätten	könnten	müssten

Auf Arbeitssuche

Wo kann ich
nach Arbeit suchen?

Kleinanzeigen   Aushang

In welche Branche möchten Sie?

1 Branchen und Berufe

a Kennen Sie den Unterschied zwischen Branchen und Berufen? Sprechen Sie im Kurs.

b Zu welcher Branche passen welche Berufe? Ordnen Sie zu und vergleichen Sie Ihre Ergebnisse im Kurs.

1 Baubranche
2 Einzelhandel
3 Lager und Logistik
4 Gastronomie
5 Pflege

a Verkäufer
b Handwerker
c Logistikhelfer
d Pflegehelfer
e Küchenhilfe

> *Ein Handwerker arbeitet in der Baubranche.*

> *Ein Pflegehelfer arbeitet in der Pflege.*

c Ordnen Sie die Branchen den Fotos zu.

> Maschinenbau | Landwirtschaft | Körperpflege | Veranstaltungsbranche

A

B

C

D

d Kennen Sie weitere Branchen und Berufe? Ergänzen Sie die Tabelle.

Branchen	Berufe

🔊 15 **e** Luan informiert sich im Berufsinformationszentrum. Hören Sie den Vortrag und beantworten Sie die Fragen in Stichworten.

Berufs Informations Zentrum

1 Was ist das Thema des Vortrags?
2 In welchen Branchen kann man ohne Ausbildung arbeiten? Nennen Sie zwei.

3 Welche Vorteile hat eine Weiterbildung?

4 Für welchen Beruf interessiert sich Luan?
5 Was braucht er dafür mindestens?

2 Luan sucht eine Arbeit.

a Luan teilt seine Erfahrungen in seinem Blog. Lesen Sie den Blogeintrag.
Sind die Aussagen darunter richtig oder falsch? Kreuzen Sie an.

Luans Blog

1 Hallo zusammen und willkommen in meinem Blog!

Ich möchte mich gern bei euch vorstellen. Ich heiße Luan Kelmendi.
Ich komme ursprünglich aus dem Kosovo und lebe seit zwei Jahren in
Deutschland. Zurzeit suche ich eine Arbeit. Da viele von euch sicher
5 in einer ähnlichen Situation sind, möchte ich hier von meinen Erfahrungen
berichten. Ich freue mich auch immer über Tipps von euch!

Aktuell gehe ich zwar zur Beratung ins Jobcenter, aber ich möchte auch selbst aktiv werden.
Leider habe ich keine Ausbildung gemacht, auch nicht in meinem Heimatland, deshalb suche
ich eine Arbeit, für die man keine Ausbildung braucht. Im Kosovo habe ich als Handwerker und
10 Lkw-Fahrer gearbeitet. In der Baubranche möchte ich aber nicht mehr arbeiten, weil ich
Probleme mit meinem Rücken habe. Als Fahrer würde ich schon gern arbeiten, aber ich möchte
nicht immer tagelang unterwegs sein. Es ist mir wichtig, immer in der Nähe meiner Familie zu
sein, denn mein Sohn ist noch ein Baby.

Wie sieht es bei euch aus? Habt ihr ähnliche Erfahrungen gemacht oder sucht ihr vielleicht
15 gerade auch einen neuen Job? Habt ihr Tipps für Arbeitssuchende? Schreibt einfach eure
Kommentare unter diesen Beitrag.

Euer Luan

		✓	✗
1	Luan ist vor drei Jahren nach Deutschland gekommen.	☐	☐
2	Das Jobcenter hilft ihm bei der Arbeitssuche.	☐	☐
3	Er sucht eine Arbeit ohne Ausbildung.	☐	☐
4	Im Kosovo hat er eine Ausbildung in der Baubranche gemacht.	☐	☐
5	Er hat Rückenprobleme, deshalb kann er nicht mehr auf dem Bau arbeiten.	☐	☐
6	Als Fahrer wäre er gern tagelang unterwegs.	☐	☐
7	Die Arbeit sollte in der Nähe seiner Familie sein.	☐	☐

b Wie sind Ihre Erfahrungen bei der Arbeitssuche? Beantworten Sie die Fragen in Ihrem Heft.

1 In welcher Branche möchten Sie gern arbeiten?
2 In welchem Beruf möchten Sie nicht arbeiten? Warum nicht?
3 Was ist für Sie am wichtigsten bei Ihrem nächsten Job?
4 Sind Sie schon mal ins Berufsinformationszentrum gegangen?
5 Wo gibt es gute Stellenangebote?
6 Schauen Sie für die Arbeitssuche oft ins Internet?

 **TIPP**

Wenn Ihnen das Sprechen
schwerfällt, können Notizen
helfen. Die Stichworte
geben Ihnen eine Struktur.

c Stellen Sie Ihrer Partnerin / Ihrem Partner die Fragen aus 2b in der Du-Form. Sie / Er antwortet.
Machen Sie sich Notizen. Berichten Sie danach einer anderen Person von den Erfahrungen Ihrer
Partnerin / Ihres Partners.

3 Ein Stellengesuch

a Luan schreibt ein Stellengesuch. Welche Informationen zu den Themen 1–8 gibt er? Markieren Sie im Text und notieren Sie.

> *Freundlicher, kommunikativer Mann (23)*
> *mit fünf Jahren Berufserfahrung*
> *als Lkw-Fahrer sucht Vollzeitstelle*
> *(40 Stunden pro Woche) in der Logistik,*
> *z. B. als Fahrer. Keine Fernfahrten.*
> *Führerschein Klasse C vorhanden,*
> *Deutschkenntnisse auf dem Niveau B1.*
> *Tel.: 0171 4285 13 51.*

1 **Persönliche Stärken** *freundlich, kommunikativ*
2 **Alter**
3 **Berufserfahrung**
4 **Arbeitszeit pro Woche**
5 **Branche**
6 **Beruf**
7 **Was Luan nicht will**
8 **Qualifikationen**

b Wo gibt es Stellengesuche? Ergänzen Sie die Liste.

> *Stellengesuche*
> – *im Supermarkt*
> – *in der Zeitung*
> – ...

c Schreiben Sie ein Stellengesuch zu Ihrem Wunschberuf wie in 3a. Hängen Sie das Stellengesuch dann im Kursraum auf.

d Suchen Sie sich mit Ihrer Partnerin / Ihrem Partner ein Stellengesuch aus. Schreiben Sie zu zweit einen Dialog zwischen Arbeitgeber und Arbeitnehmer in Ihr Heft. Schreiben Sie über die folgenden Punkte. Die Redemittel helfen Ihnen.

> **REDEMITTEL**
>
> **Arbeitgeber**
> Ich habe Ihr Stellengesuch in / bei … gesehen.
> Wir haben eine Stelle als … frei.
> Können Sie auch abends / nachts / am Wochenende arbeiten?
> Hätten Sie nächste / n … Zeit für ein Vorstellungsgespräch?
>
> **Arbeitnehmer**
> Wann wäre denn der Arbeitsbeginn?
> Wie flexibel sind denn die Arbeitszeiten?
> Wie viele Leute würden mit mir in einem Team arbeiten?

- Der Arbeitgeber sieht das Stellengesuch des Arbeitnehmers und ruft ihn an.
- Der Arbeitgeber bietet eine passende Stelle an.
- Der Arbeitnehmer stellt weitere Fragen (z. B. zur gewünschten Arbeitszeit pro Woche etc.).

e Spielen Sie den Dialog aus 3d mit verteilten Rollen.

4 Kontakte

a Luan trifft seinen Freund Arvid. Wo sind die beiden? Was machen sie? Beschreiben Sie die Fotos im Kurs.

b Hören Sie den ersten Teil des Gesprächs zwischen Arvid und Luan. Was ist richtig? Kreuzen Sie an. **16** 〰

1 Luan und Arvid spielen
  a ☐ zum ersten Mal zusammen Basketball.
  b ☐ öfter zusammen Basketball.

2 Auf Luans Stellengesuch hat
  a ☐ noch niemand geantwortet.
  b ☐ sich schon jemand gemeldet.

3 Arvid erzählt, dass NURIA
  a ☐ Personen fährt.
  b ☐ Waren transportiert.

4 Der Fahrdienst NURIA sucht
  a ☐ im Internet Fahrer.
  b ☐ durch Stellenanzeigen in der Stadt Fahrer.

c Hören Sie nun den zweiten Teil des Gesprächs. Welche Tipps für die Arbeitssuche gibt Arvid Luan? Schreiben Sie. **17** 〰

1 ....   3 ....
2 ....   4 ....

d Welche weiteren Tipps für die Jobsuche haben Sie? Erstellen Sie nun ein Plakat in Kleingruppen mit Ihren Tipps.

> *Tipps für die Stellensuche*

e Wie sucht man in Ihrem Land nach Arbeit? Sprechen Sie im Kurs.

In meinem Land informiert man sich bei …   *Ich frage …*

5   Bei einer Firma nachfragen

a   Luan sucht nach dem Fahrdienst im Internet und findet eine Stellenanzeige. Lesen Sie und ergänzen Sie.

> Bereitschaft | Trinkgeld | Deutschkenntnisse | Spaß | günstig | kostenlose | unbefristete

NURIA sucht Fahrer (m/w/d)

Kommen Sie ins Team von NURIA, werden Sie Fahrer!
Unsere innovativen Elektro-Kleinbusse transportieren
bis zu sechs Personen innerhalb der Stadt.
Das ist _____1_____ für unsere Fahrgäste
und gut für unser Klima!

Voraussetzungen:

- Führerscheinklasse B
- _____2_____ zur Arbeit am Abend und am Wochenende
- gute _____3_____
- _____4_____ am Fahren und im Umgang mit Menschen

Das bieten wir Ihnen:

- eine _____5_____ Festanstellung
- 12 Euro pro Stunde plus _____6_____
- Nacht-, Wochenend- und Feiertagszuschläge
- eine _____7_____ Schulung zur Personenbeförderung

b   Welche Möglichkeiten hat Luan jetzt? Was sind seine nächsten Schritte bei der Arbeitssuche?
Lesen Sie Luans Blogeintrag und berichten Sie im Kurs.

Luans Blog

1   Hallo zusammen!

Hier bin ich wieder – mit guten Neuigkeiten zum Thema „Jobsuche"! Aber
der Reihe nach: Vor zwei Wochen habe ich mich beim BiZ informiert, ich
musste einfach etwas unternehmen. Nach meinem Termin dort sollte ich
5   ein Stellengesuch schreiben, um meine Chancen zu verbessern. Das habe
ich auch gemacht, aber dann hat sich erst mal niemand bei mir gemeldet,
das war schon frustrierend. Vor ein paar Tagen dann habe ich nach langer Zeit mal wieder mit
meinem Freund Arvid Basketball gespielt. Das war super, wir hatten viel Spaß! Und ich habe
ihm von meiner Jobsuche erzählt. Er hatte gute Ideen. Durch seinen Tipp habe ich sogar ein
10   Stellenangebot gefunden, das mich wirklich interessiert: Fahrer bei NURIA. NURIA ist dieses
neue Unternehmen, das in Elektro-Kleinbussen bis zu sechs Menschen befördert. Nach dem
Treffen mit Arvid war ich sehr motiviert. Ich habe gleich Informationen zu diesem neuen
Fahrdienst gesucht. Seitdem habe ich auch viele dieser neuen Autos in der Stadt gesehen. Falls
es euch interessiert, findet ihr hier die Homepage des Unternehmens. Und was auch noch
15   interessant war: Kurz nach dem Treffen mit Arvid habe ich einen Anruf bekommen, eine erste
Reaktion auf mein Stellengesuch! Ein Lebensmittelunternehmen hatte eine Stelle als Lagerhelfer frei. Das war super, aber die Stelle als Fahrer finde ich noch interessanter. Heute will ich
dort anrufen. Ich bin ein bisschen nervös vor dem Telefonat! Habt ihr vielleicht Tipps für mich?

c Tragen Sie die markierten Verben aus 5b in die Tabelle ein und ergänzen Sie den Infinitiv.

Präteritum	Infinitiv
war	*sein*

d Lesen Sie den Artikel in der Stadtteilzeitung über NURIA und ergänzen Sie die fehlenden Verben.

sollte | gründeten | interessierte | startete | hatten

Innovative Transportmöglichkeiten

Bastian Mut und Martin Kurz ....1........ den Fahrdienst NURIA im Herbst 2018. Am Anfang ....2........ die beiden Schulfreunde die Idee, einen umweltfreundlichen Transportservice anzubieten. Er ....3........ individueller sein als Busse oder Bahnen und günstiger als ein Taxi.

Es passen sechs Personen in die Kleinbusse. Man wird zwar nicht direkt vor der Haustür abgeholt, aber an einer größeren Straße in der Nähe. Eine App steuert die Buchung und die Routen. Düsseldorf, die Heimatstadt der beiden Gründer, ...4........ sich für ihre Idee, denn die Elektroautos entlasten den Verkehr und die Umwelt.

Letztes Jahr ....5........ NURIA dann sein Angebot in Hamburg und in Frankfurt, weitere Städte sollen folgen.

e Luan ruft bei NURIA an. Welche Fragen stellt er? Hören Sie und kreuzen Sie an.　18 🔊

1 ☐ Ist das Stellenangebot aktuell?

2 ☐ Ab wann ist die Stelle frei?

3 ☐ Arbeitet man im Schichtdienst?

4 ☐ Wie hoch ist das Gehalt?

5 ☐ Muss man Fernfahrten machen?

6 ☐ Welche Dokumente braucht man für die Bewerbung?

f Lesen Sie das Stellenangebot und schreiben Sie mit Ihrer Partnerin / Ihrem Partner Fragen wie in 5e.

Lagerhelfer gesucht (m / w / d)

Wir erwarten:
– Bereitschaft zu Früh- und Spätschicht
– körperliche Belastbarkeit
– Zuverlässigkeit

Wir bieten Ihnen:
– Bezahlung nach Tarifvertrag
– flexible Arbeitsmöglichkeiten
– Einsatz nahe Wohnort

g Spielen Sie mit den Fragen in 5f einen Dialog am Telefon.

Sprachbausteine

Selbst aktiv werden

sich über Stellenangebote informieren, z. B. im Supermarkt oder in der Zeitung

auf den Webseiten von Unternehmen in der Nähe recherchieren

ein Stellengesuch aufhängen

zu einer Zeitarbeitsfirma gehen

sich bei einem Karriere-Netzwerk anmelden

ein Profil in den sozialen Medien erstellen

Beiträge in Blogs zur Stellensuche lesen

Freunden und Bekannten sagen, dass man auf Arbeitssuche ist

Chancen verbessern

einen Termin bei der Berufsberatung vereinbaren

sich bei einem Vortrag einen Überblick über die Möglichkeiten verschaffen

offen sein für einen Berufs- oder Branchenwechsel

sich über Aufstiegsperspektiven informieren

Angebote zur Qualifizierung nutzen

Bereitschaft zu (firmeninternen) Trainingsmaßnahmen äußern

mit Freunden oder Kollegen über die Stellensuche sprechen und sie nach Tipps fragen

Bewerbungsunterlagen vorbereiten

Lebenslauf schreiben

Berufserfahrung für das Anschreiben zusammenfassen

Zeugnisse von früheren Arbeitgebern zusammenstellen

Bescheinigungen (z. B. ein Gesundheitszeugnis) beantragen

Nachweis über Deutschkenntnisse

Grammatik

Präteritum

Das Präteritum ist, wie das Perfekt, eine Form der Vergangenheit. Es wird vor allem in formellen, schriftlichen Texten benutzt. Für wenige Verben benutzt man es auch beim Sprechen, zum Beispiel für die Verben *sein, haben* und die Modalverben.

	sein	*haben*	*müssen*	*sollen*	*machen*
ich	war	hat**te**	muss**te**	soll**te**	mach**te**
du	warst	hat**test**	muss**test**	soll**test**	mach**test**
er/sie/es	war	hat**te**	muss**te**	soll**te**	mach**te**
wir	waren	hat**ten**	muss**ten**	soll**ten**	mach**ten**
ihr	wart	hat**tet**	muss**tet**	soll**tet**	mach**tet**
sie/Sie	waren	hat**ten**	muss**ten**	soll**ten**	mach**ten**

1 Angaben im Formular

a Wie heißen die Wörter? Lösen Sie das Kreuzworträtsel.

Waagerecht

1 nicht mehr verheiratet
2 ohne Partnerin oder Partner
3 man versucht, einen Job zu finden
4 ohne Job

Senkrecht

5 kein Paar mehr
6 (noch) nicht verheiratet

b Beschreiben Sie eine prominente Person. Nennen Sie ihre berufliche und private Situation. Die anderen raten.

> Sie ist Schauspielerin von Beruf. Sie war mit Brad Pitt verheiratet. Sie hat sechs Kinder.

> Das ist Angelina Jolie!

2 Unterstützung vom Amt

a Bilden Sie Gruppen mit je vier Personen. Person A ist die Agentur für Arbeit, Person B ist das Jobcenter, Person C ist das Berufsinformationszentrum (BiZ). Person D liest nacheinander folgende Sätze vor. Wohin muss man in dieser Situation gehen? Die entsprechende Person steht auf.

1 Ich möchte mich über Ausbildungsberufe in der Pflege informieren.
2 Ich habe einen Minijob, aber das Geld reicht nicht.
3 Ich hatte drei Jahre lang eine Vollzeitstelle als Verkäuferin in einem Kaufhaus, aber die Filiale muss bald schließen.
4 Ich brauche Hilfe bei der Bewerbung.

b Wählen Sie eine Situation aus und spielen Sie einen Dialog für die Situation mit einer Partnerin / einem Partner aus Ihrem Team.

3   Wo arbeitet man in dieser Branche?

Ergänzen Sie die Mindmap mit möglichen Arbeitsorten.

Hotelküche

Gastronomie

Pflege

Lager und Logistik

4   Stellengesuch

a Arbeiten Sie in Gruppen mit gleichen Muttersprachen. Nur eine Person aus der Gruppe liest das folgende Stellengesuch und übersetzt es mündlich für die anderen. Alle kontrollieren die Übersetzung.

> *Freundliche, zupackende Frau (28), mit Arbeitserfahrung als Kellnerin und Küchen-hilfe, sucht Teilzeitstelle in der Gastronomie. Deutschkenntnisse auf dem Niveau B1.*

b Mischen Sie die Gruppen neu. Beantworten Sie die Fragen zu dem Stellengesuch in 4a in der Gruppe.

1   Wer sucht eine Arbeit?
2   Wie beschreibt die Person sich selbst?
3   In welcher Branche soll die Arbeit sein?
4   Welche Arbeitserfahrung hat die Person?
5   Was für eine Art von Stelle sucht sie?
6   Wie gut spricht sie Deutsch?

5   Eine Firma um Informationen bitten

a Was passt? Verbinden Sie.

1   Ist das Stellenangebot   a   frei?
2   Arbeitet man   b   im Schichtdienst?
3   Ist auch eine Teilzeitstelle   c   spezielle Unterlagen?
4   Ab wann ist die Stelle   d   noch aktuell?
5   Braucht man für die Bewerbung   e   möglich?

b Ratespiel: Bilden Sie zwei Gruppen. Eine Person aus Gruppe A spielt eine Arbeitgeberin / einen Arbeitgeber, die / der eine Stelle zu vergeben hat. Die Personen aus Gruppe B stellen abwechselnd Ja-/Nein-Fragen, um die Stelle zu erraten. Team A kontrolliert, ob die Fragen richtig sind. Danach rät Team A. Das Team, das weniger Fragen braucht, gewinnt.

> *Ist die Stelle in der Pflege?*

> *Arbeitet man auch nachts?*

6   Wann?

Arbeiten Sie zu zweit. Ergänzen Sie die passende Präposition in Ihrem Kasten (A), lesen Sie dann den Satz für Ihre Partnerin / Ihren Partner (B) vor. An der Stelle, wo die Präposition ist, klatschen Sie in die Hände. Ihre Partnerin / Ihr Partner sagt die passende Präposition. Tauschen Sie dann die Rollen.

A

1 .... wann sind Sie in Deutschland?
2 .... Montag habe ich .... 14:30 Uhr einen Termin beim Jobcenter.
3 Die Probezeit ist .... Juli .... September.
4 .... drei Wochen beginnt mein neuer Arbeitsvertrag.
5 Sie wird ihre Arbeit .... Juli verlieren.

B

1 Was machst du .... Nachmittag?
2 .... dem 1. Juni bin ich arbeitslos.
3 Luis ist .... Montag .... Freitag krankgeschrieben.
4 Hätten Sie nachmittags .... 16 Uhr Zeit?
5 Die Informationen stehen in der E-Mail .... 24. September.

7   Interessierst du dich für diese Branche?

Spielen Sie in Gruppen von vier Personen. Stellen Sie für jede Person eine Spielfigur auf START. Würfeln Sie und ziehen Sie die Figur um die Würfelzahl weiter. Ergänzen Sie den Satz in diesem Feld. Wenn der Satz falsch ist, gehen Sie zurück auf START. Wer zuerst am Ziel ist, gewinnt.

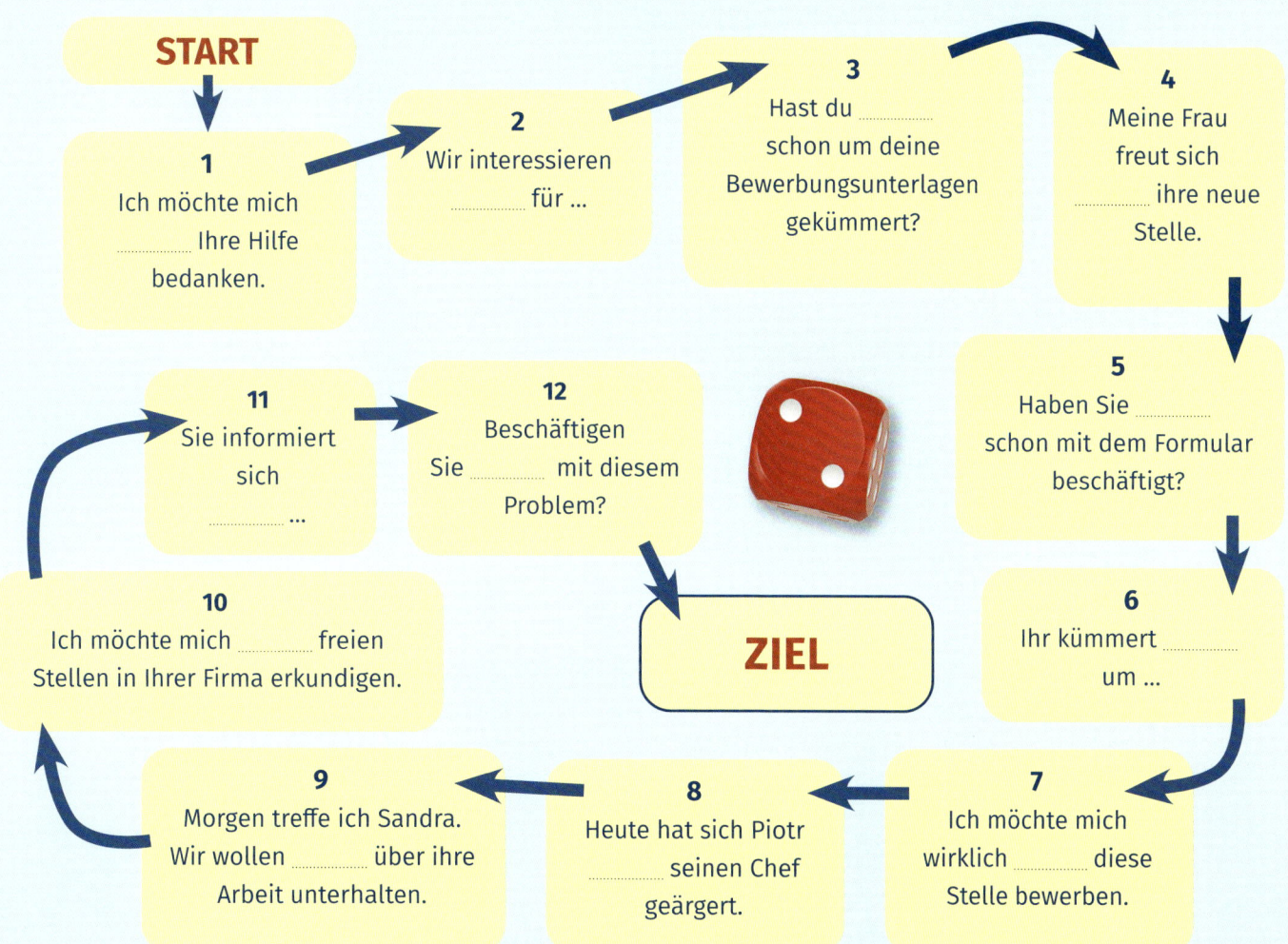

START

1 Ich möchte mich .... Ihre Hilfe bedanken.

2 Wir interessieren .... für …

3 Hast du .... schon um deine Bewerbungsunterlagen gekümmert?

4 Meine Frau freut sich .... ihre neue Stelle.

5 Haben Sie .... schon mit dem Formular beschäftigt?

6 Ihr kümmert um …

7 Ich möchte mich wirklich .... diese Stelle bewerben.

8 Heute hat sich Piotr .... seinen Chef geärgert.

9 Morgen treffe ich Sandra. Wir wollen .... über ihre Arbeit unterhalten.

10 Ich möchte mich .... freien Stellen in Ihrer Firma erkundigen.

11 Sie informiert sich .... …

12 Beschäftigen Sie .... mit diesem Problem?

ZIEL

8   Ich wäre gern …

Ergänzen Sie die Sätze zum Thema „Jobsuche". Bilden Sie dann Kleingruppen und machen Sie eine Kettenübung: A sagt den Anfang von Satz 1, B ergänzt ihn. Dann sagt B den Anfang von Satz 2, C ergänzt ihn usw.

1   Ich würde gern ....
2   Mihail wäre gern ....
3   Ich hätte gern einen Termin bei ....

4   Könnten Sie bitte .... ?
5   Hättest du vielleicht .... ?

9   Wie war das?

a   Ergänzen Sie die passende Form von *sein* oder *haben* im Präteritum.

1   Bei welcher Arbeit .... du oft Spaß?
2   Wann .... dein letzter Termin beim Jobcenter?
3   Wie lange .... du als Kind in der Schule?
4   Wo .... dein erster Arbeitsplatz?
5   .... Sie schon mal beim Berufsinformationszentrum (BiZ)?
6   Wann .... Sie Ihren letzten Job?

b   Arbeiten Sie zu zweit. Würfeln Sie abwechselnd und lesen Sie den gewürfelten Satz aus 9a vor. Ihr Partner / Ihre Partnerin antwortet.

10   Das war gut.

a   Ergänzen Sie die passende Form von *sein, haben, müssen* oder *können* im Präteritum.

1   In Syrien .... ich Verkäufer.
2   Wir .... einen kleinen Lebensmittelladen.
3   Letzten Dienstag .... ich einen Termin beim Jobcenter.
4   Die Beratung .... gut.
5   Vor zwei Jahren .... du noch kein Deutsch, oder? Und jetzt kannst du schon so viel!
6   .... Sie in Ihrem Heimatland schon einen Beruf?
7   Am Samstag .... Sobhan keine Zeit, da .... er arbeiten.

b   Arbeiten Sie zu dritt. Schreiben Sie weitere Sätze mit Lücken wie in 10a. Tauschen Sie die Sätze mit einer anderen Gruppe. Ergänzen Sie die neuen Sätze.

11   Laufdiktat

Legen Sie Ihr Buch in die andere Ecke des Raums. Laufen Sie dann dorthin. Merken Sie sich einen Satz und laufen Sie zurück zu Ihrem Heft. Schreiben Sie den Satz dann auf.

1   Emilia kümmert sich um ihre berufliche Zukunft.
2   Ich interessiere mich für eine Berufsberatung.
3   Könnten Sie mir einen Job empfehlen?
4   Ich hätte gern eine neue Arbeit.

5   Haben Sie Ihre Aufenthaltserlaubnis dabei?
6   Ich würde gern als Fahrer arbeiten.
7   Ist das Stellenangebot noch aktuell?
8   Wie sind denn die Arbeitszeiten?
9   Ab wann ist die Stelle frei?

12 Hören: Erfahrungen

Sie hören drei Aussagen zum Thema „Arbeitssuche".
Welche der Sätze a–f passen zu den Aussagen 1–3?
Kreuzen Sie an. Zu jeder Aussage passt nur eine Antwort.

19 ((▶

Sprecher 1   a ☐   b ☐   c ☐   d ☐   e ☐   f ☐

Sprecherin 2   a ☐   b ☐   c ☐   d ☐   e ☐   f ☐

Sprecher 3   a ☐   b ☐   c ☐   d ☐   e ☐   f ☐

a   Mein Job kam über mein Netzwerk.
b   Ich war nicht sehr nervös.
c   Man sollte nicht immer nur an die Arbeitssuche denken.
d   Mir hat eine Weiterbildung geholfen.
e   Beratung und Offenheit für neue Ideen sind hilfreich.
f   Man muss einfach genügend Bewerbungen schreiben, dann klappt es schon.

13 Sprechen: Was denken Sie?

Wie sind Ihre Erfahrungen mit dem Thema „Arbeitssuche", in Deutschland oder in Ihrem Heimatland?
Was haben Sie erlebt, was war schwierig, was war hilfreich? Sprechen Sie in der Gruppe.

Bei mir war das so: …   *Ich weiß nicht, wie …*   *Für mich war/ist … schwierig.*

Meine Erfahrung ist, dass …   *Ich glaube, man sollte …*   *Es ist gut, wenn …*

Es ist leichter, wenn …

14 Lesen: Eine E-Mail

Lesen Sie die E-Mail und die Aussagen dazu. Welche passt? Kreuzen Sie an.

> ≡ ▼
>
> 1   Lieber Marek,
>
> wie geht es dir? Wollen wir uns mal wieder treffen, zum Beispiel nächste Woche irgendwann am Abend? Ich würde mich nämlich gern mit dir über das Thema „Arbeitssuche" unterhalten, denn du hast ja letztes Jahr eine neue Arbeit gefunden.
>
> 5   Ich finde gerade alles schwierig: Ich habe jetzt schon viel darüber gehört, was man tun kann, um einen Job zu finden, aber ich weiß nicht, wo ich anfangen soll. Ich weiß nicht genau, welche Art von Arbeit ich machen soll. Du weißt, ich habe leider keine Ausbildung. Und ich bin unsicher mit meinen Deutschkenntnissen. Was meinst du, wie gut sollte man Deutsch sprechen, um eine Arbeit finden zu können?
>
> 10   Vielleicht kannst du mir ein paar Tipps geben und sagen, was dir geholfen hat? Das würde mich sehr freuen.
>
> Herzliche Grüße
>
> Anna

1 Anna möchte ....

a ☐ Marek kennenlernen.

b ☐ Marek einladen.

c ☐ sich mit Marek verabreden.

2 Sie hätte gern ...

a ☐ eine Stelle in Mareks Firma.

b ☐ Tipps zur Arbeitssuche.

c ☐ Hilfe bei der Bewerbung.

3 Sie weiß ...

a ☐ schon ungefähr, wo sie arbeiten will.

b ☐ nicht, was sie zuerst machen soll.

c ☐ nur, dass sie eine Ausbildung machen will.

4 Sie ist unsicher, ...

a ☐ ob sie gut genug Deutsch spricht.

b ☐ wie viele Deutschkurse sie noch machen soll.

c ☐ ob sie so gut Deutsch spricht wie Marek.

15 Eine Antwort schreiben

Marek antwortet Anna. Ergänzen Sie die Kurznachrichten.

Marek
Hallo Anna, hast du nächste Woche am Mittwoch Zeit?

Anna
Hallo Marek! Ja, das passt sehr gut.

Dann nächsten Mittwoch um 18 Uhr bei mir. Und hier sind meine zwei wichtigsten Tipps zu Arbeitsuche:

....

....

....

....

....

Super, vielen Dank! Und was meinst du, wie gut sollte man Deutsch sprechen, um eine Arbeit finden zu können?

....

....

....

....

....

Danke! Ich freue mich, wenn du mir am Mittwoch mehr dazu erzählst!

Eine neue Chance

Stationen bei der Bewerbung

- [1] *Beratungsgespräche führen*
- [ ] *Stellenangebot finden*
- [ ] *Lebenslauf schreiben*
- [ ] *Anschreiben verfassen*
- [ ] *Vorstellungsgespräch führen*

1 Interne Stellenanzeige

a Mia findet am Schwarzen Brett bei *McBurger* eine interne Stellenanzeige. Lesen Sie das Stellenangebot. Finden Sie die Stelle interessant? Warum (nicht)? Sprechen Sie im Kurs.

> 💡 **TIPP**
>
> Achten Sie bei Komposita zuerst auf den letzten Teil, denn der ist am wichtigsten. Der erste Teil erklärt den letzten Teil genauer, z. B.: *die Waren**lieferung*** bedeutet *die Lieferung von Waren.*

Mitarbeiter im Restaurant (m / w / d) für den Bereich Kasse

Ihre Aufgaben:
- verantwortliche Kassenführung
- Abrechnung und Dokumentation von Kassenbeständen
- Annahme von Warenlieferungen
- Beachtung von Hygienevorschriften und Qualitätsstandards
- Verbesserung der Kundenzufriedenheit

Wir erwarten:
- mindestens ein Jahr Berufserfahrung in einem (Schnell-)Restaurant
- Teamfähigkeit, Zuverlässigkeit und Flexibilität
- ein freundliches Auftreten und Belastbarkeit
- gute Deutschkenntnisse

Wir bieten:
- abwechslungsreiche Aufgaben in einem multikulturellen Team
- interne Weiterbildungen
- flexible Arbeitszeiten
- faire Bezahlung nach Tarif

b Sind die Aussagen zum Text in 1a richtig oder falsch? Kreuzen Sie an.

	✓	✗
1 Bei der Arbeit an der Kasse muss man Waren annehmen.	☐	☐
2 Für die Stelle braucht man keine Erfahrung an der Kasse.	☐	☐
3 Es gibt externe Weiterbildungen.	☐	☐
4 Das Gehalt ist tariflich.	☐	☐

c Welche Fähigkeiten und Kenntnisse erwartet der Arbeitgeber in 1a? Was bietet er an? Sortieren Sie die Wörter in eine Tabelle in Ihr Heft.

berufliche Erfahrung | Teamfähigkeit | faire Bezahlung | Weiterbildung | Zuverlässigkeit | freundliches Auftreten | flexible Arbeitszeiten | gute Deutschkenntnisse

Arbeitgeber erwartet ...	*Arbeitgeber bietet an ...*

d Welche persönlichen Fähigkeiten und Kenntnisse haben Sie? Sammeln Sie in der Gruppe und schreiben Sie Ihre Fähigkeiten und Kenntnisse auf ein Blatt Papier.

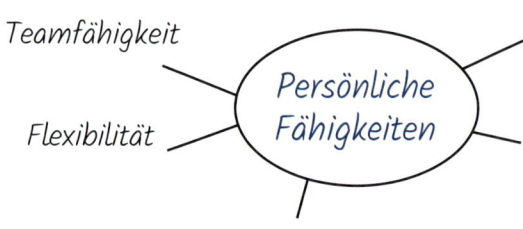

Teamfähigkeit
Flexibilität
Persönliche Fähigkeiten

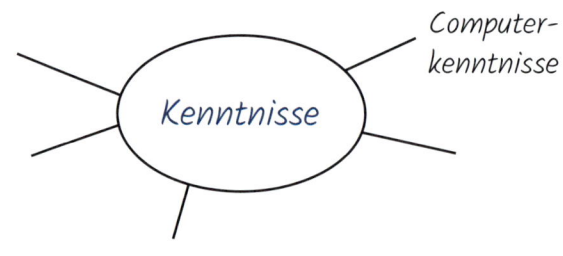

Computer-kenntnisse
Kenntnisse

2   Mias Lebenslauf

a   Mia beschließt, eine Bewerbung zu schreiben. Dafür braucht sie einen Lebenslauf. Ein Freund hilft ihr, ihn zu erstellen. Lesen Sie den Lebenslauf. Hören Sie dann und ergänzen Sie.

> **💡 TIPP**
>
> Lesen Sie den Text vor dem Hören und markieren Sie Schlüsselwörter. So können Sie sich besser auf den Hörtext konzentrieren.

20

Lebenslauf

Rilkestraße 276b I 01097 Dresden I mia.radkowa@glx.de I 0177 3 04 42 01

Persönliche Daten

Name	Mia Radkowa
Geburtsdatum / -ort	......1...... 1982 in Kasanlak (Bulgarien)
Staatsangehörigkeit	bulgarisch
Familienstand	......2......

Berufserfahrungen

seit 2017	......3...... im Bereich Küche bei *McBurger*, Dresden
2014–2017	Mitarbeit im Bereich ......4...... bei *Lommys Imbiss*, Dresden
2012–2014	Mitarbeit im *Brauhaus am Eck*, Dresden
1995–2011	Aushilfe auf dem ......5...... der Familie Radkowa, Kasanlak

Ausbildung

2020	Deutsch für den Beruf B2, *Sprachschule Zentral*, Dresden
2012–2013	......6...... A1–B1, *Volkshochschule*, Dresden (Deutsch-Test für Zuwanderer B1)
1988–......7......	Grund- und Mittelschule, Kasanlak (Mittlere Reife)

Kenntnisse

Sprachen	Bulgarisch (Muttersprache), Deutsch (B1)
Computer	MS Word, Excel (gute Kenntnisse)

Dresden, 14.03.20...
Mia Radkowa

b   Lesen Sie den Lebenslauf noch einmal und ergänzen Sie die Tipps.

persönlichen Daten | Foto | Lebenslauf | Kenntnisse | Datum | Ort | Kontaktdaten | Ausbildung

1   Nutzen Sie beim Lebenslauf ein professionelles ....
2   Geben Sie Ihre vollständigen .... an.
3   Unterteilen Sie Ihren .... in Überschriften und Themenblöcke.
4   Geben Sie Ihre .... als ersten Themenblock an.
5   Informieren Sie über Ihre .... (Wann? Wo? Abschluss?)
6   Geben Sie Ihre .... (z. B. Sprach- und Computerkenntnisse) an.
7   Schreiben Sie am Ende .... und .... und unterschreiben Sie.

3 Mias Anschreiben an *McBurger*

a Welche Informationen stehen im Anschreiben?
Lesen Sie und kreuzen Sie an.

McBurger Dresden
z. Hd. Herrn Michael Boks
Hauptstr. 83
01097 Dresden

Mia Radkowa
Rilkestr. 276b
01097 Dresden
mia.radkowa@glx.de
0177 30442 01

Dresden, 14. März 20…

Bewerbung als Mitarbeiterin im Restaurant für den Bereich Kasse

Sehr geehrter Herr Boks,

mit großem Interesse habe ich am Schwarzen Brett von *McBurger* die Stellenausschreibung
für einen Mitarbeiter (m/w/d) im Bereich Kasse gelesen.

Seit zweieinhalb Jahren arbeite ich in Ihrer Filiale in Dresden im Bereich Küche. Dadurch,
dass ich in dieser Zeit alle Stationen in der Zubereitung unserer Produkte durchlaufen habe,
bin ich bestens mit unseren Produkten und Arbeitsabläufen vertraut.

Ich habe viel Berufserfahrung in Deutschland und in Bulgarien gesammelt. In Bulgarien habe
ich 16 Jahre lang auf dem Bauernhof meiner Eltern gearbeitet. Durch mein freundliches
Auftreten konnte ich die Produkte erfolgreich auf dem Stadtmarkt in Kasanlak verkaufen. Bei
McBurger arbeite ich meist auch am Wochenende. Ich bin also zeitlich flexibel. Bei *McBurger*
in der Küche arbeite ich zudem unter großem zeitlichem Druck und besuche nach der Arbeit
einen Deutschkurs. Daher bin ich sehr belastbar.

Ich habe den Integrationskurs mit dem Zertifikat *Deutsch-Test für Zuwanderer* auf dem
Niveau B1 erfolgreich bestanden. Zudem habe ich im letzten Jahr einen Abendkurs *Deutsch
für den Beruf B2* besucht, um meine Deutschkenntnisse zu verbessern. Ich lerne weiterhin
Deutsch, damit ich besser mit Kunden und Kollegen kommunizieren kann. Außerdem verfüge
ich über gute Kenntnisse in MS Word und Excel.

Ich möchte gern weitere Stationen in unserem Restaurant kennenlernen und mich weiterentwickeln, indem ich neue Herausforderungen annehme. Über eine Einladung zum persönlichen Vorstellungsgespräch würde ich mich sehr freuen.

Mit freundlichen Grüßen

Mia Radkowa   Anlagen: Lebenslauf, Zeugnisse

Die folgenden Informationen stehen im Anschreiben:

1 ☐ was man nicht so gut kann
2 ☐ Kenntnisse
3 ☐ wie man von der Stelle erfahren hat
4 ☐ was man gerade beruflich macht

5 ☐ persönliche Fähigkeiten für die Stelle
6 ☐ Motivation und Ziele
7 ☐ auf welche weiteren Stellen man sich
   bewirbt

b An welcher Stelle stehen die Informationen aus 3a im Anschreiben? Bringen Sie sie in die richtige Reihenfolge.

> *3,* ....

c Lesen Sie die Ausschnitte des Anschreibens noch einmal und ergänzen Sie.

1 .... ich in dieser Zeit alle Stationen in der Zubereitung unserer Produkte durchlaufen habe, bin ich bestens mit unseren Produkten und Arbeitsabläufen vertraut.

2 Zudem habe ich im letzten Jahr einen Abendkurs Deutsch für den Beruf B2 besucht, ... meine Deutschkenntnisse .... verbessern.

3 Ich lerne weiterhin Deutsch, ... ich besser mit Kunden und Kollegen kommunizieren kann.

4 Ich möchte gern weitere Stationen in unserem Restaurant kennenlernen und mich weiterentwickeln, ... ich neue Herausforderungen annehme.

d Ergänzen Sie die Lücken im Grammatikkasten.

> **GRAMMATIK**
>
> **Sätze mit *damit, um ... zu, indem* und *dadurch, dass***
>
> Nebensätze, die mit ....1....... und ....2....... eingeleitet werden, drücken eine **Absicht**, ein **Ziel** oder einen **Zweck** aus.
>
> Frage: **Wozu?** *Ich lerne Deutsch, **damit** ich eine bessere Arbeit finde.*
> *Ich laufe schnell, **um** den Marathon **zu** gewinnen.*
>
> Die Wörter ....3....... und ....4....... in Nebensätzen drücken eine **Art und Weise** oder ein **Mittel** aus.
>
> Frage: **Wie?** *Ich lerne Deutsch, **indem** ich regelmäßig den Kurs besuche.*
> ***Dadurch, dass** ich viel trainiere, bin ich gut vorbereitet.*

e Unterstreichen Sie die Verben in den Nebensätzen in 3c. Wo stehen die Verben in Nebensätzen und welche Formen haben Sie? Sprechen Sie im Kurs.

f Beantworten Sie die Fragen in Ihrem Heft. Nutzen Sie *damit, um ... zu, indem* und *dadurch, dass*.

1 Wozu lernen Sie weiterhin Deutsch?
2 Wie lernen Sie am besten Deutsch?
3 Wozu möchten Sie eine Ausbildung machen?
4 Wie schreibt man einen Lebenslauf?
5 Wie kann man eine neue Arbeit finden?
6 Wozu braucht man ein Anschreiben?

g Sprechen Sie zu zweit. Stellen Sie einander die Fragen aus 4f und beantworten Sie sie.

h Überlegen Sie sich ein Jobangebot, auf das Sie sich gern bewerben möchten, und schreiben Sie selbst ein kurzes Anschreiben. Das Beispiel in 3a hilft Ihnen. Schreiben Sie etwas zu den folgenden Punkten.

- Wo haben Sie das Angebot gefunden?
- Welche beruflichen Erfahrungen haben Sie?
- Warum passt Ihr Profil zu der Stelle?

4 Mias Vorstellungsgespräch bei *McBurger*

🔊 21 **a** Michael Boks von *McBurger* lädt Mia zu einem Vorstellungsgespräch ein. Hören Sie den ersten Teil des Gesprächs und kreuzen Sie an.

> 💡 **TIPP**
>
> Wenn Sie zwischen verschiedenen Antworten auswählen müssen, lesen Sie die Antworten genau und markieren Sie Wörter, die den entscheidenden Unterschied machen.

1 Frau Botewa ist
a ☐ die Managerin für den Küchenservice.
b ☐ die Managerin für den Kundenservice.
c ☐ die Restaurantmanagerin.

2 Mia hat
a ☐ keine Erfahrung in der Gastronomie.
b ☐ bisher nur bei *McBurger* gearbeitet.
c ☐ in verschiedenen Bereichen der Gastronomie gearbeitet.

3 Bei der Arbeit
a ☐ hat Mia keinen Stress.
b ☐ lässt sie sich schnell aus der Ruhe bringen.
c ☐ kann sie gut mit Stress umgehen.

4 Die Kassenabrechnung macht
a ☐ Mia Sorgen.
b ☐ ihr keine Sorgen.
c ☐ sie nervös.

🔊 22 **b** Hören Sie nun den zweiten Teil des Vorstellungsgesprächs. Sind die Aussagen richtig oder falsch? Kreuzen Sie an.

		✓	✗
1	Frau Botewa findet es gut, dass Mia das Unternehmen kennt.	☐	☐
2	Mia kann nur nachts und am Wochenende arbeiten.	☐	☐
3	Mia möchte lieber eine Teilzeitstelle.	☐	☐
4	Eine Stelle im Kundenservice bedeutet, dass man mehr Geld verdient.	☐	☐
5	Das Gehalt beträgt 1800 Euro brutto plus Zuschläge.	☐	☐
6	Mia ist mit dem Gehalt sehr zufrieden.	☐	☐
7	Das Unternehmen bietet weitere Karrieremöglichkeiten.	☐	☐
8	Das Unternehmen hat ein eigenes Ausbildungsprogramm.	☐	☐
9	Man kann die Ausbildung berufsbegleitend machen.	☐	☐
10	Mia bekommt nächsten Monat Bescheid über die Entscheidung.	☐	☐

c Wer stellt diese Fragen beim Vorstellungsgespräch? Schreiben Sie **C** für Chefin / Chef und **B** für Bewerberin / Bewerber in die Kästchen.

1 ☐ Können Sie mit stressigen Situationen umgehen?
2 ☐ Können Sie bei der Kassenabrechnung gut mit Zahlen umgehen?
3 ☐ Gibt es Aufstiegschancen in diesem Bereich?
4 ☐ Wie flexibel sind Sie denn zeitlich?
5 ☐ Kann ich das Ausbildungsprogramm neben der Arbeit machen?

d Hatten Sie selbst schon einmal ein Vorstellungsgespräch? Berichten Sie im Kurs.

5   Rollenspiel: Das Vorstellungsgespräch

a   Stellen Sie sich vor, Sie sind selbst Arbeitgeber. Denken Sie sich eine Firma aus und erstellen Sie zu zweit ein Plakat wie im Beispiel. Schreiben Sie Informationen zu den folgenden Punkten.

- Name der Firma
- Branche
- Berufe
- Arbeitszeiten

> *Frachtblitz*
> Transport und Logistik
>
> Wir suchen Lagermitarbeiter, Fahrer und Büromitarbeiter.
>
> Unsere Arbeitszeiten sind von 5:00 bis 22:00 Uhr.

b   Stellen Sie Ihr Unternehmen im Kurs vor. Fragen Sie im Kurs, wer sich bei Ihnen bewerben möchte. Laden Sie eine Person zum Vorstellungsgespräch ein.

c   Lesen Sie die Tipps für Bewerber beim Vorstellungsgespräch. Haben Sie weitere Tipps? Sammeln Sie im Kurs.

Lerntipps

1	**Stärken**	Sagen Sie, was Sie gut können. Bieten Sie der Firma Ihre besonderen Stärken an.
2	**Motivation**	Sprechen Sie über Dinge, die Sie schon gelernt haben oder lernen möchten.
3	**Interesse**	Stellen Sie Fragen zum Unternehmen und zu Weiterbildungen.
4	**Selbstbewusstsein**	Sagen Sie ruhig, dass Sie mehr verdienen möchten. Aber erklären Sie auch, was Sie dafür tun.

d   Spielen Sie zu zweit ein Vorstellungsgespräch. Die Redemittel helfen Ihnen.

REDEMITTEL

Die Arbeitgeberin/Der Arbeitgeber	Die Bewerberin/Der Bewerber
Guten Tag, es freut mich, Sie kennenzulernen.	Guten Tag, es freut mich auch. Danke für die Einladung.
Erzählen Sie doch ein wenig über sich.	Ich heiße … Ich komme aus … und arbeite aktuell in/bei …
Was sind Ihre Stärken?	Ich kann besonders gut …/Meine Stärken sind …
Wie haben Sie sich weiterqualifiziert?	Ich habe mich weiterqualifiziert, indem ich …
Weshalb möchten Sie bei uns arbeiten?	Ich möchte in diesem Beruf arbeiten, weil …
Wie sind Ihre Deutschkenntnisse?	Ich habe bereits einen Deutschkurs … besucht.
Wie viel Berufserfahrung haben Sie?	Ich arbeite seit …/ Ich habe noch keine Berufserfahrung.
Wo sehen Sie sich in fünf Jahren?	Ich kann mir gut vorstellen, in fünf Jahren … zu …/ Ich möchte gern …

Sprachbausteine

Über Deutschkenntnisse Auskunft geben

Ich habe einen Integrationskurs besucht.

Ich lerne Deutsch in einem Abendkurs.

Ich habe einen Deutschkurs an einer Sprachschule / Volkshochschule gemacht.

Deutsch habe ich nebenher gelernt.

Ich habe den Deutschtest für Zuwanderer (DTZ) auf dem Niveau B1 erfolgreich bestanden.

Ich habe noch kein B2-Zertifikat.

Ich muss noch die Abschlussprüfung schaffen.

Ich möchte die Prüfung noch mal versuchen.

Ich möchte neben der Arbeit einen weiteren Deutschkurs besuchen, damit ich endlich sicherer werde.

Die Belastbarkeit beschreiben

Ich kann gut mit stressigen Situationen umgehen.

Ich bin daran gewöhnt, unter großem Zeitdruck zu arbeiten.

Ich lasse mich nicht so schnell aus der Ruhe bringen.

Ich werde mich in den neuen Bereich sicher schnell einarbeiten.

Ich denke, dass ich den Anforderungen auf alle Fälle gewachsen bin.

Ich stelle mich gern neuen Herausforderungen.

Grammatik

Finale Nebensätze

Damit und *um … zu* drücken eine Absicht, ein Ziel oder einen Zweck aus. Sie leiten finale Nebensätze ein. Wir fragen danach mit: „Wozu?"/„Mit welcher Absicht?"/„Zu welchem Zweck?"

Ich bewerbe mich auf die Stellenanzeige. Ich will einen besseren Job bekommen.

*Ich bewerbe mich auf die Stellenanzeige, **damit** ich einen besseren Job bekomme.*

*Ich bewerbe mich auf die Stellenanzeige, **um** einen besseren Job **zu** bekommen.*

In Sätzen mit *um … zu* muss das Subjekt im Haupt- und Nebensatz gleich sein.

Modale Nebensätze

Indem und *dadurch, dass* drücken eine Art und Weise oder ein Mittel aus. Sie leiten modale Nebensätze ein. Wir fragen danach mit: „Wie?" / „Auf welche Art und Weise?" / „Wodurch?"

*Ich möchte mich gern weiterentwickeln, **indem** ich mir eine neue Stelle suche.*

***Dadurch, dass** ich in dieser Zeit in verschiedenen Restaurants gearbeitet habe, konnte ich viel Berufserfahrung sammeln.*

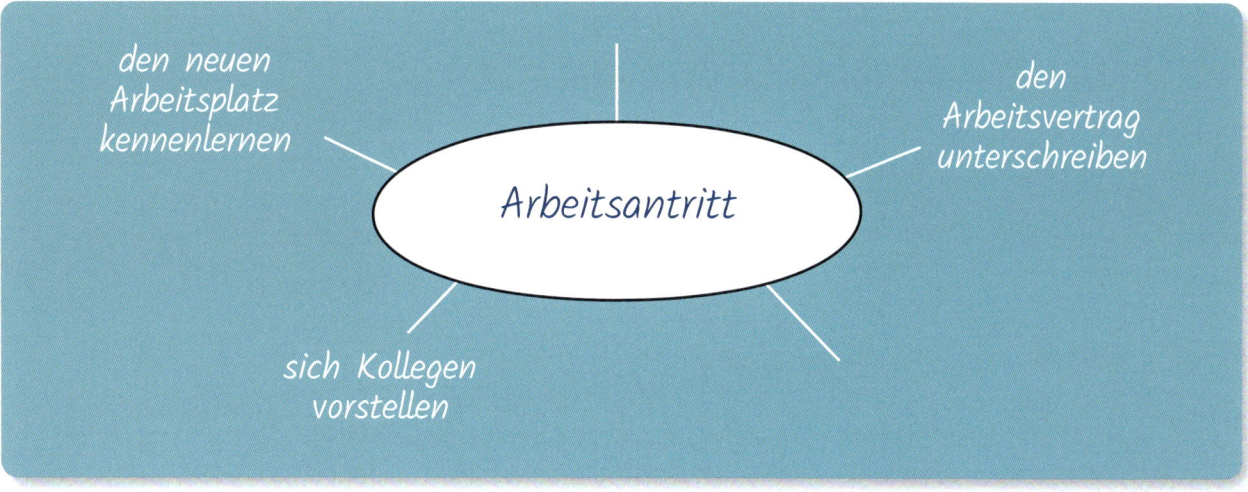

Neuer Job, neues Glück

den neuen
Arbeitsplatz
kennenlernen

den
Arbeitsvertrag
unterschreiben

Arbeitsantritt

sich Kollegen
vorstellen

1   Tülins neuer Arbeitsvertrag

a   Tülin hat ihr Einstiegstraining beim städtischen Abfallbetrieb absolviert. Sie bekommt eine E-Mail von der Personalabteilung. Welche Aussage ist richtig? Lesen Sie die E-Mail und kreuzen Sie an.

Von:	m.heimann@städtischer_abfallbetrieb.com
An:	t.pamuk@freemail.com
Betreff:	Arbeitsvertrag

≡ ▼

1   Sehr geehrte Frau Pamuk,

Sie haben bei Ihrem Vorstellungsgespräch und im Training einen guten Eindruck hinterlassen, deshalb möchten wir Ihnen gern eine Stelle als Müllwerkerin anbieten. Anbei finden Sie den Arbeitsvertrag. Bitte lesen Sie ihn in Ruhe durch. Ich biete Ihnen am 15.06. um 10 Uhr einen
5   Termin zur Vertragsunterzeichnung an. Bitte bringen Sie den Vertrag mit. Bei Fragen können Sie mich gern anrufen. Wir würden uns freuen, Sie bald als unsere Mitarbeiterin begrüßen zu dürfen.

Mit freundlichen Grüßen

Marion Heimann

1   Die E-Mail ist eine
   a   ☐   Einladung zum Vorstellungsgespräch.
   b   ☐   Zusage für eine Stelle.

2   Tülin soll
   a   ☐   einen Termin vereinbaren.
   b   ☐   den Vertrag lesen.

b   Lesen Sie den Arbeitsvertrag und beantworten Sie die Fragen.

> 💡 **TIPP**
>
> Konzentrieren Sie sich auf die Zahlen im Arbeitsvertrag.

Beginn des Arbeitsverhältnisses: Das Arbeitsverhältnis beginnt am 15.07.20...

Dauer des Arbeitsverhältnisses: Das Arbeitsverhältnis wird auf unbestimmte Zeit geschlossen. Das Ende des Arbeitsverhältnisses bedarf einer schriftlichen Kündigung.

Tätigkeiten: Die Arbeitnehmerin wird als Müllwerkerin eingestellt und wird vor allem folgende Tätigkeiten ausführen: Müll bei den Haushalten einsammeln und ins Fahrzeug entladen; Müll zu den unterschiedlichen Deponien fahren und dort entladen; bei entsprechender vorhandener Fahrerlaubnis: das Müllauto fahren.

Arbeitsvergütung: Das monatliche Bruttogehalt beträgt 2100 Euro.

Arbeitszeit: Die wöchentliche Arbeitszeit umfasst 35 Stunden. Beginn und Ende der täglichen Arbeitszeit richten sich nach der betrieblichen Einteilung.

Krankheit: Ist die Arbeitnehmerin aufgrund von Krankheit arbeitsunfähig, so besteht die Pflicht zur unverzüglichen Mitteilung dieser Arbeitsunfähigkeit. Ab dem 3. Krankheitstag besteht gemäß den gesetzlichen Bestimmungen die Pflicht zur Vorlage eines Attests.

Urlaub: Die Arbeitnehmerin hat einen Anspruch auf 22 Urlaubstage pro Jahr.

Probezeit: Die ersten drei Monate gelten als Probezeit. Während dieser Zeit kann das Arbeitsverhältnis beiderseits mit einer Frist von 2 Wochen gekündigt werden.

Kündigungsfrist: Nach Ablauf der Probezeit beträgt die Kündigungsfrist 4 Wochen zum Ende des Kalendermonats.

Weitere Vereinbarungen: Es besteht für die Arbeitnehmerin die Pflicht zur regelmäßigen Teilnahme an Sicherheits- und Hygieneschulungen.

1 Wann beginnt das Arbeitsverhältnis?
2 Wie hoch ist das Gehalt?
3 Wie viele Stunden pro Woche arbeitet man?

4 Ab welchem Tag braucht man eine Krankmeldung?
5 Wie viele Urlaubstage gibt es?
6 Wie lange ist die Kündigungsfrist?

c Tülin hat nicht alles im Arbeitsvertrag verstanden. Sie fragt bei ihrer Nachbarin Britta nach. Hören Sie den Dialog und ergänzen Sie.   **23** ((▶

1 nach der betrieblichen _____: je nachdem, wie der Betrieb es einteilt.
2 _____: wenn man nicht arbeiten kann.
3 Pflicht zur unverzüglichen _____: Man muss etwas sofort mitteilen.
4 Pflicht zur _____ eines Attests: Man muss eine Krankschreibung vorlegen.
5 Pflicht zur regelmäßigen _____ an Schulungen: Man muss regelmäßig an Schulungen teilnehmen.

d Ergänzen Sie die Tabelle. Lesen Sie den Arbeitsvertrag in 1b zur Kontrolle.

	Verb	Nomen
1	beginnen	*der Beginn*
2	kündigen	
3	einteilen	
4	mitteilen	
5	vorlegen	
6	vereinbaren	
7	teilnehmen	

> Das Arbeitsverhältnis beginnt am 15.07. = Der Beginn des Arbeitsverhältnisses ist am 15.07.

> *Könnten Sie erklären, was … bedeutet?*

> *Ich hätte auch eine Frage: Was heißt …?*

e Haben Sie noch eine Frage zu dem Arbeitsvertrag? Fragen Sie höflich im Kurs nach.

> *Entschuldigung, ich verstehe … nicht. Könnten Sie das bitte erklären?*

f Tülin hat den Arbeitsvertrag verstanden. Sie antwortet auf Frau Heimanns E-Mail aus 1a. Schreiben Sie zu zweit eine E-Mail mit Anrede und Gruß in Ihr Heft. Die Redemittel helfen Ihnen.

REDEMITTEL

Eine E-Mail schreiben

sich bedanken
Vielen Dank für Ihre E-Mail.
Ich bedanke mich herzlich für Ihre E-Mail.

ausdrücken, dass man etwas verstanden hat
Ich habe … verstanden. Vielen Dank.
Es ist so weit alles klar, vielen Dank!

Freude ausdrücken
Es freut mich, dass …
Ich freue mich sehr über …

einen Termin bestätigen
Hiermit bestätige ich den Termin am … um …
Gern bestätige ich Ihnen den Termin am … um …

2   Guten Tag, ich bin Tülin Pamuk.

a   Sehen Sie die Fotos an. Was macht Tülin an ihrem ersten Arbeitstag?
Vermuten Sie im Kurs.

> begrüßen **|** kennenlernen **|** den Arbeitsplatz kennenlernen **|** Arbeitskleidung tragen **|**
> mit dem Chef sprechen **|** mit Kollegen sprechen

 A

 B

> *Sie lernt ihre Kollegen kennen.*

b   Was glauben Sie: Wen duzt Tülin, wen siezt sie? Wie ist Ihre eigene Erfahrung mit Duzen und Siezen bei der Arbeit? Sprechen Sie.

> *Arbeit ist formell, da benutzt man besser das „Sie".*

> *Das ist nicht überall so. Ich duze alle Kollegen, auch den Chef.*

🔊 24   **c**   Lesen Sie die Aussagen. Hören Sie dann die Gespräche an Tülins erstem Arbeitstag. In welchem Gespräch hören Sie die Aussagen? Kreuzen Sie an.

In Gespräch ...	1	2	3
1 Tülin lernt ihre Teamkollegen kennen.	☐	☐	☒
2 Tülin wird heute mit Sami und Tim arbeiten.	☐	☐	☐
3 Tülin darf bei der Arbeit keinen Schmuck tragen.	☐	☐	☐
4 Die Müllwerker haben ein Recht auf 30 Minuten Pause.	☐	☐	☐
5 Die Kleidung passt, die Schuhe sind ein bisschen zu groß.	☐	☐	☐
6 Man fährt zwei Touren pro Arbeitstag.	☐	☐	☐
7 Man arbeitet nicht immer im selben Team.	☐	☐	☐

d   Welche Notizen macht sich Tülin zu den Gesprächen? Ergänzen Sie.

> Frau Frese **|** 6:30 Uhr **|** Tim Strasser und Sami Abdul **|** 30 Minuten **|**
> Arbeitsschuhe und -handschuhe

1   Arbeit im Team mit: ....
2   Arbeitskleidung abholen bei: ....
3   Abfahrt des Müllautos: ....
4   Immer tragen: ....
5   Dauer der Pause: ....

3 Gespräche mit Kolleginnen und Kollegen

a Hören Sie und ergänzen Sie die Anweisungen. 25 ((▶

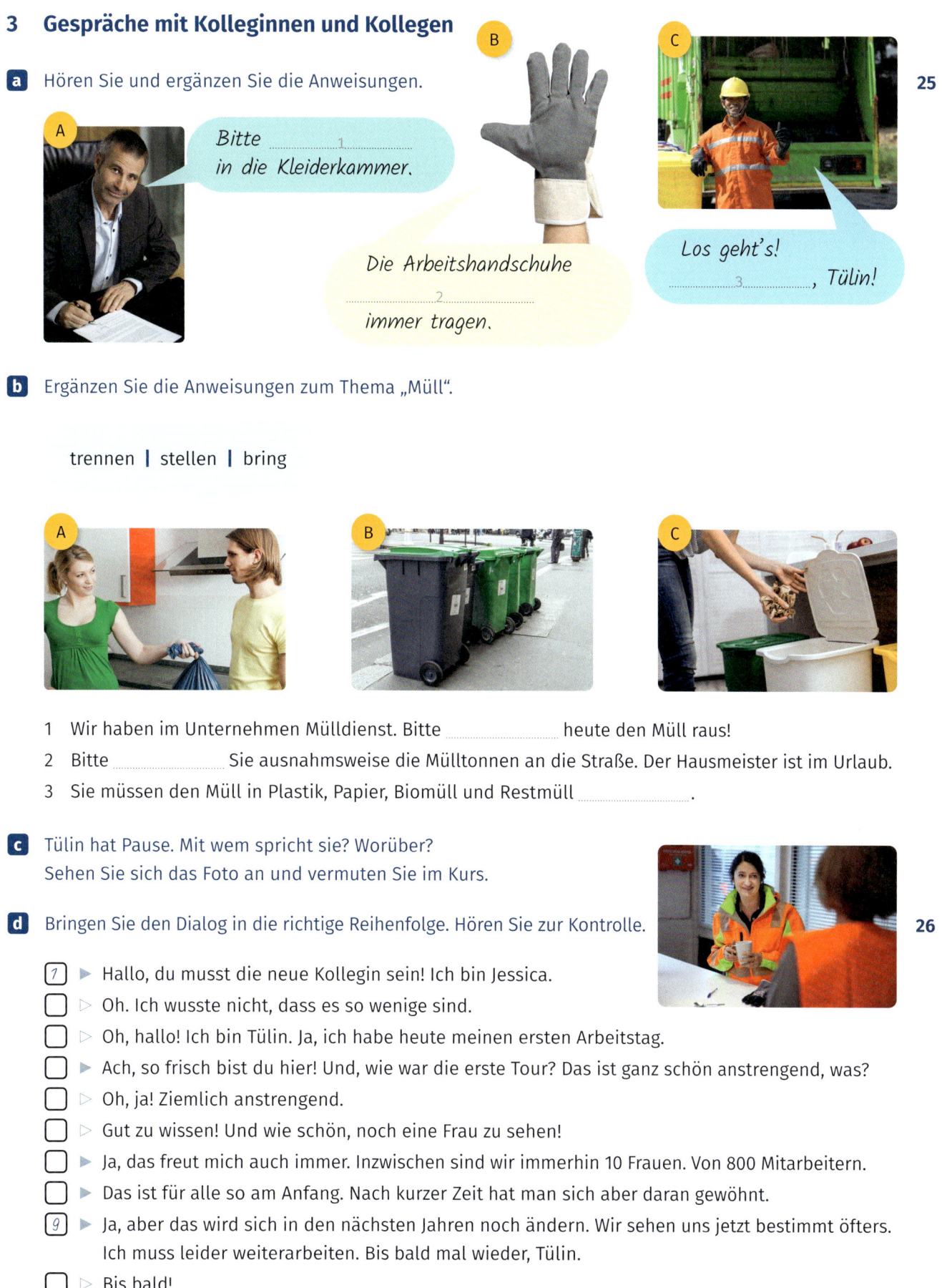

A
Bitte _____1_____ in die Kleiderkammer.

B

Die Arbeitshandschuhe _____2_____ immer tragen.

C
Los geht's! _____3_____, Tülin!

b Ergänzen Sie die Anweisungen zum Thema „Müll".

trennen | stellen | bring

A

B

C

1 Wir haben im Unternehmen Mülldienst. Bitte _____ heute den Müll raus!

2 Bitte _____ Sie ausnahmsweise die Mülltonnen an die Straße. Der Hausmeister ist im Urlaub.

3 Sie müssen den Müll in Plastik, Papier, Biomüll und Restmüll _____ .

c Tülin hat Pause. Mit wem spricht sie? Worüber?
Sehen Sie sich das Foto an und vermuten Sie im Kurs.

d Bringen Sie den Dialog in die richtige Reihenfolge. Hören Sie zur Kontrolle. 26 ((▶

[1] ▶ Hallo, du musst die neue Kollegin sein! Ich bin Jessica.

[ ] ▷ Oh. Ich wusste nicht, dass es so wenige sind.

[ ] ▷ Oh, hallo! Ich bin Tülin. Ja, ich habe heute meinen ersten Arbeitstag.

[ ] ▶ Ach, so frisch bist du hier! Und, wie war die erste Tour? Das ist ganz schön anstrengend, was?

[ ] ▷ Oh, ja! Ziemlich anstrengend.

[ ] ▷ Gut zu wissen! Und wie schön, noch eine Frau zu sehen!

[ ] ▶ Ja, das freut mich auch immer. Inzwischen sind wir immerhin 10 Frauen. Von 800 Mitarbeitern.

[ ] ▶ Das ist für alle so am Anfang. Nach kurzer Zeit hat man sich aber daran gewöhnt.

[9] ▶ Ja, aber das wird sich in den nächsten Jahren noch ändern. Wir sehen uns jetzt bestimmt öfters. Ich muss leider weiterarbeiten. Bis bald mal wieder, Tülin.

[ ] ▷ Bis bald!

e Spielen Sie einen Dialog zwischen Kollegen. Sprechen Sie über die folgenden Punkte.

• nach der Arbeit   • halbtags arbeiten   • Arbeitskleidung   • ...

4 Im Schulungsraum bei NURIA

🔊 **27** **a** Luan hat eine Zusage für eine Stelle als Fahrer bei NURIA bekommen. Als Erstes absolviert er dort ein Training für Fahrer. Sind die Aussagen richtig oder falsch? Hören Sie und kreuzen Sie an.

		✔	✘
1	Heute ist der erste Tag von Luans Training.	☐	☐
2	Die Schulung dauert jeden Tag von 9:00 bis 17:00 Uhr.	☐	☐
3	Für das Mittagessen gibt es eine Kantine.	☐	☐
4	Vormittags lernt man die Theorie, nachmittags die Praxis.	☐	☐

b Lesen Sie den zweiten Teil des Gesprächs. Unterstreichen Sie die Redemittel zu den beiden Themen in der Tabelle und sortieren Sie sie in die Tabelle.

▶ Haben Sie zum Beispiel jetzt noch Fragen zum Ablauf des Trainings?
○ Nein, im Moment ist alles klar.
▷ Ja, könnten Sie wiederholen, wie diese Erlaubnis heißt, die wir am Ende bekommen?
▶ Ja, die Erlaubnis zur Fahrgastbeförderung – eine offizielle Lizenz, die Sie für die Arbeit hier brauchen.
● Bekommen wir von Ihnen Unterlagen zum theoretischen Training?
▶ Ja, natürlich. Sie müssen nicht mitschreiben, wir haben alles für Sie zusammengefasst.
▷ Könnten Sie bitte noch mal die Reihenfolge erklären?
▶ Ja. Das praktische Training beginnt immer nach der Mittagspause. Ist so weit alles klar?
▷ Ja, ich habe alles verstanden.

1 um Wiederholung bitten	*2 Verständnis signalisieren*

🔊 **28** **c** Was sagt der Trainer bei Luans Fahrerschulung? Verbinden Sie. Hören Sie dann zur Kontrolle.

1 Es freut mich,	a hier im Pausenraum zu essen.
2 Bitte vergessen Sie nicht,	b Sie alle hier begrüßen zu dürfen.
3 Sie haben die Möglichkeit,	c morgens mit Ihrer Chipkarte einzuchecken.

d Was hören Sie oft in Ihrem Alltag? Ergänzen Sie die Sätze.

Es freut mich, …   *Bitte vergessen Sie nicht …*

Sie haben die Möglichkeit, …

> **GRAMMATIK**
>
> **Infinitiv mit zu**
> Ich freue mich, Sie kennen**zu**lernen.
> Er hat Schwierigkeiten, gute Mitarbeiter **zu** finden.
> Es ist schwer, alles **zu** verstehen.

e Was dürfen / möchten Sie am ersten Arbeitstag nicht vergessen? Wozu haben Sie die Möglichkeit? Schreiben Sie Sätze in Ihr Heft. Denken Sie dabei an Ihren Chef, Ihre Kollegen, den Vertrag, die Pausen.

Ich darf nicht vergessen, den Chef zu begrüßen.
Ich habe die Möglichkeit, …

5 Lernszenario: Der Arbeitsantritt

Lesen Sie das Szenario. Suchen Sie sich dann eine Rolle aus und spielen Sie die Situationen nach.

Für seine neue Stelle als Fahrer bei NURIA muss Luan noch einige Angaben im Personalbüro bei Tina Lucht machen. Vor dem Arbeitsantritt hat Luan ein Training für Fahrer absolviert. Adrian Reuten war sein Trainer. Zafer Eldes hat auch das Training besucht.

A Tina Lucht

- arbeitet in der Personalabteilung von NURIA
- ist zuständig für neue Mitarbeiter

C Luan Kelmendi

- fängt als Fahrer bei NURIA an
- hat die Schulung bei Herrn Reuten besucht
- war im Kosovo Lkw-Fahrer

B Adrian Reuten

- ist Trainer für Fahrer bei NURIA
- schult neue Fahrer
- hat seit Kurzem eine Tochter

D Zafer Eldes

- fängt als Fahrer bei NURIA an
- hat die Schulung bei Herrn Reuten besucht
- war Paketbote

Situation 1: E-Mails mit dem Personalbüro

a

Tina Lucht
- schreibt Luan eine E-Mail
- schreibt, dass er am Montag um 8 Uhr zu NURIA kommen und seine Steuernummer und Bankverbindung mitbringen soll

Luan Kelmendi
- antwortet auf Tina Luchts E-Mail
- bestätigt den Termin am Montag um 8 Uhr und verspricht, dass er die Informationen mitbringen wird

b

Zafer Eldes
- bedankt sich bei Herrn Reuten per E-Mail für die Schulung
- bittet um die Unterlagen zum Training

Adrian Reuten
- schreibt, dass Frau Lucht die Unterlagen schickt
- wünscht Zafer Eldes einen guten Start

Situation 2: Gespräche im Pausenraum

a

Tina Lucht
- erinnert Adrian Reuten an die Schulung am Samstag, die er für eine Kollegin übernimmt
- fragt, wie es der Familie geht

Adrian Reuten
- bestätigt die Schicht am Samstag
- erzählt ein bisschen von seiner Familie

b

Luan Kelmendi
- stellt sich Zafer vor, bietet ihm das Du an
- sagt, dass er alles noch sehr neu findet, aber bisher alles verstanden hat
- erzählt, was er im Kosovo gemacht hat

Zafer Eldes
- stellt sich vor und sagt, dass er Luan vom Training bei Herrn Reuten kennt
- sagt, dass er das Training gut fand
- erzählt, als was er früher gearbeitet hat

Sprachbausteine

Pflichten eines Arbeitnehmers

Die wöchentliche Arbeitszeit steht in meinem Arbeitsvertrag.
Ich muss sofort in der Firma Bescheid geben, wenn ich krank bin.
Bin ich länger als zwei Tage krank, brauche ich ein Attest.
Ich muss in der Personalabteilung alle notwendigen Unterlagen abgeben.
Wenn ich die Arbeitsstelle wechseln will, muss ich fristgerecht und schriftlich kündigen.
Ich muss Arbeitskleidung und Sicherheitsschuhe tragen.
An den regelmäßigen internen Schulungen muss ich teilnehmen.

Pflichten des Arbeitgebers

Die Firma muss pünktlich mein Gehalt überweisen.
Ich habe Anspruch auf die vereinbarten Urlaubstage.
Ich habe ein Recht auf eine Mittagspause.
Bei einer Kündigung nach der Probezeit muss mein Arbeitgeber einen Grund nennen.

Grammatik

Infinitiv mit *zu*

Infinitive mit *zu* stehen nach

– unpersönlichen Ausdrücken mit *Es ist …*:
*Es ist schön, Sie kennen**zu**lernen.*
*Es ist wichtig, beim Kunden nach**zu**fragen.*

– bestimmten Verben, z. B. *anbieten, anfangen, freuen, hoffen, vergessen, versprechen, vorschlagen*:
*Ich verspreche Ihnen, mich **zu** informieren.*
*Bitte vergessen Sie nicht, morgens ein**zu**checken.*

– bestimmten Nomen, z. B. *Angst, Schwierigkeiten, Spaß, Zeit, Lust (haben)*:
*Ich habe heute Nachmittag Zeit **zu** telefonieren.*
*Wir haben Schwierigkeiten, gute Mitarbeiter **zu** finden.*

Bei **trennbaren Verben** steht *zu* zwischen Präfix und Verbstamm.
Das **Subjekt** im Haupt- und Nebensatz muss gleich sein (außer bei den unpersönlichen Ausdrücken).

1 Traum-Job, Traum-Mitarbeitende

Wie sollte eine Arbeit sein? Wie sollte eine gute Mitarbeiterin / ein guter Mitarbeiter sein? Erstellen Sie eine Mindmap. Ordnen Sie die Wörter zu und ergänzen Sie eigene Wörter. Sprechen Sie dann in der Gruppe über Ihre Ideen.

> fair | belastbar | abwechslungsreich | teamfähig | gut bezahlt | zuverlässig | sicher | freundlich | ...

2 Haben Sie den Job schon?

a Arbeiten Sie zu zweit. Person A buchstabiert ihre Wörter, Person B schreibt sie auf kleine Zettel. Tauschen Sie danach die Rollen.

A

die Probezeit
das Anschreiben
die Vertragsunterzeichnung
die Stellenanzeige
die Zusage
die Aufstiegschancen
die Teamfähigkeit

die Belastbarkeit
das Personalbüro
das Vorstellungsgespräch
die Arbeitskleidung
der Arbeitsvertrag
der Lebenslauf
die Einarbeitung

B

b Welche Wörter aus 2a gehören zur Bewerbung, welche zum Arbeitsantritt? Sortieren Sie gemeinsam die Wörter.

c Schreiben Sie Sätze mit den Wörtern. Korrigieren Sie sich gegenseitig.

> *Könnten Sie vielleicht mein Anschreiben korrigieren?*

3   Was bedeutet das Gleiche?

a Arbeiten Sie zu dritt. Schreiben Sie die folgenden Wörter und Erklärungen auf kleine Zettel.

> die Vorschrift | die Pflicht | die Lizenz | ungefähr | die Fähigkeiten | die Kantine |
>
> berufsbegleitend | die Erlaubnis | die Nationalität | die Staatsangehörigkeit |
>
> die Arbeitsvergütung | brutto | die Regel | was man kann | was man tun muss |
>
> das Gehalt | die Filiale | neben der Arbeit | circa | einzelnes Geschäft eines großen
>
> Unternehmens | was man tun darf | offizielle Erlaubnis | inklusive Steuern |
>
> Restaurant in der Firma

b Welche Wörter oder Erklärungen bedeuten das Gleiche? Sortieren Sie sie.

c Mischen Sie die Zettel und legen Sie sie verdeckt auf den Tisch. Jede Person deckt immer zwei Karten auf. Das Ziel ist es, Paare zu finden. Wer am Ende die meisten Paare gefunden hat, gewinnt.

4   Zusammengesetzte Wörter

a Arbeiten Sie zu zweit. Kombinieren Sie die Wortteile zu Komposita.

> Kunden- | Steuer- | Schicht- |
> Waren- | Hygiene- | Personal- |
> Krank- | Arbeit-

> -nehmer | -service | -büro |
> -nummer | -schreibung |
> -vorschrift | -leiter | -lieferung

....

....

....

b Spielen Sie zu zweit. Erklären Sie Ihrer Partnerin / Ihrem Partner ein Wort, ohne einen der Wortteile zu benutzen. Ihre Partnerin / Ihr Partner rät das Wort.

> *Wenn man sich nicht gut fühlt und deshalb nicht zur Arbeit kann, geht man zum Arzt. Der Arzt ...*

> *Krankschreibung?*

5 Wozu?

a Bilden Sie zwei Gruppen. Gruppe A schreibt die Satzanfänge auf kleine Zettel, Gruppe B die Satzenden mit *um … zu*. Jede Person nimmt einen Zettel mit einem Satzteil.
Bilden Sie dann zwei Kreise, einen inneren (Gruppe A) und einen äußeren (Gruppe B). Immer zwei Personen stehen sich gegenüber. Person A liest den Satz vor, Person B ergänzt ihn. Dann rückt der äußere Kreis eine Person weiter. Anschließend wechseln die Gruppen.

Gruppe A	Gruppe B
Was hast du schon probiert, …	…, um am ersten Arbeitstag fit zu sein
Sinan spricht mit der Personalchefin, …	…, um eine fehlerfreie Bewerbung zu schreiben
Wir treffen uns, …	…, um meine neuen Kollegen kennenzulernen
Ich habe mich bei zwei Jobbörsen angemeldet, …	…, um unser Deutsch zu verbessern
Maria hat zehn Bewerbungen abgeschickt, …	…, um eine Stelle zu finden
Ich habe mit zwei Kollegen gesprochen, …	…, um genug Geld zu verdienen
Was habt ihr gemacht, …	…, um beim Vorstellungsgespräch gut auszusehen
Ich habe mich gut vorbereitet, …	…, um das Wichtigste zu verstehen
Er hat oft nachgefragt, …	…, um mich gut einzuarbeiten
Ich fahre mit der U-Bahn zum Vorstellungs-gespräch, …	…, um einen besseren Job zu bekommen

b Bilden Sie drei neue Gruppen. Gruppe A schreibt zehn Satzanfänge, Gruppe B schreibt zehn Nebensätze mit *damit*. Gruppe C kontrolliert die Teilsätze zusammen mit Ihrer Kursleiterin / Ihrem Kursleiter. Dann schreiben Sie Ihre Satzhälften an die Tafel. Nun muss die jeweils andere Gruppe die Sätze ergänzen. Gruppe C kontrolliert, ob die Sätze sinnvoll und richtig sind. Die Gruppe, die die wenigsten Fehler macht, gewinnt.

6 Wodurch? Wie?

Verbinden Sie die Satzhälften. Lesen und kontrollieren Sie zu zweit: Person A liest die erste Hälfte, Person B die zweite Hälfte, Person B die nächste erste Hälfte usw.

1	Dadurch, dass sie schon bei *McBurger* arbeitet,	a	bin ich sprachlich flexibel.
2	Indem ich neue Aufgaben übernehme,	b	habe ich Berufserfahrung gesammelt.
3	Indem ich vier Jahre als Verkäuferin gearbeitet habe,	c	haben wir bereits Ihre Daten.
4	Dadurch, dass ich auch Russisch und Englisch spreche,	d	kenne ich nur wenige Kollegen gut.
5	Indem wir uns regelmäßig zum Frühstück treffen,	e	möchte ich mich weiterentwickeln.
6	Dadurch, dass ich in verschiedenen Filialen arbeite,	f	stärken wir unser Team.
7	Dadurch, dass Sie schon das Training absolviert haben,	g	sind ihr viele Abläufe bekannt.

7 Mit oder ohne *um*?

Spielen Sie in Gruppen von drei oder vier Personen. Stellen Sie für jede Person eine Spielfigur auf Start. Wer eine Sechs würfelt, kann beginnen. Würfeln Sie und ziehen Sie die Figur um die Würfelzahl weiter. Lesen Sie den Satz und entscheiden Sie, ob in der Lücke *um* steht oder nicht. Spielen Sie mindestens drei Runden. In der vierten Runde gewinnt, wer zuerst genau im Ziel landet.

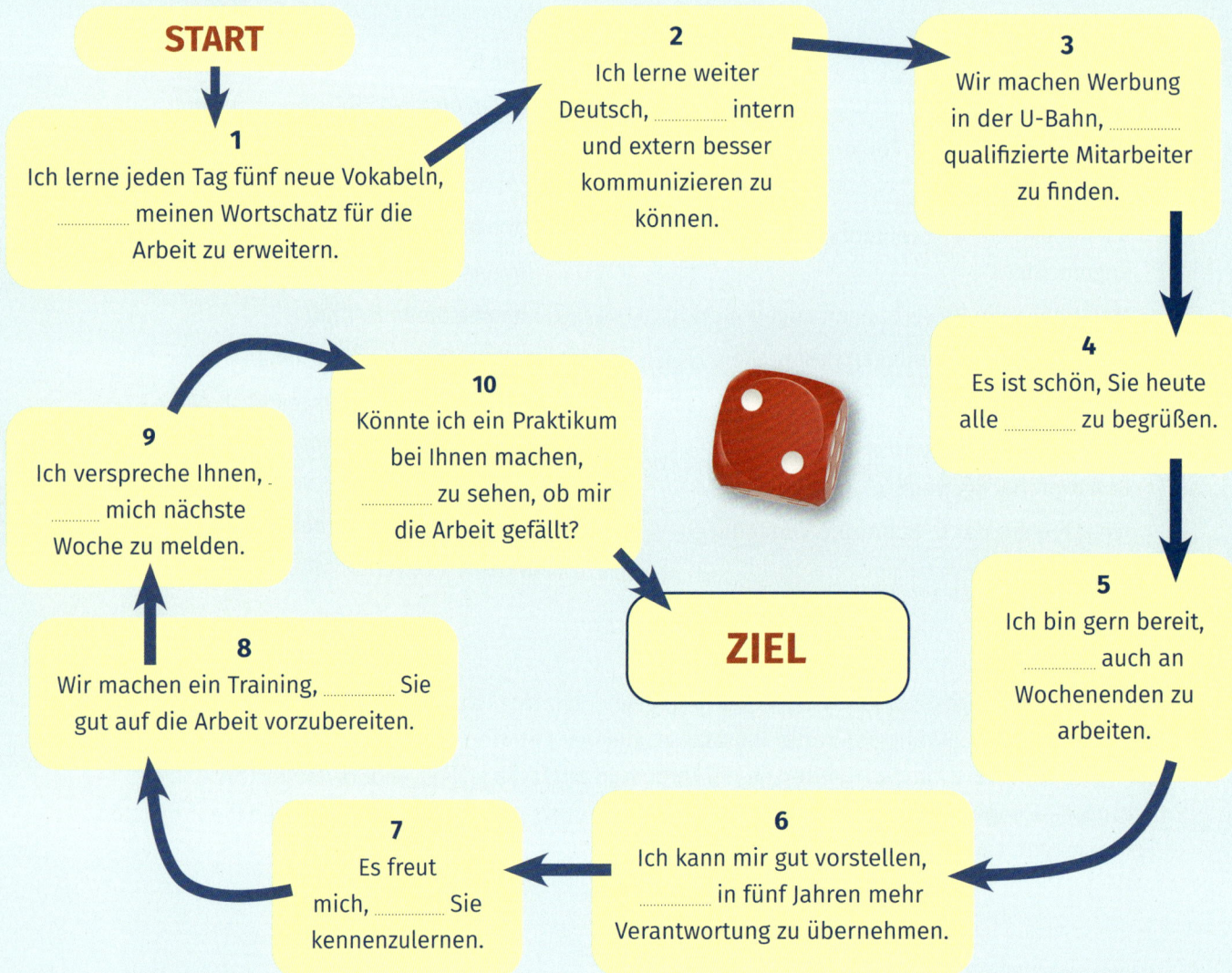

START

1
Ich lerne jeden Tag fünf neue Vokabeln, ... meinen Wortschatz für die Arbeit zu erweitern.

2
Ich lerne weiter Deutsch, ... intern und extern besser kommunizieren zu können.

3
Wir machen Werbung in der U-Bahn, ... qualifizierte Mitarbeiter zu finden.

4
Es ist schön, Sie heute alle .... zu begrüßen.

5
Ich bin gern bereit, ... auch an Wochenenden zu arbeiten.

6
Ich kann mir gut vorstellen, ... in fünf Jahren mehr Verantwortung zu übernehmen.

7
Es freut mich, ... Sie kennenzulernen.

8
Wir machen ein Training, ... Sie gut auf die Arbeit vorzubereiten.

9
Ich verspreche Ihnen, ... mich nächste Woche zu melden.

10
Könnte ich ein Praktikum bei Ihnen machen, ... zu sehen, ob mir die Arbeit gefällt?

ZIEL

8 Laufdiktat

Legen Sie Ihr Buch in die andere Ecke des Raums. Laufen Sie dann dorthin. Merken Sie sich einen Satz und laufen Sie zurück zu Ihrem Heft. Schreiben Sie den Satz dann auf. Wenn Sie sich den Satz nicht komplett merken können, laufen Sie noch mal zum Buch.

1 Gibt es in diesem Beruf Aufstiegschancen?
2 Sie hat als Aushilfe angefangen, jetzt ist sie Schichtleiterin.
3 Wir sind ein multikulturelles Team.
4 Ein freundliches Auftreten ist sehr wichtig.
5 Wie lange dauert die Probezeit?
6 Wir duzen uns hier alle.
7 Die Kündigungsfrist beträgt vier Wochen.
8 Ich verstehe mich gut mit meinen Kolleginnen und Kollegen.

9 Sprechen: Vorstellungsgespräch

Spielen Sie zu zweit ein Vorstellungsgespräch für eine Stelle als Verkäuferin/Verkäufer in einem Kaufhaus. Person A ist Personalchefin/Personalchef und formuliert Fragen, Person B ist Bewerberin/Bewerber und antwortet. Die Stichpunkte helfen Ihnen. Tauschen Sie dann die Rollen.

– Begrüßung
– ein bisschen über sich erzählen
– Berufserfahrung?
– Stärken?
– Warum hier arbeiten?
– Deutschkenntnisse
– wo in fünf Jahren?
– Fragen?

10 Lesen: Antwort auf eine Bewerbung

Lesen Sie die E-Mail und die Sätze dazu. Sind die Aussagen richtig oder falsch? Kreuzen Sie an.

1 Sehr geehrter Herr Djorić,

wir möchten uns herzlich für Ihre Bewerbung als Lagerarbeiter und damit für Ihr Interesse an unserem Unternehmen bedanken.

Sie haben uns mit Ihrer Erfahrung und Ihrem Auftreten überzeugt. Deshalb können wir Ihnen
5 heute mitteilen, dass wir uns für Sie entschieden haben.

Nun hoffen wir, dass Sie auch für uns arbeiten möchten. Anbei finden Sie unser Angebot. Bitte melden Sie sich bis zum 10.02. zurück, ob Sie die Stelle annehmen möchten. Dann vereinbaren wir im nächsten Schritt einen Termin für die Vertragsunterzeichnung. Uns wäre es am liebsten, wenn Sie schon am 01.03. anfangen könnten.

10 Bei Fragen können Sie sich jederzeit bei uns melden. Wir freuen uns auf die Zusammenarbeit mit Ihnen.

Mit freundlichen Grüßen

Olga Tamm

	✓	✗
1 Die E-Mail ist eine Zusage.	☐	☐
2 Herr Djorić hat im Vorstellungsgespräch keinen sehr guten Eindruck gemacht.	☐	☐
3 Es ist noch nicht klar, ob er das Stellenangebot annimmt.	☐	☐
4 Herr Djorić soll am 10. Februar den Vertrag unterschreiben.	☐	☐
5 Die Firma möchte, dass Herr Djorić Anfang März die Stelle antritt.	☐	☐

11 Eine Antwort schreiben

Schreiben Sie im Namen von Herrn Djorić eine Antwort auf die E-Mail in Aufgabe 10. Schreiben Sie etwas über folgende Punkte.

- dass Sie das Stellenangebot annehmen
- wann Sie Zeit für die Vertragsunterzeichnung hätten
- wann Sie anfangen könnten

....
....
....
....
....
....
....
....

12 Hören: Arbeitsantritt

🔊 29   Hören Sie ein Gespräch am ersten Arbeitstag und lesen Sie die Aussagen dazu. Welche Lösung (a, b oder c) passt am besten? Kreuzen Sie an.

1   Frau Radus neue Arbeit ist …

    a ☐ am Flughafen.

    b ☐ in einem Hotel.

    c ☐ in einem Restaurant.

2   Die Personalchefin zeigt ihr zuerst …

    a ☐ die Küche.

    b ☐ den Personalraum.

    c ☐ die Kleiderkammer.

3   Frau Radu ist zuständig für …

    a ☐ das Mittagsbuffet.

    b ☐ die Rezeption.

    c ☐ das Frühstücksbuffet.

4   Die Sicherheits- und Hygienevorschriften …

    a ☐ zeigt ihr auch die Personalchefin.

    b ☐ soll ihr die Kollegin zeigen, mit der sie zusammenarbeitet.

    c ☐ wird ihr an einem anderen Tag der Sicherheitschef erklären.

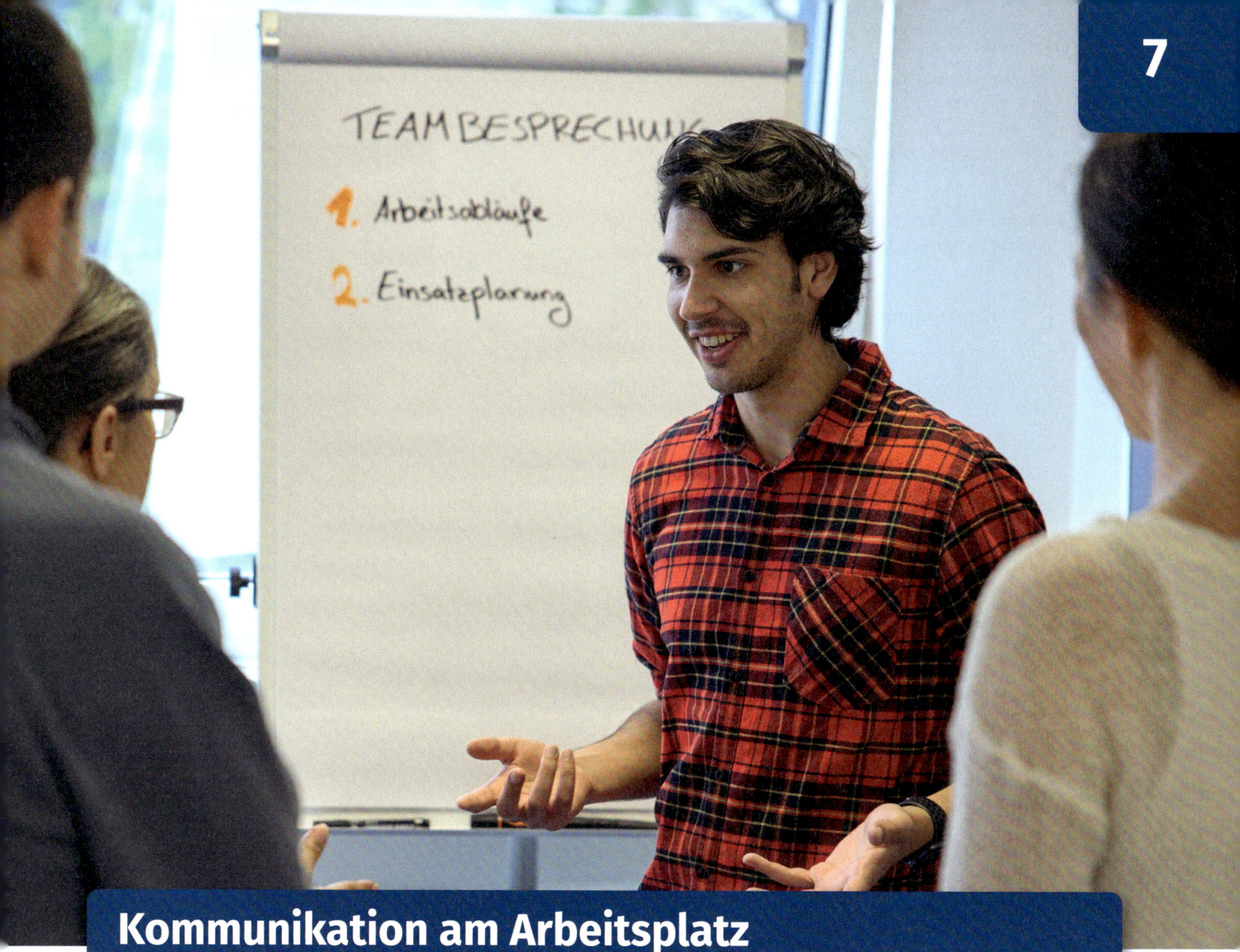

TEAMBESPRECHUNG

1. Arbeitsabläufe
2. Einsatzplanung

Kommunikation am Arbeitsplatz

Das bespreche ich mit meiner Chefin/meinem Chef	Das bespreche ich mit meinen Kolleginnen/Kollegen
Urlaub,	Aufgabenverteilung,

1 Eine Teambesprechung

🔊 30 **a** Hören Sie den ersten Teil einer Teambesprechung.
Über welche TOPs spricht das Team? Kreuzen Sie an.

1 ⬜ Einsatzplanung
2 ⬜ Einkauf im Großmarkt
3 ⬜ Stelle des Fahrers
4 ⬜ Sauberkeit im Winter

> **T**ages**o**rdnungs**p**unkte (**TOP**s) =
> Themen bei der Teambesprechung

🔊 31 **b** Hören Sie nun die komplette Besprechung. Sind die Aussagen dazu richtig oder falsch?
Kreuzen Sie an.

	✓	✗
1 Die Teambesprechung findet einmal pro Monat statt.	⬜	⬜
2 Der Chef will in Zukunft zu einem anderen Großmarkt fahren.	⬜	⬜
3 Frau Süder hat eine Vollzeitstelle.	⬜	⬜
4 Herr Kader möchte im Juni Urlaub nehmen.	⬜	⬜
5 Herr Kader soll seinen Urlaubswunsch per E-Mail mitteilen.	⬜	⬜

c Warum bekommt Kazim einen Tag Sonderurlaub? Sprechen Sie im Kurs.

d Wie heißen die Wörter richtig? Schreiben Sie.

1 be | team | chung | spre ....
2 ar | ab | beits | lauf ....
3 satz | ein | nung | pla ....
4 laubs | ur | nung | pla ....
5 son | laub | der | ur ....
6 an | laubs | trag | ur ....

🔊 32 **e** Hören Sie und ergänzen Sie die Fragen.

1 Ich frage mich, ... wir zu einer anderen Uhrzeit zum Großmarkt ....
2 Ich habe auch schon überlegt, ... man da ....
3 Die Frage ist, ... genau das ....
4 Möchten Sie uns sagen, ... Anlass es bei Ihnen ...., Herr Kader?

GRAMMATIK

Indirekte Fragen

Bekommt Kazim Sonderurlaub?

*Wissen Sie, **ob** Kazim Sonderurlaub bekommt?*

Warum bekommt Kazim Sonderurlaub?

*Ich frage mich, **warum** Kazim Sonderurlaub bekommt.*

---

f Schreiben Sie die direkten Fragen als indirekte.

1 Sollten wir im Winter den Boden häufiger putzen?
Ich habe mich gefragt, _____.

2 Sonderurlaub? Was ist das?
Sonderurlaub? Könnten Sie mir sagen, _____?

3 Frau Süder, hätten Sie irgendwann mittags zusätzlich Zeit?
Frau Süder, können Sie mir sagen, _____?

4 Wird das auch extra bezahlt?
Ich möchte nur wissen, _____.

g Schreiben Sie vier Fragen zu Ihrem Kurs auf ein Blatt Papier. Tauschen Sie die Fragen mit Ihrer Partnerin / Ihrem Partner aus. Stellen Sie damit indirekte Fragen im Kurs.

Wann endet der Kurs?

Alain möchte wissen, wann der Kurs endet.

2 Der Urlaubsantrag

a Kazim schreibt eine E-Mail mit seinem Urlaubsantrag an die Buchhalterin. Ergänzen Sie.

Hochzeit **|** beantrage **|** Bestätigung **|** Urlaubstage **|** Voraus

Von:	l.kader@saidan.de
An:	e.tillich@saidan.de
Betreff:	Urlaub

≡ ▼

1 Liebe Frau Tillich,

hiermit _____1_____ ich Urlaub vom 7. bis 21. Mai.

Das sind zehn reguläre _____2_____ und ein Tag Sonderurlaub am 7. Mai wegen meiner _____3_____.

5 Für eine kurze schriftliche _____4_____ bedanke ich mich im _____5_____.

Mit freundlichen Grüßen

Kazim Kader

b In manchen Unternehmen gibt es ein Onlineformular für den Urlaubsantrag. Lesen Sie die Informationen und füllen Sie das Formular aus.

Marina Maskedi

- *möchte eine Woche Urlaub nehmen, um mit ihrer Familie in Urlaub zu fahren (9.–13. März).*
- *Ihre Personalnummer in ihrem Unternehmen ist 2641.*

Urlaubsantrag   `logout` ≡

1 Personalnummer: [_____]

2 Name: [_____]

3 Vorname: [_____]

4 Datum erster Urlaubstag: [_____]

5 Datum letzter Urlaubstag: [_____]

6 Anzahl Urlaubstage: [_____]

7 Art des Urlaubs: ☐ Jahresurlaub
☐ Sonderurlaub   ☐ unbezahlter Urlaub

3 Mias Krankmeldung

🔊 33 **a** Hören Sie das Telefonat und lesen Sie die Sätze dazu. Was passt?
Kreuzen Sie an.

1 Mia ruft

a ⬡ bei der Arbeit an.

b ⬡ beim Arzt an.

2 Mia kann nicht arbeiten, weil sie

a ⬡ krank ist.

b ⬡ eine Vertretung braucht.

3 Sie

a ⬡ hat eine Erkältung.

b ⬡ weiß nicht, was sie hat.

4 Ein Attest vom Arzt braucht sie

a ⬡ ab dem zweiten Krankheitstag.

b ⬡ ab dem dritten Krankheitstag.

> 💡 **TIPP**
>
> Wenn Sie krank sind und nicht arbeiten können, müssen Sie vor
> Arbeitsbeginn den Arbeitgeber informieren. Ab wann man eine
> Krankschreibung des Arztes (die sogenannte „Arbeitsunfähigkeits-
> bescheinigung") braucht, ist unterschiedlich. Fragen Sie am besten
> nach oder schauen Sie in Ihren Arbeitsvertrag.

b Lesen Sie das Telefonat zwischen Mia und Frau Schneider und ergänzen Sie die Lücken.

Besserung | Information | Bescheid | Attest | Arbeit | krank

▶ *McBurger*, Personalabteilung 02, Schneider, guten Tag.

▷ Guten Morgen Frau Schneider, hier spricht Mia Radkowa. Frau Schneider, ich bin ....1............
und kann heute leider nicht zur ....2............ kommen.

▶ Oje, Frau Radkowa, ich höre schon, dass Sie erkältet sind. Danke für die zeitige ....3............ .
Wissen Sie schon, wie lange Sie wahrscheinlich nicht arbeiten können? Wir müssten dann nämlich
eine Vertretung organisieren.

▷ Nein, das kann ich im Moment noch nicht sagen. Aber hoffentlich ist es einfach nur eine Erkältung.

▶ Okay, bitte geben Sie ....4............ , wenn Sie beim Arzt waren. Sie wissen ja, ab dem dritten
Krankheitstag brauchen wir ein ....5............ vom Arzt.

▷ Ja, das weiß ich. Ich gehe noch heute zum Arzt.

▶ Dann erst mal gute ....6............ , Frau Radkowa.

▷ Vielen Dank. Auf Wiederhören.

▶ Auf Wiederhören!

c Variieren Sie den Dialog in 3b. Nutzen Sie Ihre eigenen Namen und
wählen Sie eine andere Firma.

d Mia schickt eine E-Mail an die Kursleiterin in ihrem Deutschkurs, um sich krankzumelden. Bringen Sie den Text in die richtige Reihenfolge.

☐ Viele Grüße

☐ Die Krankschreibung bringe ich mit, wenn ich wieder im Kurs bin.

☐ Betreff: Krankmeldung

☐ Mia Radkowa

☐ Sehr geehrte Frau Keßler,

☐ ich habe eine Grippe und bin für die ganze Woche krankgeschrieben.

e Sie haben starke Rückenschmerzen und können nicht zum Deutschunterricht gehen. Schreiben Sie eine Krankmeldung in Ihr Heft.

4 Tülins Tochter ist krank.

a Tülin kann nicht arbeiten, weil ihre Tochter krank ist. Ergänzen Sie die E-Mail an ihren Arbeitgeber.

Betreff: Krankmeldung

≡ ▼

1 Sehr geehrte Frau Onas,

m_____1_____ Tochter ist krank, d_____2_____ kann ich nicht zur Arbeit kommen. Wir gehen heute Vormittag gleich zum Kinderarzt, danach bekommen Sie die K_____3_____.

5 Mit f_____4_____ Grüßen

Tülin Pamuk

b Hören Sie das Telefonat zwischen Tülin und Frau Onas vom Personalbüro. Was passt? Kreuzen Sie an. 34 (◀

1 Tülin kann vormittags nicht arbeiten, weil
a ☐ ihre Tochter krank ist.
b ☐ ihr Vater krank ist.

2 Tülin
a ☐ möchte eine Vertretung organisieren.
b ☐ schlägt einen Schichttausch vor.

c Lesen Sie die Kurznachrichten zwischen Tülin und ihrem Kollegen Tim. Schreiben Sie eine Antwort auf Tülins letzte Kurznachricht.

Tülin
Kannst du die Schichten am Montag und Mittwoch mit mir tauschen?

Warum nicht?

Tim
Nein, ich kann leider nicht.

....
....
....

5 Tülins Gehaltsabrechnung

a Lesen Sie den Chat zwischen Tülin und ihrer Nachbarin Britta und kreuzen Sie an.

> **Tülin**
> Hi Britta, kann ich dich mal was zum Thema „Gehaltsabrechnung" fragen?

> **Britta**
> Hallo Tülin! Klar kannst du das.

> Ich habe meine erste Gehaltsabrechnung bekommen. Wie wenig da netto übrig bleibt!

> Ja, der Unterschied zwischen brutto und netto ist ziemlich groß.

> Findest du das richtig?

> Im Prinzip schon, denn Steuern finanzieren den Staat. Und die Sozialabgaben sind eine Absicherung für dich. Dein Arbeitgeber bezahlt noch einmal den gleichen Betrag wie du für deine Sozialabgaben.

> Ach so, gut zu wissen! Dann bleibt das abgezogene Geld nicht bei meiner Firma?

> Nein! Der Arbeitgeber leitet das Geld nur weiter.

> **Bruttoverdienst: B**evor die Abgaben abgezogen werden
> **Nettoverdienst: N**achdem die Abgaben abgezogen werden

1 Tülin findet, dass ihr Gehalt netto
   a ☐ ziemlich viel ist.
   b ☐ ziemlich wenig ist.

2 Steuern finanzieren
   a ☐ den Staat.
   b ☐ Krankheit und Alter.

3 Die Sozialabgaben sind
   a ☐ das Gleiche wie Steuern.
   b ☐ eine persönliche Absicherung.

4 Der Arbeitgeber
   a ☐ bezahlt den gleichen Betrag an Sozialabgaben wie der Arbeitnehmer.
   b ☐ behält das abgezogene Geld.

b Sehen Sie sich Tülins Gehaltsabrechnung an. Ordnen Sie die Abkürzungen den Sozialabgaben zu.

Gehaltsabrechnung					Juli 20...
Personal-nummer PA48691	**Geburtsdatum:** 17.01.1978	**Steuerklasse** I	**Kinder:** 2		
Krankenkasse: BFK	**Wochen-arbeitszeit:** 35 Stunden	**Urlaubstage:** 22 **genommen:** 0			
				Bruttoverdienst	2100 €
Steuern					
Lohnsteuer 196,08 €	**Kirchensteuer** 0,00 €			**Summe Steuerabzüge**	196,08 €
Sozialabgaben					
RV 195,30 €	**AV** 25,20 €	**KV** 162,75 €	**PV** 32,02 €	**Summe Sozialabgaben**	415,27 €
				Nettoverdienst	1488,65 €

~~RV~~ | AV | PV | KV

1 *RV* (**R**ente**v**ersicherung): Abgabe für die Rente
2 _____ (Krankenversicherung): Abgabe für den Fall, dass man krank wird
3 _____ (Pflegeversicherung): Abgabe für den Fall, dass man Pflege braucht
4 _____ (Arbeitslosenversicherung): Abgabe für die Zahlung von Arbeitslosengeld

c Beantworten Sie die Fragen zu Tülins Gehaltsabrechnung in Stichworten.

1 Wie hoch ist Tülins Bruttoverdienst?
2 Wie hoch ist Tülins Nettoverdienst?
3 Wie viel bezahlt sie für die Krankenversicherung?
4 Wie viel bezahlt sie für die Arbeitslosenversicherung?
5 Wie viel bezahlt sie insgesamt an Steuern und Sozialabgaben?

d Zahlt man in Ihrem Land Sozialabgaben? Sprechen Sie im Kurs.

6 Kazims Gehaltsabrechnung

a Kazim telefoniert mit der Buchhalterin. Hören Sie und verbinden Sie.   35 (◀

1 Kazim ruft   a das sofort prüfen.
2 Er meldet   b Frau Tillich an.
3 Die Anzahl der genommenen Urlaubstage   c eine korrigierte Gehaltsabrechnung.
4 Frau Tillich will   d einen Fehler in seiner Gehaltsabrechnung.
5 Dann bekommt Kazim   e ist falsch.

b Welches Verb passt? Ergänzen Sie zu zweit. Manchmal gibt es mehrere Möglichkeiten.

nehmen | erhalten | finden | schicken | geben | korrigieren

1 die Gehaltsabrechnung *erhalten*
2 einen Fehler
3 Urlaubstage
4 Bescheid

c Kazim schreibt seinem Freund von dem Vorfall. Ergänzen Sie mit den Verben aus 6b.

Hi Flo! Wie geht's? Danke, dass du mir gesagt hast, ich soll meine Gehaltsabrechnung immer prüfen. Ich habe nämlich neulich meine Gehaltsabrechnung *erhalten* und einen Fehler ___2___. Ich habe dieses Jahr erst 13 und nicht 17 Urlaubstage ___3___. Frau Tillich hat das geprüft und dann den Fehler ___4___. Sie hat mir dann Bescheid ___5___ und mir die korrigierte Gehaltsabrechnung ___6___.

Sprachbausteine

Eine indirekte Frage formulieren

Ich frage mich, …

Ich wollte fragen, …

Die Frage ist, …

Ich möchte wissen, …

Wissen Sie, …?

Können Sie mir sagen, …?

Auf Fragen antworten

Ja, das sehe ich auch so.

Nein, das sehe ich nicht so.

Im Prinzip ja.

Einverstanden, …

Alles klar.

Das finde ich (nicht) sinnvoll.

Das wäre eine Möglichkeit.

Das kann ich im Moment leider noch nicht sagen.

Einen eigenen Redebeitrag formulieren

Ich habe auch schon überlegt, …

Ich habe das Gefühl, …

Vielleicht könnten wir …

Ich denke, eine Möglichkeit wäre, …

Wir könnten erst einmal ausprobieren, …

Von meiner Seite aus möchte ich noch sagen, …

Bürokratisches erledigen

Bescheid geben

Schichten tauschen

eine Vertretung organisieren

den Arbeitgeber informieren

Urlaubstage nehmen

Sonderurlaub beantragen

einen Antrag stellen

ein Formular ausfüllen

Steuern zahlen

die Gehaltsabrechnung prüfen

einen Fehler melden

Grammatik

Indirekte Fragen

Als indirekte Frage klingt eine Frage höflicher. Nach dem Einleitungssatz folgt das Fragewort, danach die Frage als Nebensatz. Im Nebensatz steht das Verb am Ende.

Gibt es kein Fragewort (wie bei Ja-/Nein-Fragen), wird die indirekte Frage mit *ob* eingeleitet.

Ja/Nein-Fragen

Haben Sie mittags Zeit?

*Können Sie mir sagen, **ob** Sie mittags Zeit haben?*

Kommt Kazim heute nicht zur Arbeit?

*Ich wollte fragen, **ob** Kazim heute nicht zur Arbeit kommt.*

W-Fragen

Wann haben Sie Zeit?

*Ich würde gern wissen, **wann** Sie Zeit haben.*

Warum kommt Kazim heute nicht zur Arbeit?

*Wissen Sie, **warum** Kazim heute nicht zur Arbeit kommt?*

Der Kunde ist König.

Was sagen Sie als Kundin / als Kunde?

- ☒ Ich möchte gern … bestellen.
- ☐ Vielen Dank für Ihren Auftrag.
- ☐ Kann ich Ihnen helfen?
- ☐ Bitte erstatten Sie mir den Kaufpreis zurück.

- ☐ Ich suche … Können Sie mir weiterhelfen?
- ☐ Es gibt ein Problem mit der gelieferten Ware.
- ☐ Darf es noch etwas sein?
- ☐ Ich bin sehr enttäuscht.

1 Eine Bestellung aufgeben

a Kazim füllt die Bestände im Lager auf. Spezielle Sorten bestellt sein Chef bei kleinen Händlern. Lesen Sie die Bestellung und ergänzen Sie.

Herkunftsland | Artikelnummer | Liefertermin | Menge | Bezeichnung

Bestellformular

Name, Vorname:	Saidan, Issam
E-Mail:	i.saidan@saidan.de

......1......	......2......	......3......	......4......
389L408	1 Kiste	Kanada	Papau
670A321	3 kg	China	Jujube, getrocknet

Voraussichtlicher ....5........ : 30. Februar 20…

b Was bedeuten die fett markierten Wörter in der Bestellbestätigung? Lesen Sie und sprechen Sie im Kurs.

Von:	obsthandel@wagenknecht.com
An:	i.saidan@saidan.de
Betreff:	Bestellung von Obst (Kundennummer: 140320151002)

≡ ▼

1　Sehr geehrter Kunde,

　　vielen Dank für Ihren Auftrag, den wir hiermit gern bestätigen. Im Folgenden finden Sie die Details zu Ihrer Bestellung.

Kundennummer	140320151002		Bestelldatum:	27.02.20…
5　**Bestellnummer**	17208504		**Rechnungsnummer:**	2020-Kli-09XY
Artikelnummer	389L408:	1 Kiste Papau	19,99 €	
Artikelnummer	670A321:	3 kg getrocknete Jujube	14,99 €	
Summe inkl. 7 % **MwSt.**			34,98 €	
Lieferkosten			7,99 €	
10　Gesamtbetrag			42,97 €	

　　Bitte überweisen Sie den Gesamtbetrag innerhalb von 14 Tagen nach Eingang der Ware.

　　Mit freundlichen Grüßen

　　Obsthandel Wagenknecht

c Wie soll Kazim bezahlen? Welche Zahlungsmethoden kennen Sie noch? Sprechen Sie zu zweit.

d Kazim bemerkt ein Problem. Was ist passiert? Lesen Sie die Beschwerde und sprechen Sie im Kurs.

Von:	l.kader@saidan.de
An:	obsthandel@wagenknecht.com
Betreff:	Falsche Lieferung (Bestellnummer: 17208504)

≡ ▾

1   Sehr geehrte Damen und Herren,

leider muss ich Ihnen ein Problem melden, das es mit Ihrer letzten Lieferung gibt. Auf dem Lieferschein, den Sie geschickt haben, steht „1 Kiste Papau (Artikelnummer 389L408)". Die Kiste, die wir bekommen haben, enthält aber Kaktusfeigen anstatt Papau. Unser Kunde, der
5   die Papau bestellt hat, braucht sie dringend für sein Restaurant. Wir möchten den Kunden zufriedenstellen und ihm pünktlich die Früchte liefern, die auf der Bestellung stehen.

Deshalb bitte ich Sie, mein Anliegen so schnell wie möglich zu bearbeiten. Ich möchte auch gern wissen, wann Sie die richtigen Früchte liefern können. Vielen Dank im Voraus!

Mit freundlichen Grüßen

10   Kazim Kader

e Markieren Sie in 1d die Sätze mit der gleichen Bedeutung wie die folgenden. Schreiben Sie die Sätze dann in Ihr Heft.

1   Leider muss ich Ihnen ein Problem melden. Das Problem gibt es mit Ihrer letzten Lieferung.

Leider muss ich Ihnen ein Problem melden, das es mit Ihrer letzten Lieferung gibt.

2   Auf dem Lieferschein steht „1 Kiste Papau". Sie haben den Lieferschein geschickt.
3   Die Kiste enthält aber Kaktusfeigen anstatt Papau. Wir haben die Kiste bekommen.
4   Unser Kunde braucht sie dringend für sein Restaurant. Der Kunde hat die Papau bestellt.
5   Wir möchten ihm pünktlich die Früchte liefern. Die Früchte stehen auf der Bestellung.

GRAMMATIK

Relativsätze

*Wir möchten unseren Kunden, **der** auf die Ware wartet, nicht verärgern.* (**Der** Kunde wartet.)
*Auf dem Lieferschein, **den** Sie geschickt haben, steht „1 Kiste Papau".* (Sie haben **den** Lieferschein geschickt.)

Nominativ	*der*	*die*	*das*	*die*
Akkusativ	*den*	*die*	*das*	*die*

---

f Sie und Ihre Partnerin / Ihr Partner haben ein eigenes Geschäft. Schreiben Sie zusammen eine Bestellung wie in 1a.

g Hatten Sie schon einmal Probleme mit einer Bestellung? Beschreiben Sie die Situation: Was ist passiert? Konnten Sie das Problem lösen? Wenn ja, wie? Sprechen Sie im Kurs.

2 Eine Nachricht auf dem Anrufbeantworter

a Welche Obst- und Gemüsesorten sehen Sie auf den Fotos? Welche anderen kennen Sie? Was essen Sie gern? Sprechen Sie im Kurs.

🔊 **36** **b** Kazim erhält eine Nachricht auf seinem Anrufbeantworter. Was ist der Grund für den Anruf? Hören Sie und kreuzen Sie an.

1 ◯ Beschwerde
2 ◯ Bestellung

🔊 **37** **c** Hören Sie die Kundenanfragen. Was ist richtig? Kreuzen Sie an.

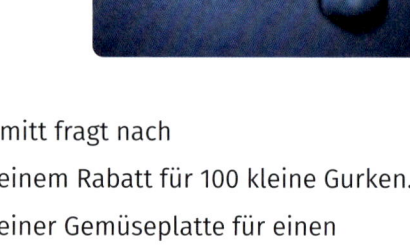

1 Frau Rath braucht für ihre Marmelade

a ◯ süße Kirschen.
b ◯ Sauerkirschen.

2 Ingo Kowalski möchte

a ◯ eine Obst- und Gemüsekiste bestellen.
b ◯ Informationen zur Obst- und Gemüsekiste.

3 Frau Schmitt fragt nach

a ◯ einem Rabatt für 100 kleine Gurken.
b ◯ einer Gemüseplatte für einen Kindergeburtstag.

🔊 **37** **d** Hören Sie die Kundenanfragen noch einmal und ergänzen Sie Kazims Notizen.

Telefonnotiz

Name der Kundin/des Kunden:
Hannah Rath

bittet um: *Anruf*

Kontakt: _____1_____

Telefonnotiz

Name der Kundin/des Kunden:
Ingo Kowalski

bittet um: _____2_____

Kontakt: _____3_____

Telefonnotiz

Name der Kundin/des Kunden:
Delia Schmitt

bittet um: _____4_____

Kontakt: _____5_____

3   Beratungs- und Verkaufsgespräche

a   Kazim macht der Verkauf im Geschäft am meisten Spaß.
Sehen Sie sich das Foto an. Was meinen Sie: Warum gefällt
Kazim der Verkauf? Sprechen Sie im Kurs.

b   Hören Sie nun das Gespräch zwischen Kazim und der Kundin Frau Rath. Sind die Aussagen dazu   38 ((▶
richtig oder falsch? Kreuzen Sie an.

		✓	✗
1	Die Kundin weiß genau, was sie möchte.	☐	☐
2	Die Kundin kauft Zucchiniblüten.	☐	☐
3	Die Kundin würde gern Kaninchenbraten kochen.	☐	☐
4	Die Kundin kauft einen Kopf Wirsing.	☐	☐

c   Ordnen Sie die passenden Antworten zu.

1   Guten Tag, was kann ich für Sie tun?
2   Gibt es das auch kleiner / größer / in Grün /
    rund ...?
3   Könnte ich das bei Ihnen bestellen?
4   Ich bin unentschlossen. Können Sie mich
    bitte beraten?
5   Wie viel kostet das ...?/Was kostet ...?
6   Haben Sie eine besonders günstige ...?
7   Darf es sonst noch etwas sein?
8   Vielen Dank und bis zum nächsten Mal.

a   Die ... sind ganz besonders köstlich /
    günstig / schön.
b   Guten Tag, ich suche .../Ich möchte mich
    erst einmal nur umsehen.
c   Ja, das haben wir da, es steht dort drüben.
d   Nein, danke. Das wär's.
e   Ja, ich kann es gern für Sie bestellen.
f   Das ist gerade im Sonderangebot.
g   Es kostet ...
h   Danke schön und einen schönen Tag noch.

d   Ihre Partnerin / Ihr Partner kauft bei Ihnen ein. Führen Sie
ein Beratungs- und Verkaufsgespräch. Die Redemittel in 3c
helfen Ihnen.

Verkäuferin / Verkäufer
- begrüßt die Kundin / den Kunden
- fragt, ob sie / er weiterhelfen kann
- sagt, dass es das Produkt nicht gibt
- sagt, dass sie / er es bestellen kann
- nennt den Preis
- verabschiedet sich

Kundin / Kunde
- begrüßt die Verkäuferin / den Verkäufer
- fragt nach einem bestimmten Produkt
- fragt, ob man das Produkt bestellen kann
- fragt nach dem Preis des Produkts
- bedankt und verabschiedet sich

4 Eine enttäuschende Lieferung

a Lesen Sie die Beschwerde eines Kunden an Kazim und ergänzen Sie die Relativpronomen.

Von:	achim.winther@freemail.com
An:	l.kader@saidan.de
Betreff:	Reklamation Lieferung AL345

≡ ▼

1   Sehr geehrter Herr Kader,

ich bin eigentlich ein zufriedener Kunde, __1__ schon lange bei Ihnen einkauft. Deshalb habe ich Ihre Obst- und Gemüsekisten abonniert, __2__ Sie jede Woche nach Hause liefern. Bisher war auch alles gut! Unsere Kinder und Gäste lieben Ihr frisches Obst und Gemüse. Aber
5   heute hatte ich eine schlechte Kiste vor der Haustür. Die Radieschen trocknen schon aus und die Erdbeeren beginnen zu schimmeln. Der Salat riecht komisch. Sie haben mir eine Kiste geliefert, __3__ voll mit altem Obst und Gemüse ist. Ich bin sehr enttäuscht. Das hätte ich nicht von Ihnen erwartet! Bitte tauschen Sie die Kiste gegen eine neue aus oder erstatten Sie mir den Preis. Ich hoffe, es ist ein Fehler, __4__ sich nicht wiederholt.

10   Mit freundlichen Grüßen

Achim Winther

b Lesen Sie die E-Mail und suchen Sie die Informationen im Text zu den folgenden Punkten. Ergänzen Sie dann die Notizen.

> 💡 **TIPP**
>
> Lassen Sie sich von Beschwerden nicht verunsichern. Konzentrieren Sie sich auf die Fakten und antworten Sie sachlich.

Kunde: ....

Neukunde? ....

Grund der Beschwerde: ....

Beschreibung des Problems: ....

....

Wunsch des Kunden: ....

....

c Beschreiben Sie, was in der falschen Kiste ist. Formulieren Sie in Relativsätze um.

1   In der Kiste sind **schimmelnde** Erdbeeren.
    In der Kiste sind Erdbeeren, die schimmeln.

2   In der Kiste ist komisch **riechender** Salat.
    ....

3   In der Kiste sind **austrocknende** Radieschen.
    ....

d Welches Obst und Gemüse mögen Ihre Kinder und Gäste? Wie bereiten Sie es zu? Sprechen Sie im Kurs.

e Stellen Sie sich vor, Sie haben Obst und Gemüse für ein schönes Abendessen bestellt, aber nur schlechte Ware bekommen. Schreiben Sie eine Beschwerde. Die Redemittel helfen Ihnen.

REDEMITTEL

Einleitung

Ich kaufe normalerweise gern bei Ihnen ein.   Bisher war ich mit Ihrem Service zufrieden.

Negatives nennen

Aber dieses Mal …   Doch die letzte Lieferung …

Enttäuschung ausdrücken

Ich bin sehr enttäuscht.   Das hätte ich nicht von Ihnen erwartet.

Das gefällt mir überhaupt nicht.   Das ärgert mich wirklich sehr.

Schluss

Ich hoffe, dass es nur ein Missverständnis war.

Ich hoffe, dass so etwas nicht wieder vorkommt.

---

5   Was tun bei einer Beschwerde?

a Schauen Sie sich Aufgabe 4b noch einmal an. Was möchte Kazim dem Kunden anbieten? Gibt es noch andere Möglichkeiten? Was würden Sie sich als Kunde wünschen? Machen Sie Vorschläge.

b Jedes Unternehmen muss manchmal auf Beschwerden reagieren. Was sollte man dem Kunden sagen? Ordnen Sie jedem Arbeitsschritt im Beschwerdemanagement eine passende Formulierung zu.

1	Sich für das Feedback bedanken	a	Natürlich bieten wir Ihnen gern eine kostenlose Obst- und Gemüsekiste in gewohnter Qualität an.
2	Sich entschuldigen	b	Herzlichen Dank für Ihr Feedback.
3	Verbesserung versprechen	c	Wir möchten uns für den Vorfall entschuldigen.
4	Entschädigung anbieten	d	Wir arbeiten ständig daran, unseren Service zu verbessern.

c Wie funktioniert ein gutes Beschwerdemanagement? Antworten Sie zu zweit in Stichworten.

1   Wie kann man konstruktiv mit Kritik von Kunden umgehen?
2   Was kann man den Kunden als Entschädigung anbieten?
3   Was macht man, wenn die Kritik unbegründet ist?

d Erstellen Sie in Gruppen mit Ihren Notizen aus 5c ein Plakat zum Thema „Beschwerdemanagement".

e Wie reagiert man auf eine Beschwerde? Bringen Sie die Sätze in die richtige Reihenfolge. Schreiben Sie die Sätze in Ihr Heft.

1   Vielen Dank | Ihre Rückmeldung | für | .
2   leid | uns | Es | tut | , | das | ist | dass | passiert | .
3   einen Gutschein | möchten | wir | anbieten | Ihnen | Als Entschädigung | .
4   versprechen | Wir | Ihnen | , | so etwas | dass | vorkommt | nicht wieder | .

f Schreiben Sie eine Antwortmail an Achim Winther mit passender Anrede und Grußformel in Ihr Heft. Die Redemittel in 5b und 5e helfen Ihnen.

Sprachbausteine

Bestellungen und Bezahlung

Vielen Dank für Ihren Auftrag, den wir gern bestätigen.

Im Folgenden finden Sie die Details zu Ihrer Bestellung.

Bitte überweisen Sie den Rechnungsbetrag innerhalb von ... Tagen.

Die Rechnung ist ... Tage nach Eingang der Ware fällig.

Der Liefertermin für die Ware ist der ...

Um Rückmeldung bitten

Bitte geben Sie Bescheid.

Bitte rufen Sie mich kurz unter der Nummer ... an.

Bitte bestätigen Sie die Bestellung / den Liefertermin per E-Mail.

Reklamation

Es gibt leider ein Problem mit Ihrer letzten Lieferung.

Die gelieferte Ware entspricht nicht den Angaben auf dem Lieferschein.

Die Lieferung stimmt nicht mit unserer Bestellung überein.

Die gelieferte Ware entspricht nicht der gewohnten Qualität.

Bitte tauschen Sie die Kiste / die Lieferung / die Ware gegen eine neue aus.

Die Lieferung war leider nicht pünktlich.

Die Ware kam leider verspätet bei uns an.

Bitte erstatten Sie mir den Preis.

Antwort auf eine Reklamation

Wir entschuldigen uns bei Ihnen für diesen Fehler / dieses Missverständnis / diesen Vorfall.

Wir erstatten Ihnen selbstverständlich den Preis.

Als Entschädigung möchten wir Ihnen einen Gutschein / Rabatt anbieten.

Wir arbeiten ständig daran, unseren Service zu verbessern.

Wir versprechen, dass dieser Fehler nicht wieder vorkommt.

Grammatik

Relativsätze

Hauptsätze mit gleichem Nomen kann man durch Relativsätze verbinden.

*Der **Wirsing** war sehr lecker. Ich habe **den Wirsing** letzte Woche gekauft.*

*Der **Wirsing, den** ich letzte Woche gekauft habe, war sehr lecker.*

	maskulin	feminin	neutrum	Plural
Nominativ	der	die	das	die
Akkusativ	den	die	das	die

Wenn der Relativsatz sehr kurz ist, benutzt man oft das Verb im Partizip I als Adjektiv:

*Im Laden stehen noch zwei Kunden, **die warten.***

*Im Laden stehen noch zwei **wartende** Kunden.*

1 Buchstabensalat

Wie heißen die Wörter aus den Lektionen 7 und 8 richtig? Schreiben Sie sie in das Kreuzworträtsel. Das Lösungswort ist das gemeinsame Thema der beiden Lektionen.

1 Steseuerkals
2 derSongeanbot
3 werMehsteuterr
4 sprechTebeamung

5 trbsUrlauanag
6 ellgstBestbeätiung
7 daFeebck
8 rantAnufworterbe

9 Rklmatneaio
10 ferterLiemin
11 stelllareformuB
12 Buratengsgäsprech

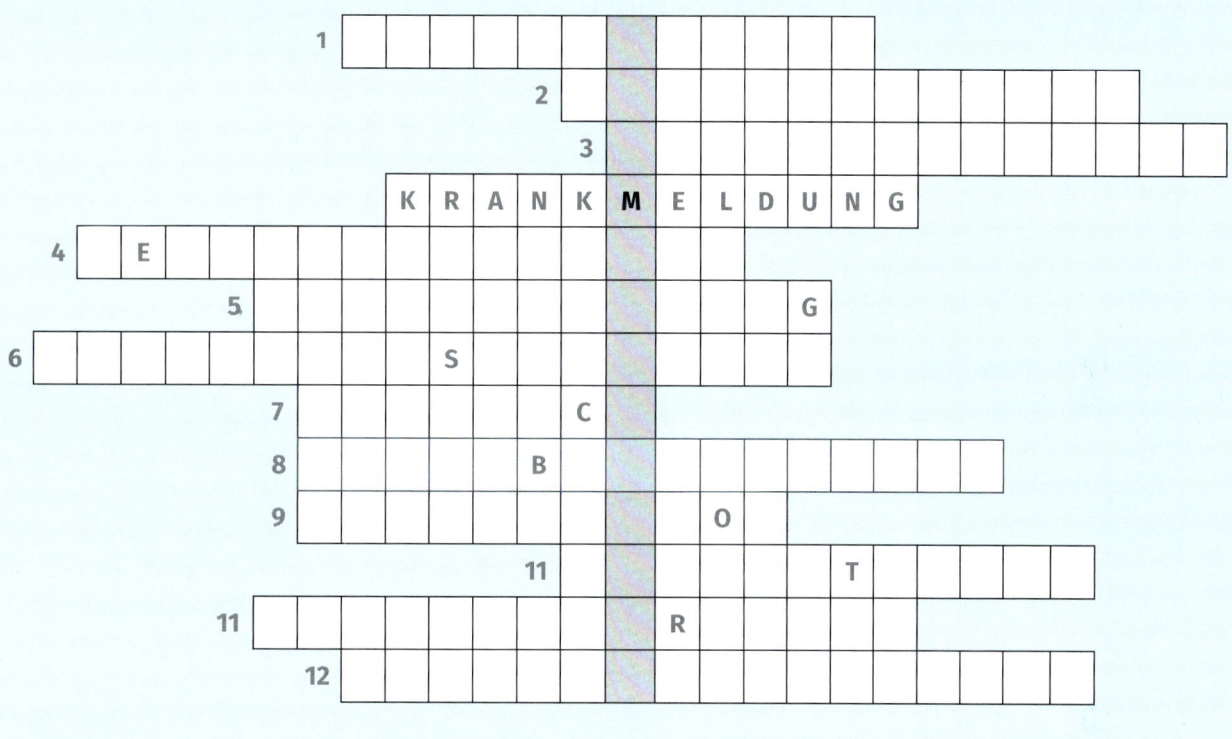

Lösung: __ __ __ __ __ __ __ __ __ __ __ __ __ __

2 Was bedeuten die Wörter?

Finden Sie die Wörter in der Wortschlange und ordnen Sie sie den Definitionen zu.

BämfTagesordnungspunktelnNettoverdienstungPlitZahlungsmethodenchenLageröntZipfWochenarbeitszeitig

1 das Gehalt nach allen Sozialabgaben = ...
2 ein Ort, an dem Waren aufbewahrt werden = ...
3 verschiedene Arten zu bezahlen (bar, mit Kreditkarte, auf Rechnung ...) = ...
4 die Themen, die bei einem Teambesprechung besprochen werden sollen = ...
5 die Anzahl der Stunden, die pro Woche gearbeitet werden = ...

3 Wörter umformen

Bilden Sie aus dem Nomen ein Verb. Lösen Sie die Aufgabe zusammen mit einer Partnerin / einem Partner auf Zeit. Wer am schnellsten alle Verben richtig schreibt, gewinnt.

1 (Urlaubs)antrag   *beantragen*
2 Bestellung
3 (Gehalts)abrechnung
4 Chat
5 Bestätigung
6 Beschwerde   *sich*
7 (Kunden)gespräch
8 Verkäufer
9 (Einsatz)planung
10 (Sozial)abgaben

4 Quiz

Bilden Sie Gruppen mit vier Personen. Jede Gruppe braucht vier Zettel mit den Buchstaben *a, b, c* und *d*. Bestimmen Sie eine Person als Moderatorin / Moderator, die die Fragen für alle vorliest. Entscheiden Sie in der Gruppe, welche Antwort richtig ist, und zeigen Sie den Zettel. Die Gruppe mit den meisten richtigen Antworten gewinnt.

1 Was passt?
Verkäufer: „Kann ich Ihnen helfen?"
Kundin: „Nein danke, ich möchte
            mich nur etwas …"

a ansehen.   c umziehen.
b umsehen.   d aussuchen.

2 Ein anderes Wort für ein Attest vom Arzt
ist …
a Arbeitsbescheinigung.
b Krankenbrief.
c Arbeitsunfähigkeitsbescheinigung.
d Abmeldung.

3 Als Angestellte oder Angestellter bekommt
man für die eigene Hochzeit einen Tag …
a Sonderurlaub.
b besonderen Urlaub.
c unbezahlten Urlaub.
d Resturlaub.

4 Sie haben im Elektronikgeschäft ein
neues Handy gekauft, aber es ist defekt.
Sie gehen zurück und wollen es …
a vertauschen.
b eintauschen.
c umtauschen.
d zurücktauschen.

5 Ein anderes Wort für Teammeeting ist …
a Mitarbeitergespräch.
b Teambesprechung.
c Arbeitsgespräch.
d Besprechungsraum.

6 Eine Gehaltsabrechnung sollte man …
a wegwerfen.
b prüfen.
c weiterleiten.
d finanzieren.

a   *b*   *c*   *d*

5 Indirekte Fragen

a Bilden Sie indirekte Fragen. Bringen Sie dafür die Sätze in die richtige Reihenfolge und konjugieren Sie die Verben.

1	Ich frage mich, …	Steuerklasse haben welche ich.
2	Der Verkäufer fragt, …	bar du ob mit Karte zahlen wollen oder.
3	Die Chefin möchte wissen, …	warum immer zu spät Herr Müller kommen.
4	Der Kunde stellt die Frage, …	den Kaufpreis wir ob ihm erstatten.
5	Frag bitte Herrn Domenica, …	wann die Bestellung können bearbeiten er.
6	Frau Westermann lässt fragen, …	der Arbeitsbeginn wann des neuen Kollegen sein.
7	Carol fragt sich, …	Urlaubstage wie viele noch er haben.
8	Die Kundin fragt, …	ob reinkommen bald Himbeeren frische.

b Der schwerhörige Chef. Sie haben einen alten Chef, der die Kundinnen / Kunden nicht mehr gut verstehen kann. Bilden Sie Dreiergruppen: Person A ist eine Kundin, Person B ist der Chef, Person C spielt den Mitarbeiter. Die Kundin stellt eine Frage. Der Chef sagt, dass er nichts versteht. Der Mitarbeiter ruft dem Chef die Frage in indirekter Form laut zu. Spielen Sie Mini-Dialoge. Wechseln Sie nach jedem Dialog die Rollen.

B

Entschuldigung, wo steht das Spülmittel?   *Wie bitte? Was hat der Kunde gefragt?*

C

A   DER KUNDE HAT GEFRAGT, WO DAS SPÜLMITTEL STEHT.

Haben Sie Gurken?   *Entschuldigung, ich verstehe Sie nicht. Ich bin etwas schwerhörig. Was hat die Kundin gefragt?*

A   DIE KUNDIN HAT GEFRAGT, OB WIR GURKEN HABEN.

B

C

6 Welchen Gegenstand meinen wir?

Bilden Sie Gruppen. Jede Gruppe wählt einen Gegenstand aus der Arbeitswelt aus und beschreibt ihn mit fünf Relativsätzen. Lesen Sie danach die Sätze im Plenum vor. Die anderen Gruppen raten.

Unser Wort ist ein Gegenstand, den die Mitarbeitenden in einem Obst- und Gemüseladen brauchen.

Unser Wort ist ein Gegenstand, der meistens aus Holz oder Karton ist.

Unser Wort ist ein Gegenstand, den man für den Transport von Obst oder Gemüse benutzt.

Unser Wort ist ein Gegenstand, der rechteckig ist.

Unser Wort ist ein Gegenstand, der schwer ist.

Eine Kiste!

7 der, die, das oder den – Was passt in die Lücke?

Schließen Sie das Buch. Die Kursleiterin/der Kursleiter liest die Sätze vor. Zeigen Sie Ihre Antwort mit den folgenden Handgesten.

      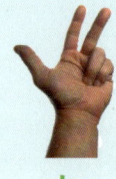   

der   die / die   das   den

1 Rolf ist ein Verkäufer, ... gern Kundengespräche führt.

2 Hast du die Nachricht schon abgehört, ... auf dem Anrufbeantworter ist?

3 Svetlana ist erkältet. Sie braucht eine Vertretung, ... ihre Schicht übernimmt.

4 Armin Fuchs schickt der Personalabteilung das Attest, ... er vom Arzt bekommen hat.

5 Ich lese gerade einen Beschwerdebrief, ... ein Kunde geschickt hat.

6 Frau Demir schmecken die Kirschen, ... sie auf dem Markt gekauft hat.

7 Jeder Mitarbeiter hat in dieser Firma eine Personalnummer, ... er bei einem Urlaubsantrag angeben muss.

8 Wo bleibt die Lieferung, ... heute Morgen ankommen sollte?

9 Frau Castel freut sich auf den Urlaub, ... sie schon letztes Jahr beantragt hat.

10 Ihren Anteil an der Krankenversicherung sehen Sie auf Ihrer Gehaltsabrechnung, ... Sie monatlich erhalten.

11 Rana möchte den Dienst, ... sie am Montag und Mittwoch hat, tauschen.

12 Wer kümmert sich um die Bestellungen, ... wir heute abschicken müssen?

13 Alis Kollege fegt den Verkaufsraum, ... dreckig ist.

14 Der Kinderarzt untersucht Fatmas Tochter, ... sich krank fühlt.

8 Laufdiktat

Legen Sie Ihr Buch in die andere Ecke des Raums. Laufen Sie dann dorthin. Merken Sie sich einen Satz und laufen Sie zurück zu Ihrem Heft. Schreiben Sie den Satz dann auf.

Ein Vormittag auf Mehmets Arbeit

1 Am Morgen öffnet Mehmet müde den Laden.

2 Er fragt sich, warum er ständig den Frühdienst bekommt.

3 Ein Kunde möchte wissen, wo die Orangen liegen.

4 Eine andere Kundin fragt nach, ob es Kartoffeln aus der Region gibt.

5 Mehmet erklärt ihr, welche Kartoffeln aus der Umgebung stammen.

6 Sie nimmt eine Sorte, die in der Nähe angebaut wird.

7 Kurz darauf kommen auch Mehmets Kollegen.

8 Sie haben heute eine Teambesprechung, die wichtig ist.

9 Sie beraten über neue Werbeaktionen, die ihnen weitere Kunden bringen sollen.

10 Sie wollen auch ihren Jahresurlaub besprechen, den sie im Januar festlegen sollen.

11 Nach der Besprechung macht Mehmet Mittagspause.

9 Lesen

a Bilden Sie vier Gruppen, A–D. Jede Gruppe liest einen Textabschnitt. Bilden Sie dann neue Gruppen mit je einer Teilnehmerin/einem Teilnehmer aus Gruppe A, B, C und D. Fassen Sie den Inhalt Ihres Textabschnitts für die anderen aus der neuen Gruppe zusammen.

Gute Kommunikation am Arbeitsplatz

A Wir alle kennen diese Situation: Wir sitzen in einer Teambesprechung, die kein Ende findet. Die einen Kollegen diskutieren bis ins kleinste Detail ein Thema, mit dem man nichts zu tun hat. Eine andere Person hält lange Monologe. Eine dritte stellt zu allen Tagesordnungspunkten Fragen. Wie kann man das verbessern? Eine wichtige Regel für eine gute Kommunikation am Arbeitsplatz ist: Respektieren Sie die Zeit Ihrer Kolleginnen und Kollegen. Versuchen Sie, zu Meetings pünktlich zu kommen und nur Themen anzusprechen, die alle interessieren. Besprechen Sie andere Themen besser in Kleinteams. Planen Sie einen Endzeitpunkt für das Treffen und versuchen Sie, ihn einzuhalten.

B An manchen Tagen läuft alles schief. Ein Kunde beschwert sich und schreit Sie an. Ein anderer ist unzufrieden mit Ihrem Produkt und möchte sein Geld zurück. Eine weitere Kundin will mit Ihrem Vorgesetzten sprechen. Was sollen Sie tun? Versuchen Sie, Ihren Ärger zu kontrollieren und höflich zu bleiben. Wenn Sie ruhig bleiben, können Sie das Problem besser lösen. Hören Sie den Kundinnen und Kunden genau zu und überlegen Sie, wie Sie ihnen helfen können. Nehmen Sie die Beschwerden nicht persönlich – sie sind ein wichtiges Feedback, aus dem das Unternehmen lernen kann.

C Ein Kollege kritisiert ständig Ihre Arbeit? Der Chef wird unter Stress manchmal laut? Kommentieren die Kollegen alles? Das ist ein Betriebsklima, in dem niemand gut arbeiten kann. Die Arbeitsleistung wird schlechter und so eine Atmosphäre kann Arbeitnehmende sogar krank machen. Versuchen Sie stattdessen, gegenüber Ihren Kolleginnen und Kollegen immer höflich und respektvoll zu bleiben. Versuchen Sie immer, sachlich Kritik zu üben. Auch sollten Sie nicht hinter dem Rücken von Kolleginnen und Kollegen schlecht über diese sprechen. Jeder, dem so etwas schon mal passiert ist, weiß, dass man dadurch das Vertrauen in Kollegen zerstören kann.

D Zuhören – das ist die wichtigste Regel einer guten Unternehmenskommunikation. Nehmen Sie sich Zeit für Ihre Kundinnen und Kunden und hören Sie sich ihre Wünsche oder Probleme an. Versuchen Sie auch im Stress, Ihren Kolleginnen und Kollegen wirklich zuzuhören und E-Mails aufmerksam zu lesen. Vieles geht am Ende schneller, wenn wir uns einmal die Zeit nehmen, den anderen wirklich zu verstehen. Überlegen Sie, was die Kollegin oder der Kollege von Ihnen braucht und wie Sie ihm seinen nächsten Arbeitsschritt einfacher machen können.

b Entscheiden Sie in der Gruppe, ob die Aussagen zu den Textabschnitten richtig oder falsch sind. Kreuzen Sie an.

	✓	✗
1 Teambesprechungen sollten ein Zeitlimit haben.	☐	☐
2 Sagen Sie anstrengenden Kundinnen und Kunden Ihre ehrliche Meinung.	☐	☐
3 Durch ein schlechtes Betriebsklima können Mitarbeitende krank werden.	☐	☐
4 Am besten kritisieren Sie Ihre Kollegen vor anderen, damit Sie nicht allein sind.	☐	☐
5 Man sollte sich für jeden Kunden möglichst wenig Zeit nehmen, um schneller zu arbeiten.	☐	☐
6 Versuchen Sie, Ihre E-Mails schnell zu lesen.	☐	☐

10   Sprechen

Bilden Sie Gruppen von vier Personen. Sie arbeiten alle gemeinsam in einer Firma und sollen Ihren Sommerurlaub einreichen; es darf immer nur eine Person abwesend sein. Wählen Sie je eine der Rollen unten aus und diskutieren Sie miteinander: Wer bekommt wann Urlaub? Die gelb markierten Tage sind die Schulferien. Versuchen Sie, sich zu einigen und einen Urlaubsplan zu erstellen.

Juli

Mo	Di	Mi	Do	Fr	Sa/So
	1	2	3	4	5/6
7	8	9	10	11	12/13
14	15	16	17	18	19/20
21	22	23	24	25	26/27
28	29	30	31		

August

Mo	Di	Mi	Do	Fr	Sa/So
				1	2/3
4	5	6	7	8	9/10
11	12	13	14	15	16/17
18	19	20	21	22	23/24
25	26	27	28	29	30/31

Person A

Sie haben ein Schulkind und wollen nur in den Schulferien Urlaub machen.

Person B

Sie heiraten am 15. Juli und wollen direkt danach Flitterwochen machen.

Person C

Sie haben keine Kinder und sind zeitlich relativ flexibel. Sie wollen aber mindestens zwei Wochen im Sommer Urlaub machen.

Person D

Sie ziehen während der Sommerferien um und brauchen zwei Wochen frei.

11   Hören

🔊 39   Hören Sie den Radiobeitrag und ergänzen Sie die Grafik.

Der Krankenstand in verschiedenen Branchen

1   Abfallentsorgung .... Tage
2   Lager und Logistik .... Tage
3   Pflegebereich .... Tage
4   Baubranche .... Tage
5   Einzelhandel .... Tage
6   Gastronomie .... Tage
7   Landwirtschaft .... Tage

12   Schreiben

a   Schreiben Sie fünf Sätze über die Grafik in Aufgabe 11. In welcher Branche kommt es zu vielen Krankheitstagen, in welcher zu wenigen? Warum ist das so? Was könnten die Gründe dafür sein?

b   Tauschen Sie die Sätze mit einer Partnerin / einem Partner. Lesen Sie die Sätze Ihrer Partnerin / Ihres Partners und korrigieren Sie sie.

Ah, diese Technik!

Arbeitsgeräte ...

...im Friseursalon

...in der Wäscherei

...im Büro

1 Dajas erster Tag in der Wäscherei

🔊 **40** **a** Daja arbeitet nun in einer Wäscherei. Über welches Gerät sprechen Daja und ihre Kollegin? Hören Sie und kreuzen Sie an.

1 ☐ Wäschetrockner 2 ☐ Bügelmaschine 3 ☐ Waschmaschine

🔊 **40** **b** Hören Sie noch einmal. Sind die Aussagen zum Gespräch richtig oder falsch? Kreuzen Sie an.

	✓	✗
1 Die Waschmaschine WM 1015 reinigt bis zu zehn Kilogramm Wäsche.	☐	☐
2 Die Programme stellt man im Menü ein.	☐	☐
3 Die Waschtemperatur stellt sich automatisch ein.	☐	☐
4 Um die Waschmitteldosierung muss man sich nicht kümmern.	☐	☐

🔊 **41** **c** Hören Sie Auszüge des Gesprächs noch einmal und ergänzen Sie die Sätze.

▶ Das ist die WM 1015! Sie _____1_____ für Tischdecken, Bettlaken oder auch für Bettdecken benutzt. Die gesamte Wäsche des Hotels *Klostergarten* _____2_____ hier gereinigt.

▷ Das ist beeindruckend! Wie viel Wäsche passt denn in die Waschmaschine?

▶ Bis zu 15 Kilo _____3_____ in einem Waschgang gereinigt.

▷ Ist die Bedienung sehr kompliziert?

▶ Nein, im Grunde ist die Bedienung wie bei einer normalen Waschmaschine. Hier auf dem Display _____4_____ die Programme im Menü elektronisch eingestellt.

▷ Ah, ja. Muss ich denn noch die Temperatur eingeben?

▶ Ja, hier _____5_____ die Temperatur eingegeben. Hohe Temperaturen _____6_____ oft bei der Reinigung von Tischdecken benötigt.

d Ergänzen Sie den Grammatikkasten mit *wird* und *werden*.

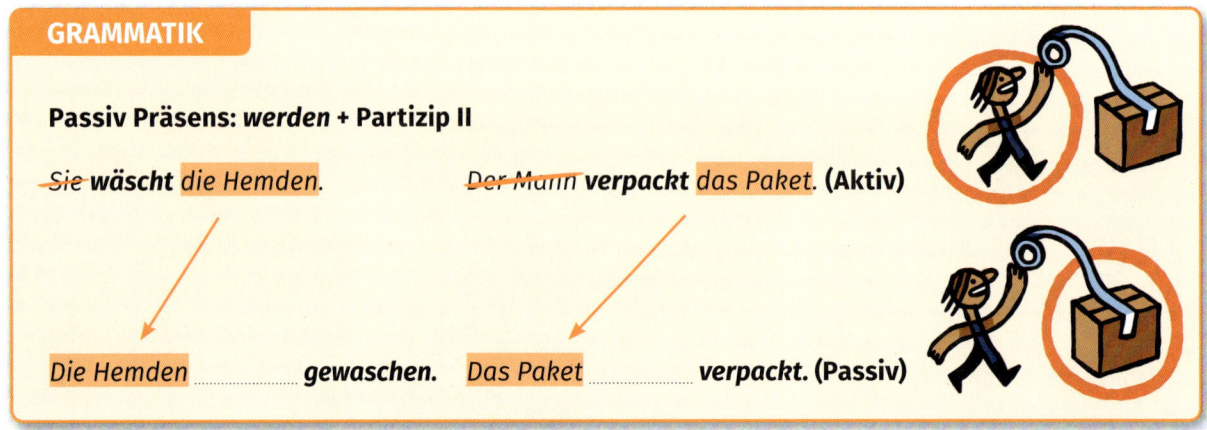

GRAMMATIK

Passiv Präsens: *werden* + Partizip II

~~Sie~~ **wäscht** die Hemden.   ~~Der Mann~~ **verpackt** das Paket. (Aktiv)

Die Hemden _____ **gewaschen.**   Das Paket _____ **verpackt.** (Passiv)

2 Wie werden die Geräte bedient?

a Wie waschen Sie Ihre Bettlaken zu Hause? Beschreiben Sie den Vorgang in Kleingruppen.

b Ergänzen Sie mit den Formen von *werden*. Der Grammatikkasten in 1d hilft Ihnen.

Die Bettlaken _____1_____ in der Waschmaschine gewaschen. Danach _____2_____ sie im Wäschetrockner leicht getrocknet. Anschließend _____3_____ jedes Bettlaken einzeln mit der Bügelmaschine gebügelt. Zum Schluss _____4_____ jedes Bettlaken gefaltet und einzeln in Folie eingewickelt.

c Dajas Kollegin Carla beschreibt die Bedienung der Bügelmaschine. Schreiben Sie die Sätze im Passiv.

Zuerst faltet man das Bettlaken in der Mitte. Dann stellt man die Temperatur an der Bügelmaschine ein. Zunächst legt man das Bettlaken mit der geraden Kante an die Bügelmaschinenwalze. Danach drückt man den Startknopf. Man hält die Kanten vorsichtig fest, bis die Bügelmaschine das Laken einzieht. Anschließend faltet man das Laken erneut und wiederholt den Vorgang.

Zuerst wird das Bettlaken ...
_____
_____
_____

d Erklären Sie Ihrer Partnerin / Ihrem Partner ein technisches Gerät Ihrer Wahl. Die Redemittel helfen Ihnen.

Das Handy wird hier eingeschaltet.

Telefonnummern werden im Telefonbuch gespeichert.

REDEMITTEL

Ein technisches Gerät beschreiben

Das Gerät wird hier / mit diesem Schalter / mit dem Knopf eingeschaltet / ausgeschaltet.
Die Lautstärke / der Ton / die Temperatur wird hier geregelt / eingestellt.
Die Bettlaken / Papierbögen werden dort eingezogen.
Die Kopien / Blätter werden dort ausgedruckt.
Die Boxen / Lautsprecher / das Mikrofon werden / wird hier angeschlossen.

3   Daja liest eine Bedienungsanleitung

a Lesen Sie die Bedienungsanleitung für einen Wäschetrockner.
Ordnen Sie die Überschriften den Abschnitten zu.

> Auswahl des Programms | Allgemeine Sicherheitshinweise |
> Wartung und Reinigung | Vorbereitungen vor dem Trocknen | Installation

1 ....

Stellen Sie das Gerät niemals auf Teppich-boden und ähnlichen Unterlagen auf. Ziehen Sie bitte vor Aufstellung, Wartung und Reparatur den Netzstecker.

2 ....

Stellen Sie das Gerät auf einem stabilen und geraden Untergrund auf. Schließen Sie das Gerät nur an einer abgesicherten Steckdose an. Entfernen Sie vor Inbetriebnahme alle Transportsicherungen.

3 ....

Überprüfen Sie vor dem Trocknungsvorgang alle Textilien stets auf vergessene Gegen-stände (z. B. Münzen, Kleinteile). Beladen Sie das Gerät bei Baumwolltextilien voll. Achten Sie darauf, dass Sie es nicht überladen. Bei Feinwäsche befüllen Sie nur die Hälfte der Trommel mit Wäsche.

4 ....

Wählen Sie stets ein geeignetes Programm für Ihre Wäsche aus. Wählen Sie zwischen folgen-den Programmen:
- Pflegeleicht: Trocknen Sie hiermit weniger empfindliche Wäsche.
- Wolle: Trocknen Sie mit diesem Programm Wäsche aus Wolle oder aus anderen emp-findlichen Materialien schonend bei nied-rigen Temperaturen.
- Schranktrocken: Trocknen Sie die Wäsche komplett, um sie direkt in den Schrank (oder in Versandkartons) legen zu können.

5 ....

Reinigen Sie den Filter und die Abdeckung nach jeder Benutzung gründlich. Leeren Sie den Wassertank nach jedem Trockenvorgang aus. Überprüfen Sie den Kondensator einmal pro Monat und reinigen Sie ihn unter fließen-dem Wasser mit einer Bürste.

b Lesen Sie die Bedienungsanleitung noch einmal. Sind die Aussagen dazu richtig oder falsch? Kreuzen Sie an.

		✓	✗
1	Man kann das Gerät aufstellen, wo man will.	☐	☐
2	Der Netzstecker darf bei Reparaturen in der Steckdose bleiben.	☐	☐
3	Bei Feinwäsche wird nur die Hälfte des Wäschetrockners befüllt.	☐	☐
4	Mit dem Wollprogramm wird empfindliche Wäsche getrocknet.	☐	☐
5	Man muss den Wassertank einmal pro Monat reinigen.	☐	☐

c Fassen Sie die wichtigsten Punkte aus 3a zusammen und erklären Sie Ihrer Partnerin / Ihrem Partner die Bedienung des Wäschetrockners. Tauschen Sie dann die Rollen.

> *Zuerst stellst du das Gerät auf einem stabilen und geraden Untergrund auf.*

> *Dann ...*

> *Danach ...*

4   Ein defektes Gerät in der Wäscherei

a Hören Sie das Telefonat zwischen Daja und ihrer Kollegin. Antworten Sie in Stichworten.

42 ((▶

1   Was muss Daja erledigen? ....

2   Was ist Dajas Problem? ....

3   Was rät Dajas Kollegin? ....

b Spielen Sie zu zweit einen Dialog am Telefon. Beschreiben Sie dem Kundendienst ein technisches Problem. Wechseln Sie dann die Rollen. Wählen Sie eine der folgenden Situationen aus:

* Die Bügelmaschine für Hemden funktioniert nicht (Situation aus 4a).
* Der Kopierer zeigt einen Papierstau an.
* Das Wasser im Kaffeeautomaten wird nicht erhitzt und der Kaffee ist kalt.
* Die Wäsche in der Waschmaschine wird nicht geschleudert.

REDEMITTEL

Kundendienst	**Kundin / Kunde**
Technischer Kundendienst … Guten Tag, was kann ich für Sie tun?	Guten Tag, … von der Firma … hier. Ich habe ein Problem mit …
Was genau funktioniert denn nicht? / Könnten Sie das Problem bitte genauer beschreiben?	Wenn ich … drücke / einstelle / verwende, dann passiert …
Haben Sie schon … versucht?	Ja, das hat leider auch nicht geholfen. / Nein, das probiere ich gleich.
Dann schicken wir Ihnen einen Mitarbeiter vorbei. Passt es Ihnen am …? /	Ja. / Nein, das geht leider nicht.
Prima, dann haben wir das ja gelöst. Auf Wiederhören!	Ja, vielen Dank. Auf Wiederhören!

---

c Was passt? Ergänzen Sie die Sätze.

gestern **|** gerade

GRAMMATIK

Passiv Präteritum: *wurde / wurden* + Partizip II

*Die Bedienung der Geräte **wurde** mir bereits* erklärt.
*Die Hemden **wurden** gestern* gereinigt.

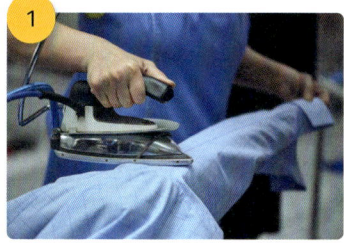   

Die Hemden werden
.... von Daja gebügelt.

Die Hemden wurden
.... von Daja gebügelt.

5 Hinweisschilder verstehen

a Sehen Sie sich die Fotos an. Welche Regeln für Sicherheit gibt es am Arbeitsplatz von Tülin, Mia und Kazim? Sprechen Sie im Kurs.

b Welche weiteren Arbeitsplätze kennen Sie? Welche Sicherheitsbestimmungen gelten und welche Schutzkleidung braucht man in diesen Berufen? Sprechen Sie im Kurs.

🔊 43 **c** Sami erklärt Tülin die Hinweisschilder im Wertstoffhof. Hören Sie das Gespräch und kreuzen Sie an.

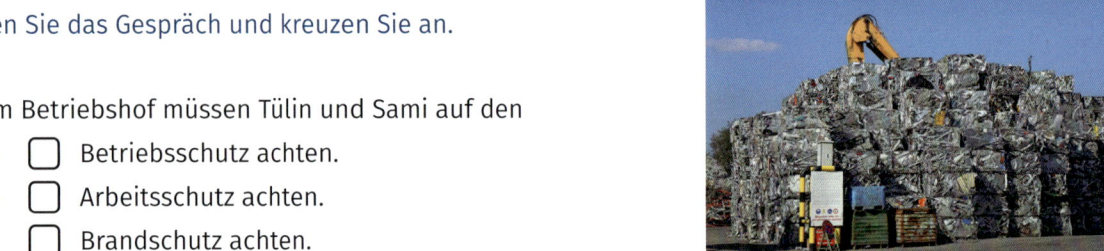

1 Im Betriebshof müssen Tülin und Sami auf den
   a ☐ Betriebsschutz achten.
   b ☐ Arbeitsschutz achten.
   c ☐ Brandschutz achten.

2 Die Rettungszeichen
   a ☐ sind immer rot.
   b ☐ zeigen, dass man das Gebäude verlassen muss.
   c ☐ sind immer grün.

3 Die Warnzeichen
   a ☐ zeigen, dass man Schutzhandschuhe tragen muss.
   b ☐ warnen vor einer Gefahr.
   c ☐ zeigen an, wo es einen Fluchtweg gibt.

d Was bedeuten die Zeichen? Ordnen Sie zu.

Schutzhandschuhe | Feuerlöscher | Giftige Stoffe | Rauchverbot | Erste Hilfe | Fluchtweg

1 ....   2 ....   3 ....   4 ....   5 ....   6 ....

e Welche Hinweisschilder kennen Sie aus Ihrem Alltag? Welche Funktionen haben Sie? Sprechen Sie im Kurs.

Ich kenne das Schild … Es bedeutet …

6   Einen Arbeitsunfall melden

a   Sami hatte einen Arbeitsunfall. Was ist passiert? Hören Sie und schreiben Sie.   44 ((◖

1   Wo? ....
2   Was? ....
3   Wie viele Verletzte? ....
4   Welche Verletzungen? ....

b   Welche Informationen braucht der Rettungsdienst bei einem Notruf? Ordnen Sie zu.

1   **Wo** ist der Unfall passiert?
2   **Was** ist passiert?
3   **Wie** viele Verletzte gibt es?
4   **Welche** Art von Verletzungen liegen vor?

a   die Anzahl der verletzten Personen angeben
b   Unfallort nennen (Ort, Straße, Hausnummer)
c   den Unfall schildern
d   Angaben über die Verletzungen machen

> 💡 **TIPP**   📞**112**
>
> Bei einem Notruf müssen Sie die klassischen vier **W-Fragen** beantworten. Warten Sie anschließend auf Rückfragen.

c   Hören Sie den Dialog erneut und schreiben Sie das jeweils passende Wort daraus.   44 ((◖

1   helfen   *die Hilfe* ....
2   die Atmung ....
3   ansprechen ....

4   verletzt ....
5   die Blutung ....
6   verwundet ....

d   Lesen Sie die folgenden Situationen und spielen Sie einen Dialog zwischen der Anruferin / dem Anrufer und dem Mitarbeitenden vom Rettungsdienst.

- Sie arbeiten in der Gastronomie. Ihr Kollege ist ausgerutscht und hat sich den Fuß gebrochen.
- Sie arbeiten in einer Wäscherei und Ihre Kollegin hat sich die Hand am Bügeleisen verbrannt.

e   Tülin füllt einen Unfallbericht für ihren Arbeitgeber aus. Ergänzen Sie.

Verletzung | Kollegen | Lessingstraße | Fahrer | Mülltonne

1   **Bericht über einen Arbeitsunfall**

Datum des Unfalls: 13.08.20...   Ort des Unfalls: Lessingstraße 42, 50825 Köln

Am 13.08.20... waren mein Kollege Sami Abdul und ich gemeinsam mit dem ....1............
Horst Sanders auf der Abfuhrtour der Restmüllbehälter in der Südstadt. In der
5   ....2............ habe ich einen Restmüllbehälter zum Entleeren an die Kippvorrichtung
des Müllwagens gehängt und danach den Knopf zum Kippen der ....3............ betätigt.
Als die Tonne entleert wurde, ist sie meinem ....4............ auf den Kopf gefallen. Er hatte
eine ....5............ am Kopf.

Tülin Pamuk

Sprachbausteine

Technische Abläufe beschreiben

Zuerst ziehen Sie den Netzstecker.

Dann stellen Sie das Gerät auf einem stabilen und geraden Untergrund auf.

Zunächst entfernen Sie die Transportsicherung des Geräts.

Erst dann schließen Sie das Gerät an der Steckdose an.

Bevor Sie die Wäsche einfüllen, überprüfen Sie die Textilien auf vergessene Gegenstände.

Anschließend starten Sie den Trockenvorgang.

Nehmen Sie die Wäsche aus dem Trockner, **nachdem** das Programm beendet wurde.

Danach reinigen Sie noch den Wassertank.

Zum Schluss schalten Sie das Gerät aus.

Notruf und Erste Hilfe

Meine Kollegin / mein Kollege ist verletzt / verwundet.

Sie / er blutet stark.

Sie / er hat sich verbrannt.

Sie / er hat starke Schmerzen.

Sie / er ist ansprechbar.

Sie / er ist bewusstlos.

Ich bleibe bei meiner Kollegin / meinem Kollegen.

Ich versuche, sie / ihn zu beruhigen.

Ich lege ihr / ihm eine Jacke unter den Kopf.

Ich leiste Erste Hilfe.

Ich halte die Wunde zu.

Ich stoppe die Blutung mit einem sauberen Tuch.

Grammatik

Passiv

Man verwendet das Passiv, wenn nicht wichtig oder unbekannt ist, wer eine Aktion ausführt. Der Fokus im Passivsatz liegt auf dem Vorgang oder der Aktion. Man bildet das Passiv mit einer Form von **werden + Partizip II.** Am häufigsten werden die 3. Person Singular und Plural im Passiv verwendet.

werden	**Präsens**	**Präteritum**
ich	*werde*	*wurde*
du	*wirst*	*wurdest*
er / sie / es	*wird*	*wurde*
wir	*werden*	*wurden*
ihr	*werdet*	*wurdet*
sie / Sie	*werden*	*wurden*

*Die Wäsche **wird** gerade* gewaschen.
*Die Wäsche **wurde** gestern* gewaschen.

*Die Geräte **werden** mir heute* erklärt.
*Die Geräte **wurden** mir gestern* erklärt.

Gut gemacht!

Durch Lob bei der Arbeit kann man ...

Durch Kritik bei der Arbeit kann man ...

Wie kann man Konflikte vermeiden?

Was sind Gründe für Konflikte im Beruf?

1 Gut gemacht!

a Was meinen Sie: Wer sind die Personen auf den Fotos? Wen könnten sie loben und warum? Vermuten Sie im Kurs.

 A

 B

 C

🔊 45 **b** Welches Foto passt? Hören Sie die Dialoge und ordnen Sie sie den Fotos aus 1a zu.

Dialog 1: Foto ☐ Dialog 2: Foto ☐ Dialog 3: Foto ☐

🔊 45 **c** Welche Sätze hören Sie? Hören Sie die Dialoge noch einmal und kreuzen Sie an.

REDEMITTEL

jemanden loben		auf Lob reagieren	
1 ☐	Sie machen das gut!	7 ☐	Vielen Dank!
2 ☐	Wir sind sehr zufrieden mit Ihnen.	8 ☐	Danke schön.
3 ☐	Ich bin sehr zufrieden mit Ihrer Arbeit.	9 ☐	Das ist schön zu hören.
4 ☐	Gute Arbeit!	10 ☐	Danke, das freut mich!
5 ☐	Super gemacht!	11 ☐	Danke, das höre ich gern.
6 ☐	Weiter so!	12 ☐	Oh, danke!

---

d Wie kann man jemanden noch loben? Sprechen Sie im Kurs.

e Kazims Chef schreibt eine Notiz an Kazim. Bringen Sie die Sätze in die richtige Reihenfolge und schreiben Sie sie in Ihr Heft.

> Hallo Herr Kader,
>
> 1 Frau Sperber | Süßkartoffeln | bestellt | hat | und | ab | holt | sie morgen Vormittag | .
> 2 Sie | neben der Kasse | liegen | .
> 3 Frau Sperber | übrigens | hat | gesagt, | dass | ist | Ihre Beratung | super.
> 4 Das | ich | finde | auch | !
> 5 leisten | Sie | sehr gute Arbeit | !
>
> Viele Grüße und bis morgen
> Issam Saidan

2 Ich bin sehr zufrieden mit Ihrer Arbeit.

a Hören Sie das Gespräch zwischen Luan und seinem Chef. 46 ((▶
Welche Aussage passt? Kreuzen Sie an.

1 Wann führen Luan und sein Chef das Gespräch?
    a ☐ bei Arbeitsbeginn
    b ☐ in der Mittagspause
    c ☐ bei Schichtende

3 Wie kommuniziert Luan mit Fahrgästen?
    a ☐ freundlich und souverän
    b ☐ freundlich und bestimmt
    c ☐ sympathisch und souverän

2 Wie ist Luan als Fahrer?
    a ☐ Er ist unzuverlässig.
    b ☐ Er ist zuverlässig.
    c ☐ Er ist zuvorkommend.

4 Wie geht es dem Unternehmen?
    a ☐ gut
    b ☐ nicht so gut
    c ☐ Dazu kann der Chef noch nichts sagen.

b Schreiben Sie vollständige Sätze über die Stärken von den anderen Kursteilnehmenden.
Benutzen Sie die folgenden Wörter.

> lustig sein **|** gute Fragen stellen **|** aufmerksam sein **|** pünktlich kommen **|** kreativ sein **|**
> Hilfe anbieten **|** immer die Hausaufgaben machen **|** gut im Team arbeiten **|** freundlich
> sein **|** schnell verstehen

....

....

....

....

....

....

c Bewegen Sie sich im Kursraum und wechseln Sie Ihre Gesprächspartner. Machen Sie der anderen Person Komplimente. Wenn Sie ein
Kompliment bekommen, bedanken Sie sich.

Du bist sehr lustig!

Danke schön!

d Welche der Stärken aus 2b braucht man auch bei der Arbeit? Diskutieren Sie in der Gruppe.

Ich denke, man sollte bei der Arbeit gut im Team arbeiten können.

Ich finde es wichtig, dass man bei der Arbeit pünktlich ist.

3 Mit Kritik umgehen

a Daja findet morgens einen Zettel ihrer Kollegin Carla. Ergänzen Sie.

> Fragen | Nachbestellungen | warten | besprechen | benutzt | Urlaub | Bescheid | Waschmittel

> *Hallo Daja,*
>
> *ich habe morgen frei. Mir ist aber gestern Abend noch etwas aufgefallen, was für dich wichtig ist. Leider war nicht mehr genug _____1_____ für die Wäsche der Firma Schmitt da und ich weiß, dass du es gestern _____2_____ hast. Bitte bestell Waschmittel rechtzeitig nach oder sag zumindest _____3_____, wenn es knapp wird. Es wird nämlich nicht so oft geliefert und es ist ärgerlich, wenn Kunden deshalb länger auf ihre Wäsche _____4_____ müssen.*
>
> *Wenn du dazu noch _____5_____ hast, können wir das auch gern _____6_____. Ich weiß zum Beispiel gar nicht, ob _____7_____ schon Thema bei deiner Einarbeitung durch die Chefin waren. Sie ist ja morgen zurück aus dem _____8_____. Dann kannst du sie gern auch direkt fragen. ☺*
>
> *Liebe Grüße*
> *Carla*

b Lesen Sie die Nachricht noch einmal und sprechen Sie zu zweit über folgende Fragen.

1 Was sollte Daja bei der Arbeit beachten?
2 Wo ist die Chefin von Daja und Carla?
3 Was glauben Sie: Warum hat Daja das Waschmittel nicht nachbestellt?

c Daja antwortet Carla per E-Mail. Bringen Sie den Text in die richtige Reihenfolge.

Von:	d.sabia@wäschereioertel.de
An:	c.wiesner@wäschereioertel.de
Betreff:	Nachbestellung von Waschmittel

≡ ▼

Liebe Carla,

☐ *1* es tut mir leid, dass ich das Waschmittel nicht nachbestellt habe!

☐ In Zukunft werde ich das Waschmittel rechtzeitig nachbestellen!

☐ Wirst du es mir erklären, wenn du wieder da bist? Das wäre nett.

☐ Am Montag werden wir beide arbeiten. Vielleicht finden wir dann die Zeit dafür?

☐ Tatsächlich hat mir Frau Sanders nicht erklärt, wie und wo ihr Waschmittel nachbestellt. Sie wird heute dafür auch keine Zeit haben, weil sie viel zu tun hat.

Liebe Grüße

Daja

d Lesen Sie die E-Mail in 3c noch einmal und markieren Sie dort die Sätze mit *werden*. Ergänzen Sie dann zunächst in der Tabelle die Verbformen.

ich		
du		
er/sie/es		
wir		
ihr	*werdet*	
sie/Sie	*werden*	

1 es in Zukunft besser
2 dich bei deiner Kollegin
3 Ihnen das
4 im Mai auch in der Frühschicht
5 im Team den Konflikt
6 Ihre Kollegen um Hilfe

a klären
b bitten
c machen
d erklären
e arbeiten
f entschuldigen

e Verbinden Sie nun in 3d die Elemente zu sinnvollen Sätzen. Schreiben Sie die Sätze wie im Beispiel. Es gibt mehrere Möglichkeiten.

1 Sie wird es in Zukunft besser machen.

GRAMMATIK

Futur I: *werden* + Infinitiv

Ich **werde** das in Zukunft anders machen.   In fünf Jahren **wird** sie ihre eigene Firma haben.

Man verwendet das Futur I, um über zukünftige Ereignisse (z. B. Absichten, Pläne, Prognosen) zu berichten.

---

4 Das kann ja mal passieren

a Welche Situationen könnten auf der Arbeit Probleme bereiten? Sprechen Sie im Kurs.

b Wie kann man auf die Kritik antworten? Ordnen Sie zu.

REDEMITTEL

1 Sie haben zu wenig … bestellt.
2 Bitte geben Sie Bescheid, wenn …
3 Das ist nicht so schlimm./
   Das kann ja mal passieren.
4 Bitte beachten Sie, dass …

a In Zukunft werde ich Bescheid geben.
b Vielen Dank für Ihr Verständnis.
c Das tut mir leid./
   Das kommt nicht wieder vor.
d Das wusste ich nicht. In Zukunft achte ich darauf.

c Schreiben Sie zu zweit einen Dialog in Ihr Heft. Spielen Sie den Dialog dann vor. Nutzen Sie Redemittel aus 4b.

Chefin/Chef
- kritisiert, dass es mehrere Fehler bei der Materialbestellung gab
- fragt, ob Hilfe benötigt wird
- sagt, dass der Fehler nicht schlimm ist

neue Mitarbeiterin/neuer Mitarbeiter
- sagt, dass es ihr/ihm leid tut
- nimmt die Hilfe an, bittet um Erklärung des Bestellvorgangs
- bedankt sich für das Verständnis

5 Die Chefin schon wieder!

🔊 47 **a** Hören Sie das Gespräch zwischen Mia und ihrem Kollegen Fabiu.
Sind die Aussagen richtig oder falsch? Kreuzen Sie an.

		✓	✗
1	Fabiu ärgert sich über Mia.	☐	☐
2	Er möchte in der Frühschicht arbeiten.	☐	☐
3	Nachmittags ist er im Deutschkurs.	☐	☐
4	Fabiu hat schon mit der Chefin gesprochen.	☐	☐
5	Mia bestärkt Fabiu, mit der Chefin zu sprechen.	☐	☐

b Korrigieren Sie die falschen Aussagen aus 5a.

....

....

....

c Was könnte der Grund für diese Probleme sein? Was könnte man tun?
Sprechen Sie in der Gruppe.

1 Meine Kollegen erklären mir fast nie etwas,
  wenn ich eine Frage habe.

2 Ich bekomme oft nicht die Schicht, die ich möchte.

3 Eine Kollegin ist immer unfreundlich zu mir.

4 Die Kunden sprechen lieber mit einem Kollegen
  als mit mir.

5 Ich ärgere mich über die vielen Überstunden.

> *Vielleicht haben sie keine Zeit für die Einarbeitung.*

> *Du solltest deinen Chef fragen, wer Zeit für die Einarbeitung hat.*

d Haben Sie schon einmal eine ähnliche Situation erlebt? Wie sind Sie
damit umgegangen? Sprechen Sie zu zweit.

6 Mit Konflikten umgehen

a Was bedeutet das? Ordnen Sie zu zweit die Begriffe den Erklärungen zu.

1	die Sichtweise	a	wenn zwei Personen einander falsch verstehen
2	die Ursache	b	die Perspektive, aus der man etwas sieht
3	die Konfliktpartei	c	der Grund
4	neutral sein	d	jemanden nicht ausreden lassen
5	jemanden unterbrechen	e	eine Seite in einem Konflikt
6	das Missverständnis	f	zu keiner Konfliktpartei gehören

b Lesen Sie den Text und ordnen Sie die Überschriften den Abschnitten zu.
Nicht alle Überschriften passen.

> Unlösbare Konflikte | Neutrale Dritte können helfen | Konflikte sind normal |
> Regeln zur Konfliktlösung

1 **Konflikte bei der Arbeit lösen**   ⌂ ≡

1 ....

Zwar möchte sich jeder gern gut mit den Kollegen und der Chefin oder dem Chef verstehen,
aber das klappt nicht immer: Konflikte gehören zum Arbeitsleben dazu. Sowohl Missverständ-
5 nisse als auch unterschiedliche Meinungen zu einem Thema sind typische Ursachen für
Konflikte im Job. Wichtig ist dann, dass der Konflikt gelöst wird. Und das wiederum bedeutet,
dass man über den Konflikt spricht.

2 ....

Damit das gelingt, gibt es ein paar Dinge zu beachten: Man sollte möglichst ruhig bleiben.
10 Beide Seiten sollten beschreiben, wie es aus ihrer Sicht zu dem Konflikt kam und wie die
Situation für sie war. Dabei sollte man den anderen weder unterbrechen noch über seine
Sichtweise diskutieren. Es hilft, wenn beide daran denken, dass sie das Problem verstehen
und eine Lösung finden wollen.

3 ....

15 Wenn die Ursachen und Sichtweisen des Konflikts benannt sind, sollte man eine Lösung
suchen, mit der alle Konfliktparteien einverstanden sind. Entweder schaffen die Konfliktparteien das allein oder eine neutrale Person hilft, bei diesem Konfliktgespräch die Regeln
einzuhalten. Durch die objektive Person ist es oft einfacher, den Konflikt zu lösen.

c Arbeiten Sie zu zweit. Markieren Sie die Formulierungen 1–4
im Text in 6b und ordnen Sie die Bedeutung zu.

1	sowohl … als auch	a	A oder B
2	weder … noch	b	A, aber B
3	entweder … oder	c	A und B
4	zwar …, aber	d	A nicht und B nicht

> **GRAMMATIK**
>
> **Zweiteilige Konnektoren**
>
> *sowohl … als auch*
> *weder … noch*
> *entweder … oder*
> *zwar …, aber*

d Was passt? Ergänzen Sie die passenden Wörter aus dem Grammatikkasten in 6c.

1 .... kläre ich diesen Konflikt .... ich kann nicht mehr lange dort arbeiten.

2 Meine erste Zeit im neuen Job war .... spannend .... angenehm.

3 Piotrs Arbeit ist .... okay, ... in drei Jahren möchte er etwas anderes machen.

4 Gerade ist es wirklich stressig: Wir haben jetzt .... Zeit .... Energie, um zu streiten.

Sprachbausteine

Meine Arbeit: Pro und Kontra

+

Ich bin (sehr) zufrieden mit meinem Job, denn wir arbeiten gut im Team zusammen.

Ich leiste viel und bekomme ein gutes Gehalt.

Meine Arbeitszeiten kann ich gut mit meinem Team abstimmen.

Ich kann meist pünktlich von der Arbeit nach Hause gehen.

Wenn es einmal einen Konflikt unter den Kollegen und Kolleginnen gibt, suchen wir gemeinsam nach einer Lösung.

–

Meine Kollegen sind oft unfreundlich und erklären mir zu wenig.

Ich werde leider sehr schlecht bezahlt, obwohl ich viel Verantwortung trage.

Ich ärgere mich, weil ich oft nicht dann arbeiten kann, wenn ich möchte.

Ich muss sehr oft Überstunden machen.

Missverständnisse oder unterschiedliche Meinungen werden bei uns leider nicht thematisiert.

Grammatik

Futur I

Zukunft wird auf Deutsch oft mit dem Präsens ausgedrückt:

*Morgen **habe** ich ein Gespräch mit meinem Chef.*

Es gibt aber auch eine eigene Zeitform für die Zukunft, das Futur I. Man benutzt es, um feste Absichten oder Pläne auszudrücken oder für Prognosen:

werden + Infinitiv

*Nächstes Jahr **werde** ich eine Weiterbildung machen.*

*Die Zahl der ausländischen Fachkräfte **wird** in Zukunft steigen.*

Zweiteilige Konnektoren

Manche Konnektoren bestehen aus zwei Teilen, zum Beispiel die doppelten Konjunktionen *sowohl … als auch, weder … noch, entweder … oder, zwar …, aber.*

*Ich möchte **sowohl** höflich sein **als auch** meine Kritik ausdrücken.* (A und B)

*Ich habe **weder** Interesse **noch** Zeit.* (A nicht und B nicht)

*Wir machen **entweder** das eine **oder** das andere Projekt.* (A oder B)

*Ich habe **zwar** Interesse, **aber** keine Zeit.* (A, aber B)

1 Hinweise in der Firma

a Spielen Sie zu zweit. Würfeln Sie und wählen Sie einen der beiden Sätze für die Würfelzahl aus. Ergänzen Sie das unvollständige Wort.

1 Wir sind sehr z_____ mit Ihrer Arbeit.
Sie sind immer pünktlich und arbeiten wirklich z_____.

2 Sie haben das Telefonat vergessen. Das ist wirklich ä_____.
Das k_____ nicht wieder vor.

3 Denken Sie bitte in Z_____ an die Nachbestellung.
Das tut mir l_____.

4 Dieses Thema müssen wir unbedingt im Team b_____.
Sie sollten offen s_____, was Sie ärgert.

5 Könnten Sie den Konflikt aus Ihrer S_____ beschreiben?
Ich möchte den Konflikt in Ruhe mit allen zusammen k_____.

6 Hier ist der F_____, falls es brennt.
Frau Peruz hatte einen Unfall und ist noch nicht a_____.

b Spielen Sie zu dritt oder zu viert. Stellen Sie für jede Person eine Spielfigur auf START. Würfeln Sie dann und ziehen Sie Ihre Figur um die Würfelzahl weiter. Beantworten Sie die Fragen oder führen Sie die Aufgabe aus.

START

1 Bitten Sie eine Spielpartnerin / einen Spielpartner um Erklärung.

2 Haben Sie einen Wäschetrockner? Warum (nicht)?

3 Würden Sie gern in einer Wäscherei arbeiten?

4 Wie funktioniert eine einfache Kaffeemaschine? Erklären Sie.

5 Eine Spielpartnerin / ein Spielpartner hat die Küche nicht sauber hinterlassen. Kritisieren Sie sie / ihn dafür.

6 Loben Sie eine Spielpartnerin / einen Spielpartner für etwas, das sie / er gut kann.

7 Wie ist die Notruf-Telefonnummer in Deutschland?

8 Sagen Sie den Satz im Aktiv: *Das Geschirr wird oft von mir gespült.*

9 Wenn es glatt ist, kann man leicht _____.

10 Wen rufen Sie an, wenn in der Firma ein Gerät nicht funktioniert?

11 Was bedeutet das?

12 Bei einem Unfall ist eine wichtige Frage, wie viele V_____ es gibt.

ZIEL

2 Wie heißt das Wort?

Wie heißen die Wörter? Lösen Sie das Kreuzworträtsel.

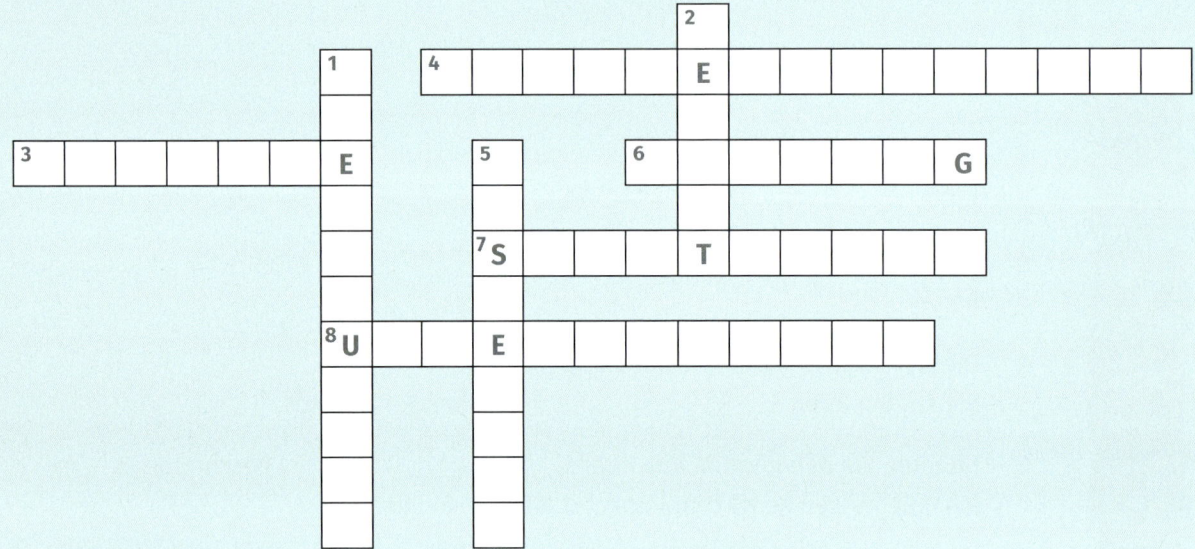

Waagerecht

3 Grund
4 wenn man etwas falsch verstanden hat
6 was man denkt
7 Perspektive
8 jemanden nicht ausreden lassen

Senkrecht

1 Mehrarbeit
2 kaputt
5 wie viel von etwas (z. B. Waschmittel) man nimmt

3 Was ist das Gegenteil?

a Arbeiten Sie zu zweit. Schreiben Sie die folgenden Wörter und Erklärungen auf kleine Zettel.

> kompliziert | schmutzig machen | nichts sagen | unfreundlich | Folge | von Hand |
> zuvorkommend | reinigen | einfach | automatisch | Ursache | etwas ansprechen

b Welche Wörter oder Erklärungen bedeuten das Gegenteil? Sortieren Sie sie.

c Spielen Sie zu zweit. Mischen Sie die Zettel und legen Sie sie verdeckt auf den Tisch. Jede/Jeder deckt immer zwei Karten auf. Das Ziel ist es, die Paare zu finden. Wer am Ende die meisten Paare hat, gewinnt.

4 Passiv

a Arbeiten Sie zu zweit. Ergänzen Sie die passende Form von *werden* (A) bzw. das Partizip II (B). Lesen Sie dann den Satz für Ihre Partnerin / Ihren Partner vor. An der Stelle, wo die Lücke ist, klatschen Sie in die Hände. Ihre Partnerin / Ihr Partner sagt die passende Form.

A

1 In dieser Firma _____ ich oft gelobt.

2 Heute _____ hier ein neues Hinweis-schild aufgestellt.

3 Du _____ früh gewarnt, wenn ein Unfall passiert.

4 Konflikte _____ hier schnell geklärt.

5 Wann _____ wir über das Ergebnis informiert?

6 _____ ihr auch manchmal vom Chef auf das Thema „Pünktlichkeit" angesprochen?

B

1 Das Waschprogramm wird automatisch _____ . (wählen)

2 Niemand wird gern _____ . (kritisieren)

3 In Teambesprechungen werde ich manchmal _____ . (unterbrechen)

4 Das Thema „Überstunden" wird bei uns regel-mäßig _____ . (diskutieren)

5 Die Wäsche wird automatisch _____ . (falten)

6 Heute wird unser neuer Kopierer _____ . (anschließen)

b Schreiben Sie in der Gruppe die Sätze auf Kärtchen. Schreiben Sie den Passiv-Satz auf die Rückseite. Jede Person bekommt ein Kärtchen. Gehen Sie durch den Raum und zeigen Sie einer anderen Person Ihren Satz im Aktiv. Die Partnerin / der Partner sagt den Satz im Passiv. Wechseln Sie die Rollen. Tauschen Sie die Kärtchen und gehen Sie zur nächsten Person usw.

1 Neyla bügelt die Wäsche.

2 Er spricht den Konflikt an.

3 Die Maschine schleudert die Wäsche.

4 Man lobt dich.

5 Die Chefin regelt das Problem.

6 Wann repariert die Firma den Kopierer?

7 Wir reinigen den Filter einmal pro Woche.

8 Den neuen Computer installiert Herr Sanders morgen früh.

9 Mein Kollege erklärt mir heute die Bedienung der Maschine.

10 Die Leute beachten diese Regel oft nicht.

11 Man fragt mich.

12 Jemand hilft mir.

13 Wir klären das Missverständnis im Team.

5 Was wird in fünf Jahren sein?

Sprechen Sie zu dritt. Ergänzen Sie die Informationen zu Adil: Wie ist sein Leben jetzt?
Wie wird sein Leben in fünf Jahren aussehen? Benutzen Sie Ihre Fantasie.

Adil

Jetzt:
Adil ist momentan
arbeitslos. Er ist ledig.
Er spricht Deutsch
auf A2-Niveau.
Er lebt in der Nähe
von Frankfurt.

In 5 Jahren:
- *Wohnort*
- *berufliche Situation*
- *familiäre Situation*
- *Deutschkenntnisse*
- *Hobbys*
- *Ziele*

In 5 Jahren wird Adil in Berlin leben.

6 Wie heißt der zweite Teil?

a Spielen Sie zu viert. Person A fängt den Satz an, Person B sagt eine passende Ergänzung.
Dann liest Person B den nächsten Satzanfang und so weiter.

1 Wir haben **sowohl** eine Waschmaschine …
2 Du kannst dich **entweder** ärgern …
3 Das ist **zwar** schwierig …
4 Wir verkaufen **weder** Lebensmittel …
5 Die Arbeit ist **zwar** stressig …

b Spielen Sie mit eigenen Satzanfängen weiter.

7 Laufdiktat

Legen Sie Ihr Buch in die andere Ecke des Raums. Laufen Sie dann dorthin. Merken Sie sich einen Satz
und laufen Sie zurück zu Ihrem Heft. Schreiben Sie den Satz dann auf. Wenn Sie sich den Satz nicht
komplett merken können, laufen Sie noch mal zum Buch.

1 Wie kompliziert ist die Bedienung dieses Geräts?
2 Wir reinigen die Maschine bei Bedarf.
3 Die Wäsche wird nicht mehr richtig geschleudert.
4 Bitte achten Sie auf die Hinweisschilder.
5 Ich kann keine Gedanken lesen!
6 Was war die Ursache für diesen Konflikt?
7 Sie hat sich bei ihrer Kollegin entschuldigt.
8 Heute habe ich ein schönes Kompliment bekommen.
9 Der Praktikant wird eine gute Arbeitsstelle finden.

8 Hören: Erfahrungen mit Konflikten bei der Arbeit

Sie hören drei Aussagen zum Thema „Konflikte am Arbeitsplatz".
Welche der Sätze a–f passen zu den Aussagen 1–3? Kreuzen Sie an.

48 (()

Sprecherin 1   a ☐ b ☐ c ☐ d ☐ e ☐ f ☐

Sprecher 2   a ☐ b ☐ c ☐ d ☐ e ☐ f ☐

Sprecherin 3   a ☐ b ☐ c ☐ d ☐ e ☐ f ☐

a   Mit meiner Chefin komme ich sehr gut klar.

b   Ich habe gute und schlechte Chefinnen und Chefs erlebt, die aber nicht über Konflikte sprechen.

c   Konflikte haben nur zwei meiner Kollegen.

d   Wenn Leute sich nicht mögen, gibt es Konflikte bei der Arbeit.

e   Es gibt viele Konflikte mit der Chefin.

f   Eine Ursache für Streit ist, wenn die Arbeit unfair verteilt wird.

9 Schreiben: Kommentar zu einer Radiosendung

a Lesen Sie den Leserkommentar und markieren Sie, wie die Meinung ausgedrückt wird.

> ▶ **Berufsmagazin Kompass: Konflikte am Arbeitsplatz**   ⌂
>
> 1   👤 Andrei_55   Die Radiosendung „Kompass" höre ich regelmäßig, und besonders die
> letzte Ausgabe war sehr interessant und hilfreich für mich. Ich finde das Thema
> „Konflikte am Arbeitsplatz" aktuell und sehr wichtig, denn wir alle kennen solche
> Situationen im Beruf. Meiner Meinung nach ist eine respektvolle Kommunikation mit
> den Kollegen und Vorgesetzten am wichtigsten. Das hat mir sehr geholfen, als ich
> 5   Probleme mit Kollegen oder mit meinem Chef hatte. Ich denke, das hilft, damit
> Probleme nicht zu Konflikten werden.

b Schreiben Sie einen Leserkommentar zu dem Radiobeitrag aus Aufgabe 8. Schreiben Sie etwas zu folgenden Punkten.

- wie Sie die Radiosendung finden
- welche Konflikte Sie schon bei der Arbeit erlebt haben
- was in diesen Fällen geholfen hat

10 Lesen: Defekte Geräte

Lesen Sie die E-Mail und die Sätze dazu. Sind die Aussagen dazu richtig oder falsch? Kreuzen Sie an.

---

1   Sehr geehrte Damen und Herren,

leider konnte ich Ihren Kundendienst heute telefonisch nicht erreichen. Das ist ärgerlich, denn unser Kopierer ist seit zwei Tagen defekt und wir brauchen ihn dringend. Wir haben schon selbst versucht, das Problem zu lösen, aber wir sind nicht weitergekommen. Der

5   Kopierer zieht kein Papier ein, obwohl das Display keinen Fehler mehr anzeigt.

Könnten Sie sich bitte so schnell wie möglich bei uns melden und uns jemanden zur Reparatur vorbeischicken, am besten gleich morgen? Zwischen 9:00 und 18:00 Uhr ist immer jemand im Büro. Unsere Kundennummer ist 412 35 189.

Ich warte auf Ihre Antwort.

10   Mit freundlichen Grüßen

Anne Langner

		✓	✗
1	Frau Langner schreibt an den Kundendienst.	☐	☐
2	Sie hat auch schon versucht, bei der Firma anzurufen.	☐	☐
3	Das Problem ist, dass der Drucker immer einen Papierstau anzeigt.	☐	☐
4	Sie braucht eine Beratung zu einem Kopierer.	☐	☐
5	Sie erwartet einen Anruf oder eine E-Mail mit einem Terminangebot.	☐	☐

11 Sprechen: Rollenspiel

Führen Sie zu zweit ein Telefonat zwischen Anne Langner und Peter Svoboda vom Kundendienst der Kopiererfirma.

Anne Langner
- möchte möglichst schnell einen Reparatur-Termin
- sagt, dass es ein Problem mit Papierstau gibt, aber dass das Papier entfernt wurde
- erinnert daran, dass die Firma eine Reparatur innerhalb von 24 Stunden verspricht

Peter Svoboda, Kundendienst
- fragt, ob es vorher einen Papierstau gegeben hat und ob er wirklich behoben wurde
- fragt, ob man probiert hat, den Kopierer an- und wieder auszuschalten
- bietet übermorgen einen Reparaturtermin an

Mein gutes Recht

Welche rechtlichen Regelungen gibt es im Beruf?

- [x] Arbeitsvertrag
- [ ] Urlaubsanspruch
- [ ] Mietvertrag
- [ ] Mutterschutz
- [ ] Autoversicherung
- [ ] Arbeitszeit
- [ ] Gesundheitsvorsorge
- [ ] Kündigungsfrist

1 Die betriebsbedingte Kündigung

a Nach einem Gespräch mit seinem Chef erhält Luan eine betriebsbedingte Kündigung. Was steht in dem Brief? Lesen Sie die Kündigung und fassen Sie sie zusammen.

NURIA GmbH

Frankfurt, den 31.03.20...

Kündigung Ihres Arbeitsvertrages

Sehr geehrter Herr Kelmendi,

hiermit kündigen wir den mit Ihnen am 01.10. 20... geschlossenen Arbeitsvertrag unter Einhaltung der vereinbarten Kündigungsfrist zum 01.05.20... aus betriebsbedingten Gründen.

Die zurückgegangene Auftragslage in der Region Frankfurt zwingt uns zu diesem Schritt. Wir weisen Sie darauf hin, dass Sie dazu verpflichtet sind, sich innerhalb der nächsten drei Tage bei der Agentur für Arbeit arbeitssuchend zu melden.

Wir wünschen Ihnen für Ihre berufliche Zukunft alles Gute und bedanken uns für die vertrauensvolle Zusammenarbeit und Ihren geleisteten Einsatz.

Mit freundlichen Grüßen

Peter Müller
....
Unterschrift des Arbeitgebers

Kündigung erhalten am: ....

....
Unterschrift des Arbeitnehmers

---

b Lesen Sie die Aussagen und kreuzen Sie an.

	✓	✗
1 Luans Arbeitsvertrag endet sofort.	☐	☐
2 Luan wird gekündigt, weil NURIA zu wenige Aufträge hat.	☐	☐
3 Luan muss sich selbst arbeitssuchend melden.	☐	☐

c Wandeln Sie die Formulierungen um. Der Grammatikkasten hilft Ihnen.

> **GRAMMATIK**
>
> **Partizip II als Attribut**
>
> Partizipien können als Attribute verwendet werden. Sie werden wie Adjektive dekliniert.
>
> *der* erhalten**e** Brief   *die* erhalten**e** Kündigung   *das* erhalten**e** Zeugnis   *die* erhalten**en** Briefe

1 der Arbeitsvertrag, der geschlossen wurde ....
2 die Kündigungsfrist, die vereinbart wurde ....
3 die Auftragslage, die zurückgegangen ist ....
4 der Einsatz, der geleistet wurde ....

2   Das Kündigungsgespräch

a Luans Kollege befürchtet auch eine Kündigung und spricht mit seinem Chef. Hören Sie das Gespräch und ergänzen Sie die Sätze.   49 (◖

1   Im Moment haben wir eine .... Auftragslage.
2   Deswegen mussten Sie ja schon einigen .... Kollegen kündigen.
3   Ich habe ein .... Angebot bekommen.
4   Die Verkehrsbetriebe sind ein .... Arbeitgeber.

b Wandeln Sie die Adjektive aus 2a wie im Beispiel um.

> **GRAMMATIK**
>
> **Komparativ und Superlativ als Attribut**
> Gesteigerte Adjektive können auch vor dem Nomen stehen.
> Sie werden dann wie Adjektive dekliniert.
>
> *Ich habe ein gut**es** Angebot bekommen.*
> *Ein besser**es** Angebot macht die Firma Meier.*
> *Das best**e** Angebot kommt von der Firma Müller.*

1   eine   *schlechtere*   Auftragslage
2   .... Kollegen

3   ein .... Angebot
4   ein .... Arbeitgeber

c Formulieren Sie Sätze wie im Beispiel. Sprechen Sie zu zweit.

> *Die Arbeit als Kassierer war bisher meine interessanteste Tätigkeit.*

d Lesen Sie die Begriffe und ordnen Sie die Erklärungen zu.

1   Abmahnung
2   fristgerechte Kündigung
3   fristlose Kündigung
4   betriebsbedingte Kündigung
5   Kündigungsfrist
6   Freistellung

a   Das Arbeitsverhältnis wird sofort beendet.
b   Man arbeitet nicht bis zum letzten Arbeitstag, bekommt aber noch den Lohn.
c   Zeitraum zwischen Kündigungsschreiben und letztem Arbeitstag
d   schriftliche Verwarnung an Mitarbeiter
e   Kündigung wegen schlechter Auftragslage
f   Kündigung, bei der die vertragliche Frist eingehalten wird

e Bringen Sie das Kündigungsschreiben in die richtige Reihenfolge und schreiben Sie es in Ihr Heft.

[1] Sehr geehrte Damen und Herren,
☐ Ich bitte Sie, mir den Eingang der Kündigung zu bestätigen.
☐ Für die gute Zusammenarbeit bedanke ich mich.
☐ hiermit kündige ich das mit Ihnen bestehende Arbeitsverhältnis fristgerecht zum …
☐ Mit freundlichen Grüßen
☐ Bitte stellen Sie mir ein qualifiziertes Arbeitszeugnis aus.

3 Das Zwischenzeugnis

a Lesen Sie Luans Zwischenzeugnis und ergänzen Sie die Lücken.

Zwischenzeugnis

Herr Luan Kelmendi, geb. am 13.05.1997, ...1........ in Frankfurt, ist seit 01.01.20... in
unserem Unternehmen als ....2........ tätig. Er wird bis zum 30.09.20... in unserem
Unternehmen tätig sein.

Als Fahrer war Herr Kelmendi im Privatkundendienst ....3......... Er war leider nicht lange
in unserem ....4........ tätig.

Wir lernten Herrn Kelmendi als ....5........ und sehr verantwortungsbewussten Mitarbeiter kennen. Er war ....6........ und hat die ihm übertragenen Aufgaben stets zu
unserer vollsten ....7........ erfüllt. Von Vorgesetzten und ....8........ wurde er als
außerordentlich freundlicher Mitarbeiter geschätzt.

Zu unserem ....9........ können wir Herrn Kelmendi aufgrund der schlechten Auftragslage
nicht weiter in unserem Unternehmen ....10......... Wir ....11........ ihm für seine
Leistungen. Auf seinem weiteren beruflichen ....12........ wünschen wir ihm alles Gute.

---

a tätig	d pünktlich	g Fahrer	j wohnhaft
b Zufriedenheit	e zuverlässigen	h danken	k Bedauern
c beschäftigen	f Lebensweg	i Kollegen	l Unternehmen

b Was meinen Sie: Warum gibt es Zwischenzeugnisse in Deutschland? Sprechen Sie im Kurs.

c Die folgenden Formulierungen können in einem Zwischen- oder Arbeitszeugnis stehen.
Welche bewerten die Arbeitnehmerin positiv, welche negativ? Bringen Sie sie in die richtige
Reihenfolge: von sehr gut (1) bis sehr schlecht (4).

> 💡 **TIPP**
>
> In Arbeitszeugnissen verwendet man sehr positive Formulierungen,
> eine negative Leistung wird nur durch „versteckte" Kritik bewertet.
> Achten Sie darauf, dass Ihr Arbeitszeugnis übertrieben klingt, dann
> zeigt es Ihre sehr gute oder gute Leistung.

☐ Sie hat ihre Aufgaben stets zur vollsten Zufriedenheit erfüllt.

☐ Sie hat sich bemüht, ihre Aufgaben zu erfüllen.

☐ Sie erfüllte ihre Aufgaben im Allgemeinen zu unserer Zufriedenheit.

☐ Sie erfüllte ihre Aufgaben stets zur vollen Zufriedenheit.

d An welchen Formulierungen haben Sie das erkannt? Sprechen Sie im Kurs.

4 Das Arbeitszeugnis

a Lesen Sie das Arbeitszeugnis von Luans Kollegen und ordnen Sie
die Begriffe zu.

A ——— ARBEITSZEUGNIS

B ——— Herr Ramtin Shirvani, geb. am 20.03.1988, wohnhaft in Frankfurt, war vom 01.01.20…
bis zum 31.08.20… in unserem Unternehmen als Fahrer tätig.

C ——— Die NURIA GmbH ist ein innovatives Transportunternehmen für Personenbeförderung im innerstädtischen Bereich. Der Fuhrpark der NURIA GmbH besteht
ausschließlich aus umweltfreundlichen Elektroautos und Elektrokleinbussen für
bis zu sechs Personen.

D ——— Herr Shirvani war in unserem Unternehmen zunächst als Fahrer für Privatkunden
im Stadtbereich zuständig. Seit Februar 2018 ist er nun im Firmendienst für unsere
Großkunden (Unternehmen, Hotels und Flughafen) tätig.

Wir lernten Herrn Shirvani als einen äußerst zuverlässigen und sehr verantwortungsbewussten Mitarbeiter kennen. Er war stets pünktlich und gewissenhaft. Die ihm
übertragenen Kundenfahrten und die Kundenbetreuung hat er stets gewissenhaft
und zur vollsten Zufriedenheit erfüllt.

E ——— Von Vorgesetzten, Kollegen und Mitarbeitern wurde er als fleißiger und freundlicher
Mitarbeiter allzeit geschätzt. Nennenswert ist auch das vorbildliche Verhalten
von Herrn Shirvani gegenüber unseren Kunden. Er war stets freundlich, hilfsbereit
und höflich.

Herr Shirvani wird uns zum 01.07.20… auf eigenen Wunsch verlassen. Wir bedauern
sein Ausscheiden sehr und danken ihm für seine Leistungen. Für seinen weiteren
F ——— Werdegang wünschen wir ihm alles Gute.

Frankfurt, 31.08.20…

G ——— *Peter Müller*

---

1 ☐ Beurteilung der Leistung
und des Verhaltens
2 ☐ Datum und Unterschrift
3 ☐ personenbezogene Daten
4 ☐ Aufgabenbeschreibung

5 ☐ Schlussformel (Dank / Bedauern /
Zukunftswünsche)
6 ☐ Beschreibung des Unternehmens
7 ☐ Art des Schreibens

b Wie wird in Ihrem Land Arbeit bewertet? Gibt es Arbeitszeugnisse? Unterscheiden sie sich von
deutschen Arbeitszeugnissen? Sprechen Sie im Kurs.

5 Wir werden Eltern!

a Samis Frau bekommt bald ihr erstes Kind. Gemeinsam informieren sich die beiden über den Mutterschutz. Lesen Sie das Merkblatt und ordnen Sie die Überschriften den Abschnitten zu.

> Wer ist für die Umsetzung des Mutterschutzes verantwortlich? **|** Was ist der Mutterschutz? **|** Wann beginnt der Mutterschutz? **|** Mutterschaftsgeld **|** Wie lange dauert der Mutterschutz?

Mutterschutz

1. ....

- *Er dient zum Schutz der Gesundheit von Mutter und Kind vor und nach der Geburt.*
- *Das Einkommen wird gesichert, sodass eine schwangere Frau vor einer Kündigung geschützt ist.*

2. ....

- *Der Mutterschutz beginnt, sobald eine Frau schwanger ist.*
- *Es muss Schutzmaßnahmen am Arbeitsplatz geben (z. B. keine Nachtschicht, keine körperlich anstrengende Arbeit).*
- *Die Freistellung von der Arbeit beginnt sechs Wochen vor der Entbindung.*

3. ....

- *Der Mutterschutz geht über die Schwangerschaft und Entbindung hinaus und dauert bis acht Wochen nach der Entbindung an.*

4. ....

- *Der Arbeitgeber ist für den Mutterschutz und die entsprechenden Maßnahmen verantwortlich.*

5. ....

- *Das Mutterschaftsgeld ist so hoch wie das Nettogehalt.*
- *Alle gesetzlich versicherten (werdenden) Mütter, die arbeiten, erhalten Mutterschaftsgeld.*

b Sind die Aussagen zum Text richtig oder falsch? Lesen Sie und kreuzen Sie an.

		✓	✗
1	Mutterschutz bekommen alle schwangeren Arbeitnehmerinnen.	☐	☐
2	Die Arbeitgeberin / der Arbeitgeber kann von einer schwangeren Frau Nachtschichten verlangen.	☐	☐
3	Schwangere müssen bis zur Geburt arbeiten.	☐	☐
4	Sie sind bis acht Wochen nach der Geburt in Mutterschutz.	☐	☐
5	Die Arbeitnehmerin ist für den Mutterschutz verantwortlich.	☐	☐
6	Mutterschaftsgeld erhalten alle schwangeren Frauen, die Arbeitnehmerinnen sind und gesetzlich versichert sind.	☐	☐

c Sami möchte Elternzeit nehmen. Hören Sie das Gespräch mit der Personalchefin Marion Heimann. Kreuzen Sie dann die richtige Aussage an. **50** (((▶

1 Sami stellt Frau Heimann Fragen

 a ☐ zum Mutterschutz seiner Frau.

 b ☐ zur gesetzlichen Elternzeitregelung.

2 Die Elternzeit von drei Jahren

 a ☐ muss man in Anspruch nehmen.

 b ☐ kann man in Anspruch nehmen.

3 Elterngeld bekommt man

 a ☐ für bis zu 14 Monate.

 b ☐ drei Jahre lang.

4 Wer Elternzeit beantragt, muss dies spätestens

 a ☐ sieben Wochen vor Beginn tun.

 b ☐ sechs Wochen vor Beginn tun.

d Gibt es in Ihrem Land auch Regelungen zu Elternzeit und Mutterschutz? Sprechen Sie im Kurs.

e Sami liest im Internet einen Blog über Väter in Elternzeit. Lesen Sie den Blogeintrag und ordnen Sie zu.

1

Papa-in-Elternzeit.de

Hallo liebe Väter,

mein Name ist Ben. Ich bin 32 Jahre alt und eigentlich Fliesenleger von Beruf. Im Moment bin ich allerdings in Elternzeit. Meine Frau arbeitet Vollzeit. Sie ist Friseurmeisterin und hat ihren
5 eigenen Friseursalon. Als vor vier Jahren unser Sohn Max zur Welt kam, stellte sich für uns nicht die Frage, wer von uns die Elternzeit übernimmt. Da meine Frau selbstständig ist, war klar, dass sie nicht für eine längere Zeit zu Hause bleiben kann. Also habe ich Elternzeit genommen. Das war eine der schönsten Erfahrungen, die ich gemacht habe.

Ich werde oft gefragt, wie es ist, wenn man als Mann die Kinder erzieht. Ich finde es gut,
10 wenn Väter sich mehr in die Erziehung einbringen. Ich würde es wieder so machen. Ich verstehe jetzt besser, wie viel Arbeit es ist, ein Kind zu erziehen. Meine Erfahrung als Papa in Vollzeit und konkrete Tipps könnt ihr hier in meinem Blog nachlesen. Schreibt mir eure Meinung zum Thema „Väter in Elternzeit".

Viel Spaß!

15 Ben

1	Elternzeit	a	kommen
2	Kinder	b	erziehen
3	Erfahrungen	c	nehmen
4	zur Welt	d	machen

f Was ist Ihre Meinung zum Thema „Väter in Elternzeit"? Haben Sie eigene Erfahrungen mit der Kindererziehung gemacht? Schreiben Sie einen Kommentar zu Bens Blogeintrag in Ihr Heft.

> **REDEMITTEL**
>
> **Die eigene Meinung sagen**
>
> Ich denke / finde, dass …
> Ich bin der Ansicht / Meinung, dass …
> Meiner Ansicht / Meinung nach …

Sprachbausteine

Fragen an den Arbeitgeber zur Elternzeit

Wie lange kann ich in Elternzeit gehen?

Ist meine Stelle bei Ihnen für diesen Zeitraum gesichert?

Wann muss ich Ihnen mitteilen, wie lange ich in Elternzeit gehen werde?

Wie ist hier die gesetzliche Vorschrift?

Können Sie mir bitte sagen, wie hoch das Elterngeld ungefähr sein wird?

Kann ich als Vater auch Elternzeit beanspruchen?

Elternzeit beanspruchen

Ich möchte einen Teil der Elternzeit nehmen. Ich teile Ihnen rechtzeitig meine Entscheidung mit.

Die Elternzeit teilen meine Frau / mein Mann / meine Partnerin / mein Partner und ich uns auf.

Ich möchte die Elternzeit gleichzeitig mit meiner Frau / meinem Mann / meiner Partnerin / meinem Partner in Anspruch nehmen.

Ich werde nicht in Elternzeit gehen, sondern gleich nach dem Ende des Mutterschutzes wieder an meinen Arbeitsplatz zurückkehren.

Ich werde direkt nach meinem Mutterschutz für ein Jahr in Elternzeit gehen.

Grammatik

Partizip II als Attribut

Das Partizip II (*ge*macht, an*ge*rufen) kann einen Relativsatz im Passiv ersetzen:

*ein Vertrag, der **eingehalten** wird*   *ein **eingehaltener** Vertrag*

*das Gespräch, das **geführt** wird*   *das **geführte** Gespräch*

Dann steht das Partizip II direkt vor dem Nomen und wird wie ein Adjektiv dekliniert.

Komparativ und Superlativ als Attribut

Stellt man das gesteigerte Adjektiv (*schnell, schnell**er**, am schnell**sten***) vor das Nomen, wird es ebenfalls dekliniert.

*Die schnell**e** Entscheidung fiel ihm leicht.*

*Eine schnell**ere** Entscheidung konnte sie nicht treffen.*

*Die schnell**ste** Entscheidung war nicht die einfachste.*

Fit für die Prüfung

Diskutieren Sie im Kurs.

Wie wichtig ist es Ihnen, eine Deutschprüfung auf dem B1-Niveau zu bestehen?

Was sind Ihre Pläne mit dem B1-Zertifikat?

...

...

...

PRÜFUNG BESTANDEN

Was genau in der Prüfung auf Sie zukommt, lernen Sie hier kennen. Sie erfahren, wie die Prüfung *Deutsch-Test für den Beruf B1* aufgebaut ist, welche Aufgabentypen vorkommen und wie die Fragen formuliert sind. Dabei üben Sie an Ausschnitten von Prüfungsaufgaben. Das hilft Ihnen in der Prüfung, denn:

- Sie wissen, was Sie erwartet.
- Sie fühlen sich während der Prüfung sichererer.

Zur Prüfung mitbringen:

– weiche Bleistifte
– Radiergummi
– Anspitzer

1 Lesen Teil 1

Hier müssen Sie für fünf Personen je eine Stellenanzeige finden. Sie bekommen acht Stellenanzeigen.

Lesen Sie die Information zu der Person und die Anzeigen a und b. Welche Anzeige passt? Wählen Sie aus und begründen Sie Ihre Auswahl.

Marina Stepanikowa sucht einen Halbtagsjob für nachmittags und besitzt keinen Führerschein.

a **Pizzalieferant** (m/w/d)
Wir suchen für die mittlere Schicht (13:00 bis 17:00 Uhr) einen zuverlässigen Pizzalieferanten im Norden von Hamburg. Ein Wagen mit Navigationssystem und Freisprechanlage ist vorhanden.

mehr ...

b **Kassierer** (m/w/d) in Supermarktfiliale
Möchten Sie unser Team verstärken? Wir brauchen Kassierer in Teilzeit, Arbeitszeit frei wählbar. Erfahrung an der Kasse wünschenswert, aber keine Bedingung.

mehr ...

2 Lesen Teil 2

Im zweiten Teil müssen Sie vier Aufgaben zu einem Text über Weiterbildung lösen.

Lesen Sie einen Teil des Textes. Welche Antwort a, b oder c passt am besten? Wählen Sie aus und begründen Sie Ihre Auswahl.

Werden Sie Ersthelfer (m/w/d) in Ihrem Betrieb
Jede Abteilung im Betrieb braucht einen Ersthelfer, das ist gesetzlich vorgeschrieben. Der Ersthelfer ist für die Sicherheit der Kolleginnen und Kollegen mitverantwortlich und eine wichtige Person im Team.

Um in Ihrem Betrieb Ersthelfer zu werden, brauchen Sie einen sogenannten Erste-Hilfe-Schein, den Sie bei uns durch eine eintägige Schulung erhalten können. Diese Grundausbildung muss alle zwei Jahre aufgefrischt werden ...

Der Erste-Hilfe-Schein
a ☐ ist unbegrenzt gültig.
b ☐ ist für alle Mitarbeiter gesetzlich vorgeschrieben.
c ☐ ist für einen Ersthelfer Pflicht.

3 Lesen Teil 3

Im dritten Teil müssen Sie zwei Texte lesen und zu jedem Text jeweils zwei Fragen beantworten.

Lesen Sie einen Teil eines Textes. Welche Antwort a oder b passt am besten? Wählen Sie aus und begründen Sie Ihre Auswahl.

Arbeitskleidung
Die Mitarbeitenden erhalten für den Einsatz in unserem Schnellrestaurant folgende Kleidungs-stücke vom Betrieb: jeweils zwei graue Hosen, langärmlige Hemden und kurzärmlige Poloshirts für den Verkauf sowie graue Schürzen und Haarnetze für die Küche. Reinigung und Pflege der Arbeitskleidung übernehmen die Mitarbeitenden. Bitte achten Sie darauf, dass Sie sich für die Arbeit im Betrieb rutschfeste Schuhe in einer neutralen Farbe besorgen …

Die Mitarbeitenden

a ☐ müssen ihre Kleidung selbst waschen.

b ☐ bekommen Schuhe vom Betrieb.

4 Lesen Teil 4

Im vierten Teil müssen Sie zu fünf kurzen Texten je eine richtig/falsch-Frage beantworten.

Lesen Sie den Text und die Aufgabe. Ist die Aussage richtig oder falsch? Wählen Sie aus und begründen Sie Ihre Antwort.

Hallo Tom,
ich hoffe, dein Urlaub war schön. Eine Sache, bevor du am Montag wieder in den Laden kommst: Die Klimaanlage ist defekt, und der Techniker kommt erst am Mittwoch. Es kann hier sehr warm werden.
Bis Montag und viele Grüße
Linda

Tom muss mindestens zwei Tage ohne Klimaanlage arbeiten. ☐ ☐

 TIPP

Setzen Sie unterschiedliche Lesestrategien ein.
Unterschiedliche Lesestrategien sparen Zeit. Markieren Sie in **Teil 1** Schlüsselwörter. Sehen Sie sich in **Teil 2 und 3** zuerst die Fragen an und suchen die Details dann im Text. Überfliegen Sie in **Teil 4** den Text, ohne auf Details zu achten. Oft können Sie schon sagen, ob die Aussage richtig oder falsch ist.

 Sie haben für den Prüfungsteil Lesen 40 Minuten Zeit.

5 Lesen und Schreiben

> Im Teil Lesen und Schreiben müssen Sie zu einer E-Mail von einem Kunden zwei Fragen beantworten und danach an den Kunden schreiben.

a Lesen Sie die E-Mail und entscheiden Sie, welche Antwort (a oder b) besser passt. Begründen Sie Ihre Antwort.

Ihre Firma erhält eine Nachricht von einem Kunden.

Gesendet: gestern, 20:13 Uhr
Von: ella.fuchs@online.de
An: info@fitnessclub25.de
Betreff: Schmutzige Umkleiden und Duschen

Sehr geehrte Damen und Herren,

seit vielen Jahren bin ich Mitglied in Ihrem Fitnessclub und habe mich bisher auch immer sehr wohl bei Ihnen gefühlt. Doch in den letzten Wochen war ich mit Ihren Leistungen nicht mehr zufrieden. Andere Mitglieder haben mir das auch so gesagt und denken über eine Kündigung ihrer Mitgliedschaft nach.

Die Umkleideräume und Duschen sind im Moment in einem schlechten Zustand. Schmutz auf dem Boden, manchmal nur kaltes Wasser, und die Toiletten werden nicht regelmäßig geputzt.

Vielen Besuchern ist es unangenehm, die Umkleideräume und Duschen zu benutzen. Gespräche an der Rezeption haben bisher nicht geholfen. Vielleicht können Sie mir die Situation erklären.

Mit freundlichen Grüßen

Ella Fuchs

> Notizen für die Antwort an Frau Fuchs:
> – Gründe für Probleme
> – Problemlösung

Frau Fuchs

a ☐ war bis vor ein paar Wochen mit dem Fitnessclub zufrieden.

b ☐ kündigt ihre Mitgliedschaft.

b Schreiben Sie eine E-Mail an die Kundin. Schreiben Sie etwas zu den beiden Punkten auf dem Notizzettel. Zeigen Sie, was Sie können. Schreiben Sie möglichst viel. Schreiben Sie zu jedem Punkt mindestens zwei Sätze. Vergessen Sie nicht die Anrede und den Gruß.

> **TIPP**
>
> **Machen Sie sich mit der Textsorte E-Mail vertraut.**
> Beschäftigen Sie sich vor der Prüfung damit, wie solche E-Mails aufgebaut sind. Lernen Sie typische Wörter und Wendungen. Lernen Sie aber keine kompletten Musterbriefe auswendig; die Bewertenden merken, wenn ein Text auswendig gelernt ist.

 Sie haben für den Prüfungsteil Lesen und Schreiben 20 Minuten Zeit.

6 Hören Teil 1

Sie müssen zu vier kurzen Gesprächen je zwei Aufgaben lösen: erstens entscheiden, ob eine Aussage dazu richtig oder falsch ist und zweitens aus zwei Möglichkeiten (a oder b) eine richtige Antwort auswählen. Sie hören die Gespräche einmal.

Ist die Aussage richtig oder falsch und welche Antwort (a oder b) passt am besten?   51 ((▶

              ✓ ✗

1   Die Bewerberin ist zu spät zum Vorstellungsgespräch gekommen. ☐ ☐

2 Die Bewerberin

    a ☐ arbeitet schon lange als Friseurin.

    b ☐ kann erst im September anfangen.

7 Hören Teil 2

Sie hören drei Aussagen zu einem Thema und müssen zwei davon einen Satz zuordnen. Die erste Aussage ist ein Beispiel. Sie hören die Aussagen einmal.

Hören Sie eine Beispielaussage und wählen Sie den passenden Satz aus.   52 ((▶

a ☐ Ich möchte nur meine Ausbildung machen und dann im gleichen Beruf arbeiten.

b ☐ Ich bin sicher, dass man sich immer weiterbilden muss.

8 Hören Teil 3

In Teil 3 hören Sie zwei Gespräche. Zu jedem Gespräch gibt es zwei Aufgaben. Die Antwort wählen Sie aus Möglichkeit a und b aus. Sie hören die Gespräche einmal.

Hören Sie ein Beispielgespräch und wählen Sie die richtige Antwort aus.   53 ((▶

1 Der Kunde

    a ☐ findet den Pullover doch nicht so schön.

    b ☐ hat eine Allergie gegen den Stoff.

2 Der Kunde

    a ☐ bekommt einen Gutschein für den Pullover.

    b ☐ bekommt sein Geld zurück.

💡 TIPP

Markieren Sie Lösungen nicht vorschnell

Hören Sie immer bis zum Ende zu, bevor Sie eine Antwort auswählen. Seien Sie vorsichtig, wenn Sie ein Stichwort hören, das genauso in einer der Antwortoptionen vorkommt. Viele Teilnehmende kreuzen automatisch diese Option an und liegen oft falsch damit. In der richtigen Antwort wird häufig eine andere Formulierung verwendet als im Hörtext!

9 Hören Teil 4

> Sie hören fünf telefonische Mitteilungen. Zu jeder Mitteilung gibt es eine Aufgabe. Die Antwort wählen Sie aus den Möglichkeiten a, b oder c aus. Sie hören die Mitteilungen einmal.

 54 Hören Sie eine Beispielmitteilung und wählen Sie die richtige Antwort aus.

Matthias Michels

a ☐ kommt später vorbei.

b ☐ braucht neue Handschuhe.

c ☐ ist schon auf der Baustelle.

 Sie haben für den Prüfungsteil Hören 20 Minuten Zeit.

10 Hören und Schreiben

> Sie hören eine telefonische Mitteilung zweimal. Dazu müssen Sie zwei Aufgaben lösen: Sie sollen aus zwei Möglichkeiten eine richtige Antwort auswählen. Außerdem sollen Sie wichtige Informationen notieren, z. B. den Namen der Anruferin / des Anrufers, der buchstabiert wird.

 55 **a** Grund für den Anruf. Wählen Sie die richtige Antwort (a oder b) aus.

a ☐ Anfrage   b ☐ Bestellung

 55 **b** Notizen schreiben. Schreiben Sie Name, Firma, Telefonnummer und drei weitere Informationen auf.

Name: ....

Firma: ....

Kontakt: ....

Weitere Informationen: ....

....

....

💡 **TIPP**

Nutzen Sie die Zeit gut.

Sie hören den Text zweimal. Werden Sie nicht nervös, wenn Sie beim ersten Mal nicht alles mitschreiben können. Notieren Sie erst mal die Informationen, die Sie verstanden haben, und die restlichen beim zweiten Hören. Am Ende haben Sie eine Minute Zeit, um Ihre Notizen zu ergänzen.

 Sie haben für Hören und Schreiben 5 Minuten Zeit.

11 Sprachbausteine und Schreiben

> Im Prüfungsteil Sprachbausteine erhalten Sie eine E-Mail mit Lücken. Sie müssen bei sechs Lücken jeweils den passenden Ausdruck auswählen.

a Welcher Ausdruck (a, b oder c) passt am besten in die Lücke? Wählen Sie aus.

Es tut mir sehr leid, dass ich unseren Termin am kommenden Donnerstag so kurzfristig .... muss.

a ☐ annehmen   b ☐ absagen   c ☐ vorstellen

b Lesen Sie die Aufgabe und überlegen Sie, was Sie hier antworten können. Schreiben Sie eine Kurznachricht an Ihren Kollegen.

> Im Teil Schreiben müssen Sie einem befreundeten Kollegen auf eine Kurznachricht antworten.

Kannst du am Freitag nach der Arbeit mit mir das Lager aufräumen?

Nein, das geht nicht.

Wirklich? Warum? Ist dringend!

💡 TIPP

Denken Sie daran: Sie sind mit dem Kollegen befreundet und Sie schreiben eine Kurznachricht. Sie brauchen nur wenig informellen Text. Wichtig: Reagieren Sie auf die Frage / n des Kollegen.

 Sie haben für den Prüfungsteil Sprachbausteine und Schreiben 10 Minuten Zeit.

12 Sprechen Teil 1

Wählen Sie ein Thema aus und sprechen Sie circa zwei Minuten darüber. Danach stellt Ihnen die Prüferin oder der Prüfer Fragen dazu. Zeigen Sie, was Sie können.

> Im ersten Teil der Prüfung müssen Sie circa zwei Minuten über ein berufliches Thema sprechen, z. B. über einen Arbeitgeber, einen bestimmten Beruf. Es gibt insgesamt sechs Themen, aber in der Prüfung bekommen Sie nur zwei davon zur Auswahl. Nachdem Sie Ihr Thema präsentiert haben, stellen die Prüfenden Ihnen Fragen dazu.

- Stellen Sie Ihre berufliche Entwicklung vor (z. B. Stationen in Ihrem Berufsleben, was haben Sie dort gelernt, wichtige berufliche Entscheidungen, Gründe dafür).
- Erzählen Sie von einem Produkt, das Sie vor Kurzem gekauft haben (z. B. Funktion, Aussehen, Material, Größe, Preis, was Ihnen daran gefällt).

💡 TIPP

Keine Angst vor Fragen

Es ist nicht schlimm, wenn Sie eine Prüferfrage nicht verstanden haben. Fragen Sie nach und zeigen Sie, dass Sie das Gespräch weiterführen wollen.

13 Sprechen Teil 2

In diesem Teil sprechen Sie mit Ihrer Partnerin / Ihrem Partner circa drei Minuten über berufliche Themen. Sie erzählen z. B., was Sie nach der Arbeit machen oder ob Sie Arbeitskleidung tragen müssen. Sie können auch noch über ein eigenes Thema sprechen.

Sprechen Sie mit Ihrer Gesprächspartnerin oder Ihrem Gesprächspartner über die Themen. Stellen Sie Fragen und antworten Sie.
Überlegen Sie, über welches Thema Sie auch noch sprechen können.

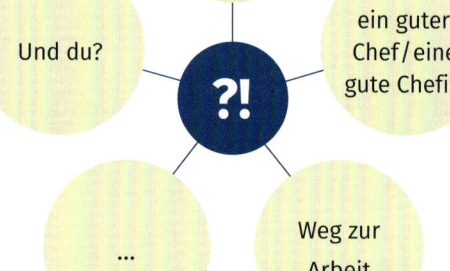

TIPP

Schaffen Sie eine natürliche Gesprächssituation
Führen Sie ein lockeres Gespräch unter Kollegen. Zeigen Sie Interesse an dem, was der oder die andere sagt. Äußern Sie auch eigene Fragen an den oder die anderen.

14 Sprechen Teil 3

Hier müssen Sie zusammen mit Ihrer Partnerin / Ihrem Partner in circa fünf Minuten etwas planen. Sie bekommen dazu ein paar Stichpunkte, die Ihnen helfen sollen.

Situation: Ein Kollege geht bald in Rente und Sie möchten zusammen seinen Abschied organisieren.

Sprechen Sie mit Ihrer Partnerin oder Ihrem Partner über die Einzelheiten. Machen Sie Vorschläge und begründen Sie Ihre Vorschläge. Gehen Sie auf die Ideen Ihrer Partnerin oder Ihres Partners ein.
Einigen Sie sich.
Diese Stichpunkte helfen Ihnen:

Termin

Essen / Getränke
_____

Abschiedsgeschenk
_____

Wen einladen?
_____

 ...

TIPP

Vorschläge und Reaktionen üben
Üben Sie im Unterricht Vorschläge und Reaktionen mit einem Partner / einer Partnerin. In der Prüfung ist es wichtiger, dass Sie diese gut ausdrücken können. Nicht so wichtig ist, welche Vorschläge Sie machen bzw. wie gut Ihre Ideen sind.

TIPP

Spielen Sie die Prüfungssituation für alle Teile durch.
Vielen Teilnehmenden hilft es, vor der Prüfung eine Lerngruppe zu bilden und die Aufgaben der mündlichen Prüfung mehrmals durchzuspielen. Das gibt Sicherheit.

 Die mündliche Prüfung dauert circa 16 Minuten.

Viel Erfolg bei der Prüfung!

1 Wörter raten

Schreiben Sie viele Wörter aus Lektion 11 auf Kärtchen. Bilden Sie zwei Teams. Je eine Person kommt nach vorn, zieht eine Karte mit einem Wort und hat drei Minuten, um das Wort für ihr Team zu beschreiben. Kann die Gruppe den Begriff in der Zeit nicht erraten, bekommt die andere Gruppe einen Punkt. Die Teams spielen abwechselnd und das Team mit den meisten Punkten gewinnt.

2 Wortpaare finden

Was passt? Verbinden Sie.

1	Elterngeld	a	bestätigen
2	sich arbeitssuchend	b	sein
3	den Eingang der Kündigung	c	erziehen
4	die Aufgaben zur vollsten Zufriedenheit	d	melden
5	als Fahrer tätig	e	beantragen
6	ein Kind	f	erfüllen

3 Ich kündige!

a Suchen Sie sich eine Partnerin / einen Partner. Eine Person spielt die Chefin / den Chef, die andere die Mitarbeiterin / den Mitarbeiter. Spielen Sie einen Dialog und benutzen Sie die Redemittel. Die Stichpunkte helfen Ihnen.

Person A

Sie sind die Mitarbeiterin / der Mitarbeiter und halten es in Ihrem Job nicht mehr aus. Sie sind mit allem nur noch unzufrieden. Deshalb sprechen Sie heute mit Ihrer Chefin / Ihrem Chef, um zu kündigen.

Person B

Sie sind die Chefin / der Chef und sind unzufrieden mit der Mitarbeiterin / dem Mitarbeiter. Sie haben sie / ihn schon mehrmals abgemahnt, nun gab es wieder Probleme und Sie wollen sie / ihn im gleichen Gespräch entlassen.

REDEMITTEL

Kündigen

Ich muss Ihnen leider sagen, dass …

Ich bin sehr unzufrieden mit …

Ich kündige!

Ich kündige hiermit fristgerecht zum …

Ich muss Ihnen leider kündigen.

Ich muss Sie leider entlassen.

Ich danke Ihnen trotzdem für …

Ich wünsche Ihnen für die Zukunft alles Gute.

– das Arbeitszeugnis
– das Betriebsklima
– die Arbeitszeiten
– der Urlaubsanspruch
– die Bestellung
– die Kollegen
– das Gehalt
– der Personalraum
– die Beschwerden
– die Abmahnung
– die Auftragslage

b Was ist besser für die Arbeitnehmerin / den Arbeitnehmer: selbst kündigen oder gekündigt werden? Wann und wie bekommt man in Deutschland Arbeitslosengeld? Diskutieren Sie in Kleingruppen.

Ich denke …

Das sehe ich nicht so, weil …

Ich bin der Ansicht / Meinung, dass …

4 Prüfungsaufgaben verstehen

Ordnen Sie die Anweisungen aus dem *Deutsch-Test für den Beruf* den Symbolen zu.

1 ☐   2 ☐   3 ☐   4 ☐   5 ☐

a Einigen Sie sich.
b Markieren Sie Ihre Lösungen auf dem Antwortbogen.
c Lesen Sie die Texte.
d Wählen Sie ein Thema aus.
e Erzählen Sie von einem Produkt.
f Notieren Sie die Informationen.

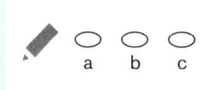

6 ☐

5 Was soll das bedeuten?

a Ergänzen Sie die Lücken mit den Buchstaben in den Klammern.

1 S____ h__ren j_de M__tt__il__ng e__nm__l. (a – e – e – e – i – i – i – ö – u)
2 Ze__g__n S__e, w__s S____ k__nn____n. (a – e – e – e – i – i – i – ö)
3 W__hlen S____ e__n Th__ma ____s. (a – ä – e – e – i – i – u)
4 ____n__g__n S____ s__ch. (e – e – e – i – i – i – i)

b Was bedeuten diese Sätze aus dem *Deutsch-Test für den Beruf?* Aus welchem Prüfungsteil sind sie? Sprechen Sie mit einer Partnerin / einem Partner.

6 In der Prüfung rennt die Zeit.

Suchen Sie sich eine Partnerin / einen Partner. Wählen Sie beide aus den Lektionen 11 und 12 Nomen. Malen Sie nun für jeden Buchstaben des Wortes einen Strich. Ihre Partnerin / Ihr Partner rät Buchstaben aus dem Wort. Tragen Sie jeden richtigen Buchstaben auf dem passenden Strich ein. Für jeden falschen Buchstaben malen Sie einen Strich einer Uhr. Beginnen Sie mit dem Kreis, malen Sie dann die Stundenanzeigen und zum Schluss die Zeiger. Wenn es 12 Uhr ist, ist die Prüfung vorbei und das Spiel verloren.

Beispiel:
____ __R__ __A__ H R __ __H__ ____

E

Leider falsch. Ich zeichne 2 Uhr ein.

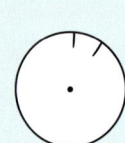

Lösung: Kurznachricht

7 Das ist der befreundete Kollege.

a Bilden Sie zwei Gruppen. Gruppe 1 notiert Nomen aus Lektion 11 (*das Arbeitszeugnis, die Kaffeepause, der Kollege usw.*). auf Kärtchen, Gruppe 2 notiert Verben im Partizip II (*abgeschlossen, geöffnet, vereinbart usw.*). Legen Sie die Karten auf zwei Stapel.

b Jede Person in Gruppe 1 zieht zwei Karten von dem Stapel mit Partizipien. Jede Person aus Gruppe 2 zieht eine Karte von einem Stapel mit Nomen. Gehen Sie nun durch den Raum und suchen Sie sich eine Person aus der anderen Gruppe. Die Person mit den Partizipien sucht sich eine Karte aus und bildet einen Satz mit: *Das ist ...* Danach bildet die Partnerin / der Partner den Satz mit der anderen Wortkombination. Suchen Sie dann eine neue Partnerin / einen neuen Partner.

die Kaffeepause	geöffnet	vereinbart

Das ist die vereinbarte Kaffeepause.

Das ist die geöffnete Kaffeepause.

c *Die geöffnete Kaffeepause?* Welche anderen Kombinationen waren während des Spiels noch seltsam oder lustig? Warum passen Sie nicht gut zusammen? Sprechen Sie im Plenum.

8 Bingo

a Bilden Sie Kleingruppen. Bereiten Sie für jede Person in der Gruppe eine andere Bingokarte mit neun Adjektiven vor. Schreiben Sie dann alle Adjektive auf Kärtchen. Mischen Sie die Kärtchen und legen Sie sie in die Mitte.

b Ziehen Sie nun nacheinander ein Kärtchen. Wer dieses Adjektiv auf seiner Bingokarte hat und alle drei Formen des Adjektivs richtig sagen kann, darf es durchstreichen. Wer zuerst drei Felder in einer Reihe oder diagonal durchgestrichen hat, ruft laut „Bingo!" und hat gewonnen.

~~schön~~	gut	neu
hilfsbereit	~~lustig~~	alt
anstrengend	schnell	~~unhöflich~~

Ich habe „schön"! Die Formen sind „schön, schöner, am schönsten".

Okay, richtig. Du kannst „schön" durchstreichen.

9 Der beste Radiergummi der Welt

Arbeiten Sie in Kleingruppen. Einigen Sie sich zuerst auf einen Gegenstand im Raum. Schreiben Sie dann gemeinsam einen Werbetext und verwenden Sie möglichst viele gesteigerte Adjektive. Stellen Sie Ihren Gegenstand dann im Plenum vor.

Wir präsentieren euch heute den <u>besten</u> Radiergummi der Welt. Er ist der <u>schönste</u>, <u>praktischste</u> und <u>günstigste</u> Radiergummi auf dem Markt. Ihr werdet keinen <u>besseren</u> Radiergummi finden!

10 Sprachbausteine

Lesen Sie den folgenden Text. Welcher Ausdruck (a, b oder c) passt am besten in die Lücken?
Kreuzen Sie an.

Betreff: Gutschein wegen Reklamation

1 Sehr geehrter Herr Kader,

ich bedanke mich dafür, dass Sie meine Beschwerde von letzter Woche ....1........ genommen haben. ....2........, uns eine neue Gemüsekiste zu liefern, hat mir sehr gefallen. Dann haben Sie uns zusätzlich zur Lieferung noch einen Gutschein ....3........

5 15,00 Euro ausgestellt. Das ist sehr großzügig von Ihnen!

Das gelieferte Obst und Gemüse hatte dieses Mal wieder die ....4........ Qualität und die Ware ist pünktlich bei uns angekommen.

Deshalb möchte ich mich auf diesem Weg ....5........ ganz herzlich für den sehr guten Kundenservice bedanken.

10 Gern möchte ich den Gutschein am ....6........ Samstag bei Ihnen im Geschäft einlösen. Arbeiten Sie selbst am Samstag? Ich würde mich sehr freuen, Sie zu sehen.

Nochmals vielen Dank und herzliche Grüße

Achim Winther

1	a ☐ wirklich	3	a ☐ über	5	a ☐ noch einmal
	b ☐ ehrlich		b ☐ auf		b ☐ nicht mehr
	c ☐ ernst		c ☐ bei		c ☐ immer
2	a ☐ Ihr Vorschlag	4	a ☐ gewonnene	6	a ☐ letzten
	b ☐ Ihre Bitte		b ☐ gewohnte		b ☐ vergangenen
	c ☐ Ihre Bestellung		c ☐ gewöhnte		c ☐ kommenden

11 Laufdiktat

Legen Sie Ihr Buch in die andere Ecke des Raums. Laufen Sie dann dorthin. Merken Sie sich einen Satz und laufen Sie zurück zu Ihrem Heft. Schreiben Sie den Satz dann auf. Wenn Sie sich den Satz nicht komplett merken können, laufen Sie noch mal zum Buch.

Hamzas Kündigung

1 Hamza ist geschockt von der gestern erhaltenen Kündigung.
2 Der Grund für die betriebsbedingte Kündigung war die gesunkene Auftragslage.
3 Dazu kamen die gestiegenen Kosten für Materialien.
4 Sein Chef hat die Kündigung sehr bedauert.
5 Er hat Hamza sofort ein qualifiziertes Arbeitszeugnis gegeben.
6 Heute ist Hamza traurig und findet, er hätte ein besseres Zeugnis verdient.
7 Heute will er sich bei der Agentur für Arbeit arbeitssuchend melden.
8 Er hätte auch gern ein höheres Gehalt.
9 Am liebsten würde er in der bekanntesten Firma in seiner Branche anfangen.
10 Er beschließt, die beste Bewerbungsmappe fertigzumachen, die er je gemacht hat.

12 Lesen und Schreiben: Beschwerdemanagement

a Ihre Firma erhält eine Nachricht von einer Kundin. Welche Lösung (a oder b) passt am besten? Kreuzen Sie an.

Gesendet: gestern, 10:30 Uhr
Von: Melanie Richter
An: service@renovierung-stortz.de
Betreff: Problem mit Renovierung unseres Badezimmers

1   Sehr geehrte Damen und Herren,

ich muss Ihnen leider mitteilen, dass ich mit der Renovierung unseres Badezimmers (Auftrag vom 07.03.20…) überhaupt nicht zufrieden bin.

Ihre beiden Mitarbeiter sind wie vereinbart am vergangenen Montag gekommen und
5   haben die ganze Woche an dem Badezimmer gearbeitet. Heute sind sie fertig geworden und wollten von mir eine Bestätigung, dass alles in Ordnung ist. Doch unter dem Waschbecken fehlen vier Fliesen und der Wasserhahn tropft.

Außerdem haben Ihre Mitarbeiter im Badezimmer geraucht, man riecht es in der ganzen Wohnung.

10   Bitte kümmern Sie sich darum, dass diese Probleme so schnell wie möglich gelöst werden.

Mit freundlichen Grüßen

Melanie Richter

1   Die Fliesen im Bad

    a   ☐ sind in Ordnung.

    b   ☐ sind nicht komplett.

2   Frau Richter

    a   ☐ bestätigt, dass alles in Ordnung ist.

    b   ☐ beschwert sich.

b Schreiben Sie eine E-Mail an die Kundin. Schreiben Sie etwas zu den beiden Punkten auf dem Notizzettel. Zeigen Sie, was Sie können. Schreiben Sie möglichst viel. Schreiben Sie zu jedem Punkt mindestens zwei Sätze. Vergessen Sie nicht die Anrede und den Gruß.

Notizen für die Antwort
an Frau Richter:

– Gründe für Probleme

– Problemlösung

13 Hören: Gespräche auf der Arbeit

🔊 56 Sie hören zwei Gespräche. Zu jedem Gespräch gibt es zwei Aufgaben. Ist die Aussage richtig oder falsch und welche Antwort (a oder b) passt am besten? Kreuzen Sie an. Sie hören die Gespräche einmal.

Gespräch 1

✓ ✗

1 Die Chefin kritisiert Luqman. ☐ ☐

2 Luqman
   a ☐ ist immer sehr freundlich zu den Kunden.
   b ☐ ist in letzter Zeit oft zu spät zur Arbeit gekommen.

Gespräch 2

✓ ✗

3 Der Kollege zeigt Iryna ihren neuen Arbeitsplatz. ☐ ☐

4 Iryna
   a ☐ hat ihre Arbeitskleidung schon abgeholt.
   b ☐ weiß nicht, wo die Kleiderkammer ist.

14 Sprechen: Kommunikation mit Kolleginnen und Kollegen

a Sprechen Sie mit Ihrer Gesprächspartnerin / Ihrem Gesprächspartner. Stellen Sie Fragen und antworten Sie.

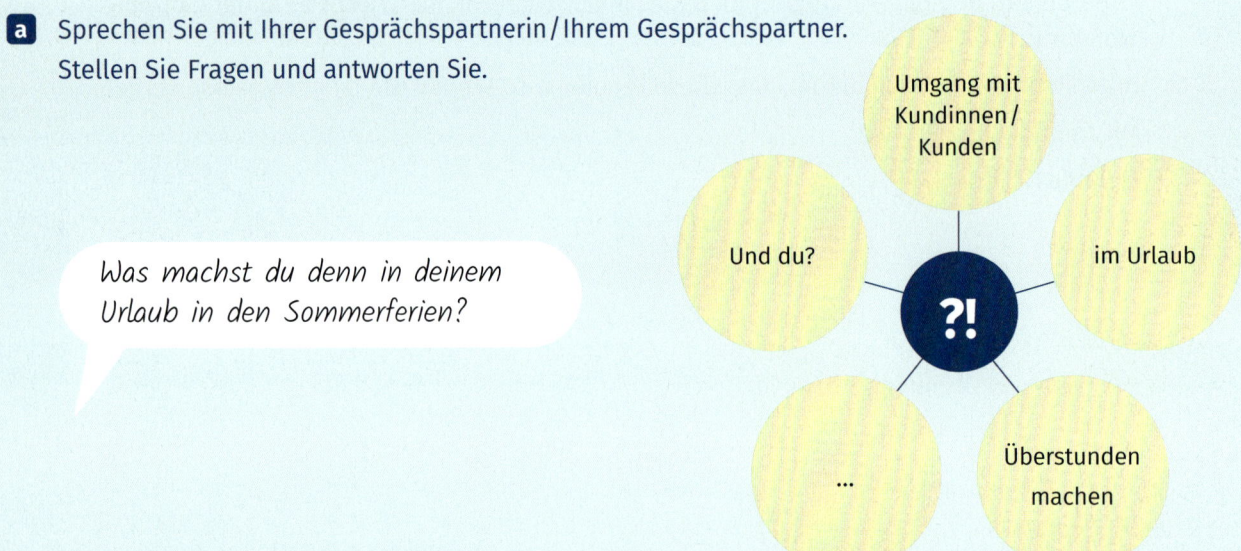

Was machst du denn in deinem Urlaub in den Sommerferien?

Umgang mit Kundinnen / Kunden

im Urlaub

Und du?

?!

Überstunden machen

...

b Sie arbeiten zusammen in einer Firma. Sie möchten ein kleines Geschenk für eine Kollegin besorgen, die in Mutterschutz geht. Sprechen Sie mit Ihrer Partnerin / Ihrem Partner über die Einzelheiten. Machen Sie Vorschläge und begründen Sie Ihre Vorschläge. Gehen Sie auf die Ideen Ihrer Partnerin / Ihres Partners ein. Einigen Sie sich. Diese Stichpunkte helfen Ihnen.

Welches Geschenk?
_____

Geld von den Kolleginnen und Kollegen sammeln
_____

Wann besorgen?
_____

Übergabe
_____

...

Arbeitsbuch

Im Arbeitsbuch finden Sie

- ein separates Aussprachetraining, mit dem Sie Ihre Aussprache gezielt verbessern können

- vertiefende Übungen zu allen elf Lektionen im Kursbuch, die Sie im Unterricht oder zu Hause machen können

- den Lernwortschatz jeder Lektion zusammengefasst, mit viel Platz zum Bearbeiten

- Lernzielkontrollen nach jeder Lektion, mit denen Sie selbst einschätzen können, wie gut Sie das Gelernte beherrschen

1 W-Fragen

a Lesen Sie die W-Fragewörter laut vor. Achten Sie dabei auf die Aussprache von *w*.

> warum | wie | wofür | woher | was | wovon | welcher

🔊 57 **b** Setzen Sie die Fragewörter aus 1a ein und hören Sie zur Kontrolle.

1 _____ kommt Daja?

2 _____ interessierst du dich?

3 _____ viele Kinder hat er?

4 _____ macht Tom beruflich?

5 _____ sprichst du?

6 Aus _____ Stadt kommst du?

7 _____ kommst du zu spät zum Deutschkurs?

🔊 58 **c** Hören Sie noch einmal und sprechen Sie nach.

d Stellen Sie Ihrer Partnerin / Ihrem Partner Fragen wie in 1b. Sie / er beantwortet die Fragen.

> *Was machst du beruflich?*

2 Satzakzent und Satzmelodie

🔊 59 **a** Hören Sie die Beispiele und achten Sie dabei auf den Satzakzent. Welches Wort wird besonders laut und deutlich gesprochen? Unterstreichen Sie.

1 Wie heißen Sie?   W-Frage, ohne besondere Betonung

2 Wie heißen Sie?   Nachfrage (wenn man etwas nicht verstanden hat oder nicht glauben kann / will)

3 Wie heißen Sie?   Man fragt mehrere Personen nacheinander.

> **REGEL**
>
> In W-Fragen wird normalerweise das Verb betont. Der Sprecher kann aber auch die Information betonen, die für ihn die wichtigste ist.

🔊 59 **b** Geht der Sprecher mit der Stimme am Ende nach oben oder nach unten? Hören Sie noch einmal und achten Sie nun auf die Satzmelodie. Schreiben Sie zu den Sätzen in 2a die Satzmelodie mit ↗ oder ↘.

🔊 60 **c** Was hören Sie? Eine Aussage oder eine Nachfrage? Kreuzen Sie an.

> **REGEL**
>
> Bei Aussagesätzen liegt der Satzakzent normalerweise auf dem letzten Wort.
> Die Satzmelodie geht nach unten.   *Er wohnt in Köln.* ↘
>
> Aussagesätze können auch als Nachfrage dienen.
> Dann geht die Satzmelodie nach oben.   *Er wohnt in Köln?* ↗

1 a ☐ Ihr Name ist Heller.
   b ☐ Ihr Name ist Heller?

2 a ☐ Sie kommt aus Frankfurt.
   b ☐ Sie kommt aus Frankfurt?

3 a ☐ Er arbeitet bei der Firma Wiesenmüller.
   b ☐ Er arbeitet bei der Firma Wiesenmüller?

4 a ☐ Alexander arbeitet als Lagerhelfer.
   b ☐ Alexander arbeitet als Lagerhelfer?

5 a ☐ Er hat einen Termin in der Personal-
         abteilung.
   b ☐ Er hat einen Termin in der Personal-
         abteilung?

6 a ☐ Wir haben nächste Woche einen
         Auftrag in Leipzig.
   b ☐ Wir haben nächste Woche einen
         Auftrag in Leipzig?

d Hören Sie jetzt alle Aussagen und Fragen aus 2c und sprechen Sie nach. 61 ((▶
Markieren Sie in 2c Satzakzent und Satzmelodie.

e Führen Sie ein Interview mit einer Partnerin / einem Partner. Achten Sie bei den Fragen und Antworten
auf die richtige Satzmelodie. Stellen Sie Nachfragen.

> Wie viele Kinder hast du?

> Ich habe fünf Kinder.

> WIE VIELE Kinder hast du?!

> Du hast FÜNF Kinder?!

3   Lange und kurze Vokale unterscheiden

a Lesen Sie die Wörter laut. Ist der markierte Vokal lang oder kurz? Markieren Sie: lang = a̲   kurz = ạ.

1 Mu̱tter
2 O̱nkel
3 Bru̱der

4 So̱hn
5 To̱chter
6 Ne̱ffe

7 Ta̱nte
8 Gro̱ßmutter
9 Schwie̱gervater

10 Schwa̱ger

langer Vokal

kurzer Vokal

b Hören Sie die Wörter und überprüfen Sie, ob Sie richtig markiert haben. 62 ((▶

c Markieren Sie wie in 3a. Hören Sie dann und sprechen Sie nach. 63 ((▶

1 alt   Vater   ein alter Vater
2 ehrlich   Schwester   eine ehrliche Schwester
3 lieb   Schwiegereltern   liebe Schwiegereltern
4 groß   Sohn   ein großer Sohn
5 klug   Mutter   eine kluge Mutter
6 schön   Töchter   schöne Töchter
7 süß   Brüder   süße Brüder
8 ängstlich   Schwägerin   eine ängstliche Schwägerin

4 Verben mit Vokalwechsel

a Konjugieren Sie die Verben.

1 Der Bauarbeiter _trägt_ (tragen) einen Schutzhelm.
2 Hassan .... (lesen) den Vertrag, bevor er ihn unterschreibt.
3 Der Chef .... (geben) dem Mitarbeiter den Vertrag.
4 .... (halten) der Bus am Vogelweg?
5 Karl .... (vergessen) oft seinen Schlüssel.
6 Die Sekretärin .... (lassen) den Chef das Arbeitszeugnis unterschreiben.
7 Türkan .... (fahren) jeden Tag mit dem Fahrrad zur Arbeit.
8 Der Pfleger .... (waschen) sich nach jedem Patientenkontakt die Hände.

🔊 64 **b** Hören Sie die Sätze und korrigieren Sie. Achten Sie besonders auf *a – ä, e – ie, e – i*.

🔊 65 **c** Hören Sie die Sätze noch einmal und sprechen Sie nach.

d Bilden Sie eigene Sätze mit den Verben aus 4a in der *er/sie/es*- und in der *ihr*-Form.

Sie liest ein Buch.   *Ihr lest die Zeitung.*

5 *e, i, ie* oder e*i*?

🔊 66 **a** Hören Sie und ergänzen Sie *e, i, ie* oder *ei*.

1 ...st das ...ne Vollz...t- oder ...ne T...lz...tst...lle?
2 W... v...le M...tarb...ter hat d... F...rma?
3 W... lange dauert d... Probez...t?
4 W... hoch ...st d...r Verd...nst?
5 W...rden Überstunden bezahlt oder g...bt es ...nen Fr...z...tausgl...ch?
6 G...bt es Aufst...gschancen ...n d...r F...rma?
7 Arb...te ...ch all...n oder zusammen m...t anderen P...rsonen?
8 G...bt es Arb...tskl...dung oder Schutzkl...dung?

🔊 66 **b** Hören Sie noch einmal zur Kontrolle und lesen Sie dann laut.

6 Die Umlaute *ö* und *ü*

🔊 67 **a** Ergänzen Sie *konnte* oder *könnte*. Hören Sie dann zur Kontrolle.

1 Ich .... nicht kommen, weil mein Auto in der Werkstatt war.
2 Ich .... letzte Nacht gar nicht gut schlafen.
3 Ich .... dich morgen vertreten, wenn du möchtest.
4 Ich .... den Chef fragen.
5 Ich .... vor fünf Jahren kein Wort Deutsch sprechen.
6 Ich .... dir eine Kopie davon machen, wenn du willst.

🔊 68 **b** Hören Sie noch einmal und sprechen Sie nach.

c Schreiben Sie eigene Beispiele mit *konnte* und *könnte* und lesen Sie sie Ihrer Partnerin / Ihrem Partner vor. Sie / er schreibt, was sie / er hört. Vergleichen Sie am Ende Ihre Sätze.

d Hören Sie und ergänzen Sie *wurde* oder *würde*. 69 ((▶

1 Ich .... gestern von der Personalabteilung angerufen.
2 Nein, darüber .... ich nicht informiert.
3 Ich .... im Juni gern eine Woche Urlaub nehmen.
4 Letzte Woche .... ich vom Betriebsarzt untersucht.
5 Ich .... heute gern eine Stunde früher Feierabend machen.
6 Ich .... gefragt, ob ich am Samstag arbeiten kann.

e Hören Sie die Sätze noch einmal und sprechen Sie nach. 70 ((▶

7 Wortakzentmuster von Nomen

a Ergänzen Sie die Wörter zum Thema „Arbeitssuche" mit den Silben aus dem Kasten. Welche Silbe im Wort wird am lautesten und deutlichsten gesprochen? Markieren Sie den Wortakzent mit einem ●.

~~trag~~ | dienst | laub | bung | nis | fah | bil | beits | ter | wer | dung | beit |
platz | halt | rung

1 Ver *trag*   4 Ge ....   7 Ar ....   9 Er ....
2 Wei ....   5 Ver ....   8 Be ....   10 Ar ....
3 Ur ....   6 Zeug ....

b Hören Sie die Wörter und sortieren Sie sie in die Tabelle in Ihr Heft. 71 ((▶

● ●	● ● ● (●)	● ●	● ● ● (●)
		Vertrag	

c Trennen Sie die Wörter in Silben.

1 Ausbildung   *Aus-bil-dung*   6 Verkäuferin ....
2 Anschreiben   *An-schrei-ben*   7 Tagesmutter ....
3 Führerschein ....   8 Krankenschwester ....
4 Deutschkenntnisse ....   9 Müllwerker ....
5 Lebenslauf ....   10 Reinigungskraft ....

d Hören Sie die Wörter und sortieren Sie sie in die Tabelle in 7b. 72 ((▶

e Sprechen Sie die Wörter und klatschen Sie die Silben mit. Klopfen Sie bei der Akzentsilbe auf den Tisch.

f Formulieren Sie mit jedem Wort aus 7c einen Satz.

Ich mache eine Ausbildung.

8 Wortakzentmuster von Verben

a Schreiben Sie das Akzentmuster der Verben wie im Beispiel.

1	schreiben ● ·	6	bezahlen	11	fragen	
2	abschreiben ● · ·	7	mitnehmen	12	nachfragen	
3	beschreiben · ● ·	8	zugeben	13	absagen	
4	vereinbaren	9	entschuldigen	14	bestellen	
5	erledigen	10	einkaufen	15	empfehlen	

🔊 73 **b** Hören Sie die Verben zur Kontrolle.

c Welche Verben gehören zusammen zu einem Muster und warum? Ergänzen Sie die Regel.

> **REGEL**
>
> ....1............ Verben werden auf dem Präfix betont.
> ....2............ Verben werden auf dem Verbstamm betont.

d Formulieren Sie mit jedem Verb einen Satz.

Ich möchte an der Weiterbildung teilnehmen.

Ich habe einen Termin vereinbart.

9 Sprache entschlüsseln

🔊 74 **a** Hören Sie den Text und lesen Sie mit. Trennen Sie die Wörter durch Schrägstriche (/).

> MEINEAUSBILDUNGIMEINZELHANDELHABEICHVOREINEMJAHR
> ERFOLGREICHABGESCHLOSSENSEITDEMBINICHBEIEINEMGROẞEN
> SUPERMARKTINDRESDENTÄTIGDORTARBEITEICHALSVERKÄUFERIN
> MEINEHAUPTAUFGABEISTDIEBERATUNGVONKUNDENAUẞERDEM
> BINICHZUSTÄNDIGFÜRDIEANNAHMEUNDDIEBESTELLUNGVON
> WARENMEINEARBEITGEFÄLLTMIR,WEILICHGERNKUNDENKONTAKT
> HABEGUTEDEUTSCHKENNTNISSESINDFÜRMEINETÄTIGKEITALS
> VERKÄUFERINWICHTIGDESHALBBESUCHEICHWEITERDEUTSCHKURSE

🔊 74 **b** Hören Sie noch einmal und markieren Sie die Satzgrenzen mit einem Punkt (.).

c Schreiben Sie den Text richtig. Achten Sie auf die Groß- und Kleinschreibung.

d Lesen Sie den Text laut vor.
Achten Sie auf die Punkte am Satzende.

> **REGEL**
>
> Punkt = Pause und Melodie ↘

1   Sich vorstellen 📖 ①

a   Stellen Sie die passenden Fragen in der *du*-Form. ⭐

1	*Wie heißt du?*	Hallo, ich heiße Achim.
2		Ich komme aus Polen.
3		Ich bin 23 Jahre alt.
4		Ich bin seit 2010 in Deutschland.
5		Ich arbeite als Lagerist.
6		Ich gehe zur Schule und verbessere mein Deutsch.
7		In meiner Freizeit schwimme ich gern.
8		Meine Hobbys sind Sport, Musikhören und Reisen.

b   Welche Formulierung ist richtig? Unterstreichen Sie. ⭐⭐

1. Ich bin 2013 **nach / von / aus** Deutschland gekommen.
2. Ich komme **aus / von / ab** Italien.
3. Ich bin **seit / in / für** 2013 in Deutschland.
4. Ich arbeite **als / wie / die** Friseurin.
5. Ich gehe **in / zur / aus** Schule und verbessere mein Deutsch.
6. Ich möchte eine Ausbildung **für / nach / zum** Automechaniker machen.
7. Was machen Sie gern **aus / in / nach** Ihrer Freizeit?

c   Hören Sie den Dialog und ergänzen Sie die Verben. ⭐⭐⭐   75 🔊

▶ Guten Tag! Ich _____1_____ Emil Heller. Ich habe heute meinen ersten Tag hier beim Getränkelieferservice. Ich suche meine Ansprechpartnerin Frau Becker.

▷ Hallo, das bin ich. Da sind Sie bei mir schon genau richtig.

▶ Das _____2_____ mich. Guten Tag, Frau Becker!

▷ Freut mich auch. Schön, dass Sie pünktlich sind. Bevor wir anfangen, _____3_____ Sie mir mal ein bisschen von sich.

▶ Ja, gern. Also, ich _____4_____ Emil Heller und komme aus Hamburg. Ich bin vor zwei Jahren nach Stuttgart _____5_____. Zurzeit mache ich eine Ausbildung als Landschaftsgärtner, aber ich möchte gern nebenher als Lieferant etwas dazuverdienen.

▷ Haben Sie denn schon mal als Lieferant gearbeitet?

▶ Ja, ich habe mal ein halbes Jahr als Pizzakurier gejobbt und konnte etwas Erfahrung mit dem Liefern _____6_____.

▷ Gut, dann _____7_____ Sie sich ja schon ein bisschen _____8_____. Können Sie denn auch schwere Getränkekisten tragen?

▶ Ja, klar. In meiner Freizeit _____9_____ ich Sport und bin wirklich fit.

▷ Super! Dann kommen Sie mal mit, ich zeige Ihnen als Erstes unser Lager.

d   Lesen Sie den Dialog in 1c. Welche Sätze finden Sie hilfreich? Markieren Sie sie und lernen Sie sie auswendig.

2   Familienstammbaum

a   Daja Sabia lernt an ihrem ersten Arbeitstag viele Mitglieder von Familie Meyer kennen.
Hier ist ein Stammbaum von Familie Meyer. Ergänzen Sie aus der Sicht von Dieter Meyer. ⭐

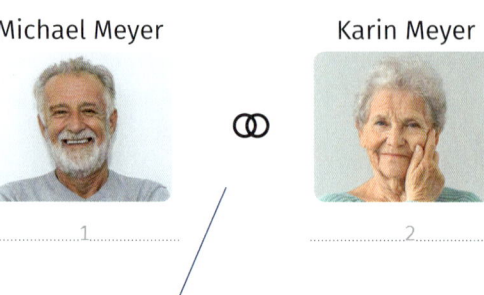

Michael Meyer ....1....

Karin Meyer ....2....

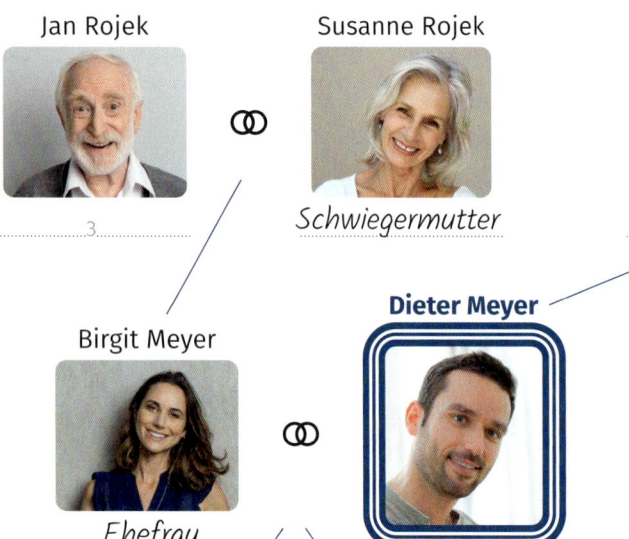

Jan Rojek ....3....

Susanne Rojek *Schwiegermutter*

Hans Meyer *Vater*

Hannelore Meyer ....4....

Birgit Meyer *Ehefrau*

Dieter Meyer

Inga Brinkmann *Schwester*

Georg Brinkmann ....5....

Eva Meyer *Tochter*

Tom Meyer ....6....

Hannah Brinkmann ....7....

Leon Brinkmann *Neffe*

b   Ergänzen Sie. ⭐⭐

1. Der Sohn von meinem Schwager ist mein ....
2. Nach dem Tod von meinem .... hat meine Tante wieder geheiratet.
3. Die kleine Tochter von meinem Bruder ist sehr süß. Ich mag meine ....!
4. Wenn meine .... anruft, telefoniert meine Frau stundenlang. Sie bespricht gern ihre Probleme mit ihrer Mutter.
5. Mein .... Dennis, der Mann meiner Schwester, hat mir einen Job angeboten.

c   Schreiben Sie über Ihre eigene Familie. Beantworten Sie die Fragen in Ihrem Heft. ⭐⭐⭐

1. Wie groß ist Ihre Familie?
2. Haben Sie Geschwister?
3. Sind Sie verheiratet oder haben Sie eine Partnerin / einen Partner?
4. Haben Sie Kinder?
5. Was machen Ihre Eltern?
6. Wo leben Ihre Familienmitglieder?

3 Small Talk

a Was ist der richtige Artikel für diese typischen Small-Talk-Themen? Sortieren Sie die Themen in eine Tabelle in Ihr Heft.

> Wetter | Freizeittipp | Restaurantempfehlung | Familie | Verspätung der Verkehrsmittel |
> Arbeit | Film | Serie | Gesundheit

der	die	das

b Wählen Sie eine der vier Situationen und schreiben Sie einen Small-Talk-Dialog in Ihr Heft.

1. Sie sitzen mit einem Freund im Kino und der Film fängt erst in 10 Minuten an.
2. Sie treffen einen Kollegen am Kaffeeautomaten.
3. Sie treffen Ihren Chef in der U-Bahn.
4. Sie bringen Ihre Kollegin zum Flughafen und stehen im Stau.

c Sprechen Sie mit Ihrer Partnerin / Ihrem Partner.
Stellen Sie Fragen und antworten Sie.

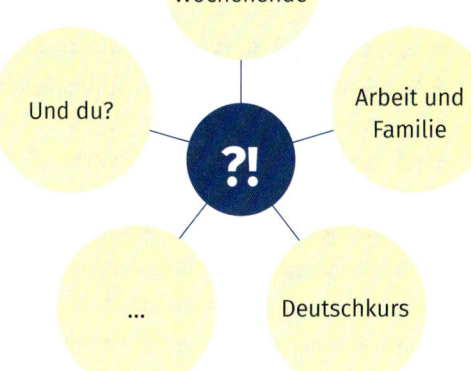

4 Small Talk beim Einkauf

a Was passt? Verbinden Sie zu vollständigen Sätzen.

1. Das meiste Obst und Gemüse kaufen wir morgens frisch auf dem Großmarkt   a   zu.
2. Ich schneide Ihnen mal eine Scheibe   b   an.
3. Wann macht Ihr Geschäft denn morgens   c   ein.
4. Rufen Sie uns für eine Vorbestellung einfach kurz   d   ab.
5. Suchen Sie sich die Pomelo ruhig selbst   e   auf?
6. Bring mir bitte aus dem Lager eine Kiste Tomaten   f   aus.
7. Die Tür des Kühlschranks ist defekt. Bitte drück sie richtig fest   g   mit.

b Wählen Sie fünf trennbare Verben aus dem Kasten aus. Schreiben Sie damit fünf Sätze in Ihr Heft.

> ~~anrufen~~ | abbrechen | ausstellen | mitnehmen | ausdenken | zunehmen | abgeben |
> zurückfahren | einrichten | anfangen | abfahren | aufnehmen | ausmachen | mitkommen |
> mitspielen | einbrechen | ankommen

1 Ich rufe dich also morgen Nachmittag gegen Viertel nach vier an.

5   Trennbar oder untrennbar?   [4] 📖

a   Ergänzen Sie das Partizip II der trennbaren Verben. ⭐

Hanna
Hallo Schatz, ich wollte dir nur schnell Bescheid geben, dass ich schon
_____1_____ **(einkaufen)** habe. Ich habe aber leider die
Einkaufsliste, die du mir _____2_____ **(mitgeben)** hast, verloren.
Brauchst du Möhren oder Sellerie für das Abendessen? Ich habe lange
_____3_____ **(nachdenken)**, aber ich kann mich nicht erinnern!
Ich habe jetzt einfach mal beides _____4_____ **(mitbringen)**.
Ich hoffe, ich habe an alles andere gedacht.

Noch etwas: Du bist heute ja bestimmt vor mir zu Hause. Ich bin mir nicht so sicher,
ob ich heute Morgen die Garage wieder _____5_____ **(abschließen)**
habe. Könntest du vielleicht mal nachsehen? Das macht mich unruhig. Und bitte
kontrollier auch, ob Tina wie _____6_____ **(abmachen)** ihr Zimmer
_____7_____ **(aufräumen)** hat. Danke dir! Ich bin ungefähr in einer
Stunde zu Hause und freue mich schon auf euch!
Kuss, Hanna

b   Schreiben Sie Sätze im Perfekt mit den untrennbaren Verben. ⭐⭐

1   bezahlen   *Er hat gestern alle Rechnungen bezahlt.*
2   bekommen
3   entgegnen
4   sich entspannen
5   erkennen
6   erfinden
7   erzählen
8   verkaufen

c   Bilden Sie Fragesätze im Perfekt mit den Verben aus 5b. ⭐⭐

1   *Hast du schon die Rechnung bezahlt?*   5
2   6
3   7
4   8

d   Welche Verben sind trennbar und welche sind untrennbar? Ergänzen Sie im Präsens. ⭐⭐⭐

1   Herr Miro ___*entfernt*___ die Verpackung von den Äpfeln ___—___ . (entfernen)
2   Sie _____ das Licht _____ , wenn sie abends den Laden verlassen. (ausmachen)
3   Frau Stephan _____ von ihrem Sohn _____ . (erzählen)
4   Heute _____ der Gemüseladen eine Lieferung Zitronen _____ . (bekommen)
5   Die Kundin _____ noch eine Pomelo _____ . (mitnehmen)
6   Im Urlaub _____ ich mich immer gut _____ . (erholen)
7   Das Geschäft _____ Obst und Gemüse _____ . (verkaufen)

6 Lerntipps 📖 5

a Ergänzen Sie die Forumsbeiträge.

gegenseitig | Geduld | Wörtern | merken | Serien | sprechen | Tandempartner | benutzen

---

Habt ihr gute Tipps zum Sprachenlernen? 🏠 Forum Deutschlernen

🐷 **Pinky** Also ich hänge einen Zettel mit fünf neuen _____1_____ an meinen Badezimmerspiegel und lasse ihn da eine Woche lang. Dann habe ich sie so oft beim Zähneputzen gesehen, dass ich sie in- und auswendig kenne. :-D

🐧 **Georg14** So viel wie möglich in der Sprache _____2_____ und lesen!

👳 **Kleopatra** Ich höre immer viel Musik beim Kochen und Putzen oder in der U-Bahn. Da entdecke ich neue Wörter und Strukturen und kann sie mir mit der Musik viel besser _____3_____

👤 **@true_john** Sprachenlernen dauert lange. Nicht die _____4_____ verlieren und sich auch kleine Erfolge bewusst machen! ☺

🐬 **Sarahxxx** Ich mache immer ein Wort zum „Wort des Tages" und versuche es dann möglichst viel zu _____5_____. Plötzlich höre und sehe ich es dann auch viel öfter. ^_^

👦 **Rick1978** _____6_____ sind super! Dann hast du jemanden zum Üben.

🦋 **#MissGlitter#** Ich und eine Freundin fragen uns _____7_____ Vokabeln ab. Das hilft mir sehr.

👤 **Hannes** Filme und _____8_____ in der Sprache gucken!!!

---

b Was tun die Personen, damit sie besser lernen können? Ergänzen Sie die Sätze.

1 Pinky *hängt einen Zettel … an ihren Badezimmerspiegel und lässt ihn da eine Woche.*
2 Georg14
3 Kleopatra
4 @true_john
5 Sarahxxx
6 Rick1978
7 #MissGlitter#
8 Hannes

c Welcher Tipp gefällt Ihnen am besten? Warum? Schreiben Sie.

d Diktat. Hören Sie und schreiben Sie in Ihr Heft. Korrigieren Sie dann mithilfe der Lösungen. 76 🔊

7 Freizeitbeschäftigungen

a Was passt? Verbinden Sie.

1	Musik	a	gehen
2	im Internet	b	spielen
3	Zeitschriften	c	arbeiten
4	E-Mails	d	surfen
5	spazieren	e	schreiben
6	Sport	f	hören
7	im Garten	g	treiben
8	Computerspiele	h	lesen

b Lesen Sie die Texte. Sind die Aussagen richtig oder falsch? Kreuzen Sie an.

Jekaterina Iwanowa

Ich bin seit vielen Jahren Mitarbeiterin bei der Post und treibe in meiner Freizeit sehr gern Sport. Das entspannt mich und ist ein guter Ausgleich zu meiner Arbeit. Vor drei Jahren habe ich Fußball für mich entdeckt. Der Teamsport gibt mir viel Kraft und Energie für den Alltag. Außerdem arbeite ich auch gern in meinem Garten.

Philipp Röhrig

In meiner Freizeit faulenze ich am liebsten. Am Wochenende schlafen ich und meine Freundin erst mal aus und frühstücken dann ganz lange. Abends gucken wir gern Serien oder spielen Computerspiele. Wir treffen uns auch manchmal mit Freunden, aber ich muss gar nicht mehr ständig unter Leuten sein. Ich brauche eher Ruhe, um wieder fit zu werden.

	✓	✗
1 Jekaterina findet Sport sehr anstrengend.	☐	☐
2 Sie arbeitet seit drei Jahren bei der Post.	☐	☐
3 Die Arbeit gibt ihr viel Kraft.	☐	☐
4 Philipp ist in seiner Freizeit sehr aktiv.	☐	☐
5 Er und seine Freundin nehmen sich am Wochenende gern Zeit für das Frühstück.	☐	☐
6 Philipp braucht Ruhe, damit er wieder Kraft bekommt.	☐	☐

c Fassen Sie die Aussagen von Jekaterina und Philipp zusammen. Welches Hobby hat Jekaterina? Was macht Philipp in seiner Freizeit? Warum mögen sie diese Freizeitbeschäftigungen? Schreiben Sie in Ihr Heft.

Lernwortschatz

Branchen und Berufe

das Callcenter
der / die Elektroniker / in

Kennenlernen im Beruf

das Telefonat
in Ruhe sprechen über
jmdn. vorstellen
hier entlang
die Ausbildung
Deutschkenntnisse verbessern

Bilden Sie Sätze mit diesen Wörtern.

Small Talk beim Einkaufen

der Großmarkt
Was darf es denn sein?
Bekommen Sie sonst noch etwas?
Das wär's.
Was macht das?
Grüßen Sie ... von mir.
Kein Wunder!
jmdm. begegnen

Lesen Sie diese Wörter laut.

Gemeinsam lernen

das Lernportal
der Lernstoff
die Vokabel
das Deutschniveau
die Karteikarte
die Unterlagen (Pl.)
die App
das Youtube-Video
digital
sich etw. merken
jmdn. etw. abfragen
sich konzentrieren
eine Lerngruppe bilden
sich die Zeit einteilen
sich etw. einfallen lassen
die Prüfung bestehen
die Daumen drücken

Übersetzen Sie in Ihre Muttersprache.

Freizeit

das Internet nutzen
faulenzen
chillen

Suchen Sie diese Wörter im Kursbuch.

1 Small Talk führen

Lesen Sie den Text. Sind die Aussagen dazu richtig oder falsch? Kreuzen Sie an.

> **1** **Wozu brauchen wir Small Talk?**
>
> Small Talk – das Gespräch über alltägliche Themen – finden viele Menschen unwichtig. Es fällt ihnen schwer, die richtigen Themen zu finden, oder sie möchten sich nicht mit Unbekannten auf einer Party oder in der U-Bahn über Allgemeines austauschen. Doch Small Talk hat wichtige
> **5** Funktionen: Er hilft, das Eis zu brechen und eine Kommunikation positiv zu beginnen. Die Gesprächspartner zeigen Offenheit und können sich langsam kennenlernen. Gleichzeitig sagen sie noch nicht zu viel über sich. Small Talk ist aber auch ein guter Start für ein tieferes Gespräch. Er kann gegenseitige Sympathie erzeugen, weil man Gemeinsamkeiten entdeckt. Deshalb erfüllt er auch bei der Arbeit wichtige Funktionen: Eine Plauderei mit den Kollegen an
> **10** der Kaffeemaschine verbindet, Small Talk mit der Chefin kann für ein besseres Verständnis sorgen und ein nettes Gespräch mit dem Kunden gibt ihm das Gefühl, nicht einfach einer von vielen zu sein.

		✓	✗
1	Einige Menschen denken, Small Talk ist nicht wichtig.	☐	☐
2	Durch Small Talk gibt man viele Informationen über sich.	☐	☐
3	Beim Sprechen über Alltägliches kann man gemeinsame Interessen entdecken.	☐	☐
4	Bei der Arbeit spielt Small Talk keine Rolle.	☐	☐

☺ ☐ 😐 ☐ ☹ ☐

2 Sich vorstellen

🔊 77   Hören Sie den Dialog und ergänzen Sie die Informationen in den Steckbriefen.

Name: **Greta**
Alter: 52
Stadt: ....1........
Beruf: Tanzlehrerin

Name: **Sabine**
Stadt: Bergisch-Gladbach
Hobby: ....4........

Name: **Lama**
Alter: ....8........
Herkunftsland:
........9........
Beruf: Weiterbildung
zur Altenpflegerin

Name: **Michael**
Alter: ....2........
Stadt: Düsseldorf
Beruf: ....3........

Name: ....5........
Stadt: ....6........
Tanzerfahrung: ja oder
nein? ....7........

☺ ☐ 😐 ☐ ☹ ☐

3 Lernstrategien austauschen und anwenden

Schreiben Sie eine E-Mail an Ihren Freund Akim in Ihr Heft. Er ist wegen einer Sprachprüfung aufgeregt. Geben Sie ihm mindestens drei Lerntipps. Vergessen Sie nicht die Anrede und den Gruß.

☺ ☐ 😐 ☐ ☹ ☐

1　Die duale Ausbildung 📖 1

a Was passt? Verbinden Sie.

1　einen Schulabschluss	a　informieren
2　sich über das Ausbildungssystem	b　suchen
3　einen Ausbildungsplatz	c　entscheiden
4　sich für eine Fachrichtung	d　haben
5　im Büro / draußen	e　lernen
6　die Theorie	f　arbeiten

b Lesen Sie das Beratungsgespräch von Daja und Ahmad. Schreiben Sie die Wörter richtig und ergänzen Sie den Text.

1　Sie möchten ein paar grundsätzliche Erklärungen zum deutschen .... (UASLIBDNGUSSSTMYE), richtig? Und Ahmad hat auch schon eine Idee für einen .... (UASLIBDNGUSBRFUE)?

2　Ahmad möchte gern Elektroniker .... (WREEDN) und ich möchte .... (WINSSE), was man dafür braucht und wie diese Ausbildung .... (ALBFÄUT).

3　Als Elektroniker ist man für die Sicherheit von Menschen .... (VRENATWROTLHCI).

4　Ich könnte nicht jeden Tag im Büro .... (ARBIETNE).

5　.............................. (ASUBLIDNGUEN) sind eigentlich immer bezahlt. Bei einem Elektroniker sind das zwischen 755 Euro im ersten und 930 im vierten .... (ASUBLIDNGUSJRAH).

6　Die Ausbildung ist dual. Man sucht sich einen Ausbildungsplatz bei einem .... (BTEREIB) und arbeitet dort. An ein bis zwei Tagen pro Woche lernt man die Theorie an der .... (BERFSUCHSUEL).

c Lesen Sie das Berufsprofil und schreiben Sie die Informationen zu den Stichworten.

⌂ ≡

Berufsprofil: Landschaftsgärtner

1　Als Landschaftsgärtner gestaltet man die Pflanzen in Gärten und Parks. Landschaftsgärtner sind auch für den Rasen auf Fußballplätzen verantwortlich. Sie pflegen nicht nur Pflanzen, sie bauen auch Treppen, Mauern und Terrassen. Sie sind fast immer draußen, das sollte man 5　mögen. Außerdem ist es natürlich wichtig, dass man sich für Pflanzen interessiert. Und man sollte handwerklich geschickt sein. Der Mindestverdienst während der dreijährigen dualen Ausbildung reicht von 740 Euro im ersten bis 1100 Euro brutto im dritten Ausbildungsjahr. Danach liegt der Durchschnittsverdienst bei 2500 Euro brutto.

1　Tätigkeiten: ....
2　Arbeitsort: ....
3　Verdienst während der Ausbildung: ....
4　durchschnittlicher Verdienst nach der Ausbildung: ....

2 Sätze mit Folgen 📖 1

a Gibt es diese Wörter auch in Ihrer Sprache? Übersetzen Sie. ⭐

1 so … dass ....
2 sodass ....
3 deshalb / darum / deswegen ....

b Welches Wort aus 2a passt? Ergänzen Sie. ⭐⭐

1 Ich fühle mich jetzt in Deutsch fit, ... möchte ich mir einen Job suchen.
2 Piotr hat gesagt, sein Chef ist .... unfair, ... er überlegt zu kündigen.
3 Am Samstag bin ich nicht da, ... kann ich keine Vertretung übernehmen.
4 Ich bin nachmittags im Deutschkurs, ... brauche ich einen Termin am Vormittag.
5 Mein Kurs geht bis Ende Juni, ... ich noch genug Zeit für Bewerbungen habe.
6 Die Beratungsstelle ist weit weg, ... fahre ich mit dem Bus.
7 Die Beratung war .... gut, ... ich jetzt weiß, was ich später machen kann.
8 Das Thema „Ausbildung" ist mir nicht klar, ... eine Beratung gut für mich wäre.

c Bringen Sie die Sätze in die richtige Reihenfolge. ⭐⭐⭐

1 Elsa ist beruflich nicht zufrieden, | sie | eine Weiterbildung | machen | deshalb
deshalb macht sie eine Weiterbildung ....

2 Hier gibt es Beratungen ohne Termin, | Sie | darum | Zeit | mitbringen müssen
....

3 Es gibt viele berufliche Möglichkeiten, | du | deine Stärken | kennen müssen | deswegen
....

4 Mein Sohn ist bald mit der Schule fertig, | ich | mich | informieren wollen | sodass
....

d Ergänzen Sie die Sätze mit Ihren eigenen Ideen. ⭐⭐⭐

1 .... , darum kann ich heute nicht kommen.
2 Ab Juni habe ich keinen Job mehr, deshalb ....
3 .... , deswegen bin ich zur Beratung gegangen.
4 Ich bin so froh, dass .... !
5 .... , sodass ich gut vorbereitet bin.

3 Ein Beratungstermin 📖 2

a Was passt? Markieren Sie.

1 Leider habe ich Sie nicht persönlich **erreicht / erhört**.
2 Könnten Sie mich bitte so bald wie möglich **zurückrufen / telefonieren?**
3 Sie rufen außerhalb der Sprechzeiten an. Sie **erreichen / telefonieren** uns montags bis freitags von 9 bis 16 Uhr.

4   Letzte Woche habe ich mit Frau Jansen **telefoniert / angerufen.**
5   Hast du schon bei der Beratungsstelle **zurückgerufen / angerufen?**
6   Könnte ich bitte Herrn Meyer **sprechen / reden?**

b Lesen Sie den Telefondialog und ergänzen Sie die Wörter. 78 (◄
    Hören Sie dann zur Kontrolle.

▶   Beratungsstelle für Migration, Ehlert, guten Tag?
▷   Guten Tag, mein N_____1_____ ist Duygu Bașaran. Ich rufe Sie zurück, weil ich einen
    B_____2_____ vereinbaren möchte. Es geht um meine berufliche Situation.
▶   Ja, da sind Sie hier richtig. Haben Sie denn schon eine Arbeit?
▷   Nein, im Moment bin ich a_____3_____.
▶   Dann können wir bei dem Termin in Ruhe reden. Lassen Sie uns einen Termin v_____4_____.
    Können Sie nächste W_____5_____?
▷   Ja, nächste Woche passt gut.
▶   Gut, g_____6_____ es bei Ihnen am Mittwoch, dem 4. September, um 10 Uhr?
▷   Nein, da geht es leider nicht. Geht es auch n_____7_____? Vormittags bin ich im Deutschkurs.
▶   Können Sie denn am Mittwoch, dem 4. September, um 15 Uhr?
▷   Ja, das p_____8_____ gut.
▶   Gut, dann bis zum 4. September. Auf W_____9_____, Frau Bașaran.
▷   Auf Wiederhören.

c Hören Sie den Dialog in 3b und lesen Sie die Rolle von ▷ laut mit. 79 (◄

d Lesen Sie die E-Mail. Welcher Ausdruck (a, b oder c) passt am besten in die Lücken 1–6? Markieren Sie.

Von:	ehlert@migrationsberatung.net
An:	basaran@freemail.com
Betreff:	Beratungstermin

≡ ▼

1   Sehr _____1_____ Frau Bașaran,

    Sie haben für ____2____ 04.09. einen Beratungstermin bei uns vereinbart. Leider
    müssen wir den Termin _____3_____. Hätten Sie vielleicht ____4____ 10.09. Zeit,
    auch ____5____ 15 Uhr? Bitte entschuldigen Sie die Umstände.

5   Mit _____6_____ Grüßen

    Carola Ehlert

1 a ☐ verehrter   3 a ☐ verschieben   5 a ☐ um
   b ☐ geehrte   b ☐ vereinbaren   b ☐ am
   c ☐ freundliche   c ☐ verhindern   c ☐ in

2 a ☐ der   4 a ☐ um   6 a ☐ lieben
   b ☐ dem   b ☐ am   b ☐ freundlichen
   c ☐ den   c ☐ in   c ☐ freundliche

e Schreiben Sie eine Antwort auf die E-Mail in 3d in Ihr Heft.

4 Vergleiche 📖 ③

a Schreiben Sie das Gegenteil. ⭐

1 wenig ↔ _____   4 schwer ↔ _____   7 langweilig ↔ _____
2 niedrig ↔ _____   5 schlecht ↔ _____   8 kurz ↔ _____
3 schnell ↔ _____   6 klein ↔ _____   9 jung ↔ _____

b Finden Sie die Adjektive in der Wortschlange. Schreiben Sie dann die Formen aus der Wortschlange in die Tabelle. Unterstreichen Sie die regelmäßige Bildung und markieren Sie die Besonderheiten. ⭐⭐

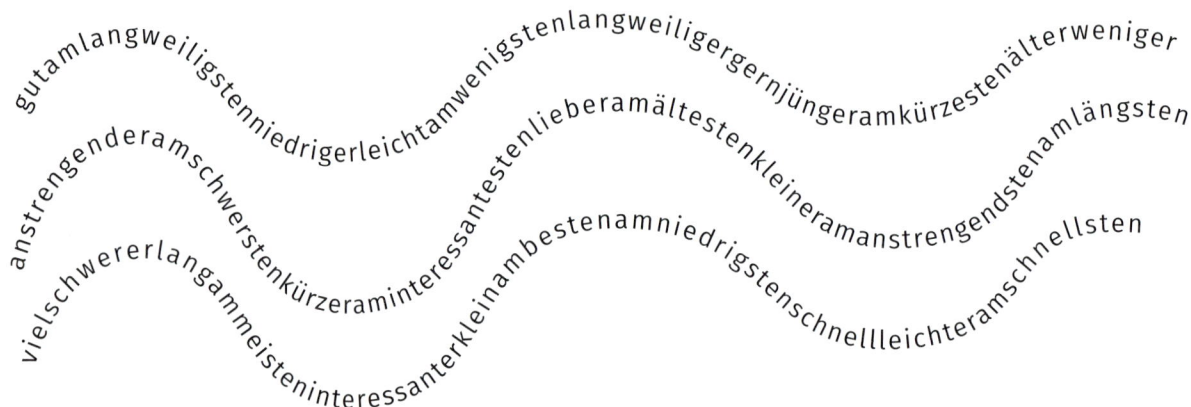

Positiv	Komparativ	Superlativ
wenig		
	schneller	
		am kleinsten
anstrengend		
langweilig		
niedrig		
schwer		

Positiv	Komparativ	Superlativ
		am leichtesten
interessant		
	länger	
jung		am jüngsten
kurz		
alt		
	mehr	
		am liebsten
	besser	

c Welche Formulierung ist richtig? Unterstreichen Sie. ⭐⭐

1 Ahmads Gehalt ist jetzt viel höher **wie/als** vor zwei Jahren.
2 Meinen aktuellen Chef finde ich nicht so gut **wie/als** meinen Chef davor.
3 Meine Kollegin ist **viel/genauso** alt wie ich, aber sie hat keine Kinder.
4 Heute habe ich viel **später/spät** Feierabend gemacht als gestern.

d Ergänzen Sie die Adjektive im Komparativ oder im Superlativ. ⭐⭐⭐

1 Jetzt lerne ich _____ als im letzten Deutschkurs, ich kann mich einfach _____ konzentrieren. Das ist super! (schnell, gut)
2 Ich hatte viele Jobs, aber meine Arbeit jetzt ist wirklich _____. (anstrengend)
3 Könnten Sie bitte ein bisschen _____ sprechen? (langsam)
4 Elena hat _____ einen festen Job gefunden als Katja. (schnell)
5 Wenn ich _____ wäre, würde ich eine Ausbildung machen. (jung)

5 Stärken und Perspektiven 📖 4

a Hören Sie die Umfrage zu persönlichen Stärken und beruflichen Zielen. Über welche Berufe sprechen die Personen? Kreuzen Sie an. ⭐   80 🔊

1 ☐ Gärtnerin		4 ☐ Floristin		7 ☐ Schneiderin				
2 ☐ Küchenhilfe		5 ☐ Koch		8 ☐ Elektroniker				
3 ☐ Kellner		6 ☐ Verkäufer		9 ☐ Modedesignerin				

b Hören Sie noch einmal. Welche Aussagen passen zu welcher Person? Schreiben Sie. ⭐⭐   80 🔊

1 Mein wichtigstes Hobby ist gleichzeitig das, was ich richtig gut kann.
  Person 3

2 Im Moment habe ich keine Arbeit. ....

3 Hoffentlich verdiene ich bald genug Geld mit meinen Klamotten.

  ....

4 Unsere Arbeit ist sehr sinnvoll, weil sie Menschen glücklich macht. ....

5 Ich möchte mein Interesse für Technik mit meinem Verkaufstalent verbinden. ....

6 Ich will mein eigener Chef werden. ....

7 Ich habe angefangen, meine eigenen Produkte zu verkaufen. ....

c Welche Stärken braucht man in welchem Beruf? Ergänzen Sie.
Einige Stärken passen zu mehreren Berufen. ⭐⭐⭐

Verkaufstalent | Interesse für Pflanzen | genau arbeiten | kommunikativ | Spaß an Mode |
gut planen | konzentriert | teamfähig | Gespür für Farben und Formen | kreativ | freundlich

1 Als Floristin braucht man _ein Interesse für Pflanzen und ein Gespür für Farben und Formen._
  Man sollte .... sein.

2 Als Koch sollte man ....

3 Als Verkäufer ....

  ....

4 Als Modedesignerin ....

  ....

d Schreiben Sie einen Text über sich in Ihr Heft. Schreiben Sie über folgende Punkte. ⭐⭐⭐

• Was können Sie gut? Was sind Ihre Fähigkeiten?   • Was sind Ihre Interessen?

• Was sind Ihre Stärken?   • Welches berufliche Ziel haben Sie?

e Diktat. Hören Sie und schreiben Sie in Ihr Heft. Korrigieren Sie dann mithilfe der Lösungen.   81 🔊

6 Bei der Berufsberatung 📖5

a Was passt? Verbinden Sie.

1	Ich möchte Tischler	a	bewerben.
2	Du könntest als Aushilfe im Supermarkt	b	machen
3	Vielleicht könnte ich eine Ausbildung	c	werden.
4	Sie sollten sich auf Halbtagsstellen	d	arbeiten.

b Welche Formulierung ist richtig? Unterstreichen Sie.

1 Sie **hätten / könnten** leicht eine Arbeit als Lagerhelfer finden.

2 Das ist **eine gute Idee / klingt gut**.

3 Wie wäre es mit einem Job **wie / als** Fahrer?

4 Nein, ich denke, das ist mir **zu / so** langweilig.

5 Ich glaube, das ist **nie / nichts** für mich.

c Azmi Elbaz ist in der Berufsberatung bei Lars Rütten. Bringen Sie den Dialog in die richtige Reihenfolge.

1 ► Hallo, Herr Elbaz. Sie haben Fragen zur beruflichen Orientierung?

☐ ▷ Ja, das wäre nett.

☐ ► Ich verstehe. Was haben Sie denn in Ihrem Heimatland gemacht?

☐ ▷ Ja, ich weiß noch nicht genau, was ich machen soll. Mein Deutschkurs endet bald.

☐ ► Dann wäre ja beides möglich! Soll ich Ihnen die Informationen dazu ausdrucken?

☐ ▷ In Marokko habe ich in der Pflege gearbeitet. Das war ohne richtige Ausbildung.

☐ ► Okay, und würden Sie in Deutschland auch gern in der Pflege arbeiten?

☐ ▷ Ja, das klingt gut! Welchen Schulabschluss braucht man denn da?

☐ ► Ja, das stimmt häufig, aber gerade in der Pflege gibt es inzwischen einige Kurz-Ausbildungen. Die Ausbildung zum Betreuungsassistenten dauert nur ein halbes Jahr. Die Ausbildung zum Pflegehelfer dauert in der Regel ein Jahr. Können Sie sich das vorstellen?

☐ ► Für die Ausbildung zum Pflegehelfer braucht man den Hauptschulabschuss, für die Ausbildung zum Betreuungsassistenten braucht man keinen Schulabschluss.

☐ ▷ Ja, gern! Aber ich habe ja keine Ausbildung. Das ist in Deutschland so wichtig, oder?

☐ ▷ Interessant! In Marokko habe ich neun Jahre die Schule besucht, mein Abschluss entspricht ungefähr dem Hauptschulabschluss.

d Lesen Sie den Dialog aus 6c noch einmal. Sind die Aussagen richtig oder falsch? Kreuzen Sie an.

		✓	✗
1	Azmi Elbaz hat schon ziemlich genaue Ideen.	☐	☐
2	Im Moment lernt er Deutsch.	☐	☐
3	Er hat Berufserfahrung im Pflegebereich.	☐	☐
4	Alle Ausbildungen in der Pflegebranche dauern mindestens ein Jahr.	☐	☐

Lernwortschatz

Branchen und Berufe

die Pflege
die Technik
das Handwerk
die Wäscherei
die Textilreinigung
die Gebäudereinigung
die Reinigungskraft

Schreiben Sie diese Wörter ab.

Qualifikation und Beratung

.... Ausbildungssystem
.... Weiterbildung
.... Berufsschule
.... Schulung
.... Fachrichtung
.... Voraussetzung
.... Hauptschulabschluss
.... Mittlere Schulabschluss
.... Betrieb
.... Berufsberatung
.... Verdienst
.... Verantwortung tragen für
dual
recherchieren
verantwortlich sein für

Ergänzen Sie die Artikel.

Terminvereinbarung

einen Termin vereinbaren
einen Termin verschieben
um Rückruf bitten
sich bei jmdm. melden
die Sprechzeit

Lesen Sie die Wörter laut vor. Nehmen Sie sich dabei mit dem Handy auf. Hören Sie die Aufnahme ab.

Berufliche Ziele

die Perspektive
der Schwerpunkt
Berufserfahrung sammeln
das Gehalt
die feste Stelle

Suchen Sie Sätze aus den Texten im Kurs- und Arbeitsbuch. Lernen Sie diese Sätze auswendig.

Stärken und Schwächen

hilfsbereit
geduldig
konzentriert
teamfähig
kommunikativ

Schreiben Sie Beispielsätze.

1 Sich über Ausbildungsmöglichkeiten informieren

Lesen Sie den Text und die Sätze dazu. Was passt? Kreuzen Sie an.

---

1   **Ausbildungswege in Deutschland**   ⌂ ≡

In Deutschland gibt es eine Schulpflicht von 9 Jahren, man kann aber auch 10, 12 oder 13 Jahre zur Schule gehen. Es gibt drei verschiedene Schulabschlüsse: den Ersten, den Mittleren und das Abitur. Mit dem Abitur kann man an der Universität studieren und später in einem akade-
5   mischen Beruf arbeiten. Mit den ersten beiden Schulabschlüssen kann man eine Ausbildung machen. Ausbildungen dauern in Deutschland meistens drei Jahre und finden vor allem praktisch in einer Firma statt. Außerdem lernt man ein- bis zweimal pro Woche die Theorie in der Berufsschule. Es gibt aber auch viele Jobs, für die man keine Ausbildung oder nur ein kurzes Training braucht. Dann ist es auch möglich, sich berufsbegleitend durch Fortbildungen
10   weiterzuqualifizieren, die oft auch innerhalb einer Firma angeboten werden.

---

1   In Deutschland muss man

   a ☐ 9 Jahre zur Schule gehen.

   b ☐ 13 Jahre zur Schule gehen.

2   Für eine Berufsausbildung braucht man

   a ☐ das Abitur.

   b ☐ mindestens den Ersten Schulab-
      schluss.

3   Meistens dauern Ausbildungen

   a ☐ ein bis zwei Jahre.

   b ☐ drei Jahre.

4   Ohne Ausbildung

   a ☐ kann man auch Jobs finden.

   b ☐ findet man in Deutschland
      keine Arbeit.

🙂 😐 🙁
☐ ☐ ☐

2 Den Ablauf einer Ausbildung verstehen

🔊 82   Hören Sie den Bericht eines Flugbegleiters und ergänzen Sie. Sie hören den Bericht zweimal.

1   Mindestalter: _____

2   Voraussetzungen: _____

3   Dauer der Ausbildung: _____

4   Seine Stärken: *Kontakt mit Menschen,* _____

5   Vorteile des Berufs: _____

6   Idee für später: _____

🙂 😐 🙁
☐ ☐ ☐

3 Über berufliche Erfahrungen berichten

Haben Sie eine Ausbildung gemacht? Welche Berufserfahrungen haben Sie gesammelt?
Schreiben Sie einen Text.

_____

_____

_____

_____

🙂 😐 🙁
☐ ☐ ☐

1 Das war schwierig für mich. 📖 [1]

a Sie hören drei Aussagen aus einer Umfrage. Welche Themen hören Sie? Kreuzen Sie an. 83 ((▶

1 ☐ Scheidung 3 ☐ Tod des Ehepartners 5 ☐ Konflikte bei der Arbeit
2 ☐ Arbeitsplatz verloren 4 ☐ Ankunft in Deutschland 6 ☐ Probleme mit Nachbarn

b Hören Sie die Aussagen noch einmal. Welche Lösung (a, b oder c) passt am besten? Kreuzen Sie an. 83 ((▶

Person 1: Plötzlich
a ☐ hat er seine Mutter verloren.
b ☐ war er allein mit drei Kindern.
c ☐ hatte er keine Freunde mehr.

Person 3: Seine Frau und seine Kinder
a ☐ kamen später als er nach Deutschland.
b ☐ sind bis heute in Syrien geblieben.
c ☐ sind mit ihm nach Deutschland geflüchtet.

Person 2: Das Schwierigste an ihrer Arbeitslosigkeit war
a ☐ die Berufsberatung.
b ☐ der Bewerbungsstress.
c ☐ die Unsicherheit.

c Was passt? Ergänzen Sie die Wörter. Hören Sie dann zur Kontrolle. 84 ((▶

verstanden | geflüchtet | fremd | schwierig | gestresst | kalt

Wirklich _____1_____ war für mich der Anfang in Deutschland. Ich war aus Syrien vor dem Krieg _____2_____, zunächst allein. Und eine Weile war nicht klar, ob meine Familie auch kommen darf. Außerdem war es _____3_____ im Winter in Deutschland, die Leute sahen immer _____4_____ aus und ich habe kein Wort Deutsch _____5_____. Das ganze System war mir _____6_____. Das war hart, aber jetzt geht es uns gut hier.

d Schwierige Zeiten: Was kann er tun? Geben Sie dem Mann Tipps. Die Ideen im Kasten helfen Ihnen.

mit Freunden sprechen | zur Migrationsberatung gehen | Sozialberatung | Berufsberatung | ...

1 **Adamo** (41) 🏠 **Forum Lebenshilfe**

Mir geht es gerade gar nicht gut. Vor zwei Wochen hat mich meine Frau verlassen. Ich bin sehr traurig. Außerdem habe ich finanzielle Probleme. Ich weiß gerade nicht weiter. Hat jemand Tipps für mich?

5 Hallo Adamo,
das tut mir leid, dass es dir so schlecht geht! Vielleicht könntest du _____
_____
_____
_____

2 In der Zeit

a Wie heißt die Präposition mit dem Artikel *dem*? Schreiben Sie. ⭐

1 ~~an + de~~m   *am*
2 in + dem
3 von + dem

b Welche Formulierung ist richtig? Unterstreichen Sie. ⭐⭐

1 Ich lebe **bis/seit** zwei Jahren in Deutschland.
2 **Ab/Seit** nächstem Monat arbeite ich nicht mehr hier.
3 **Ab/Im** dem 1. März habe ich eine neue Stelle.
4 **Nach/Am** dem Deutschkurs gehe ich in der Pizzeria arbeiten.
5 **Um/Am** Nachmittag habe ich keine Zeit.
6 Passt es Ihnen **um/im** 9:30 Uhr?
7 Der Deutschkurs ist **am/im** September zu Ende.
8 Wo sehen Sie sich **in/um** fünf Jahren?
9 Ich bin **seit dem/am** 5.12.2000 geboren.
10 Hätten Sie **um/am** Freitag Zeit für ein Gespräch?

c Lesen Sie den Text und ergänzen Sie die passende Präposition. ⭐⭐⭐

vor **|** im **|** ab **|** seit **|** am **|** in **|** vor **|** für

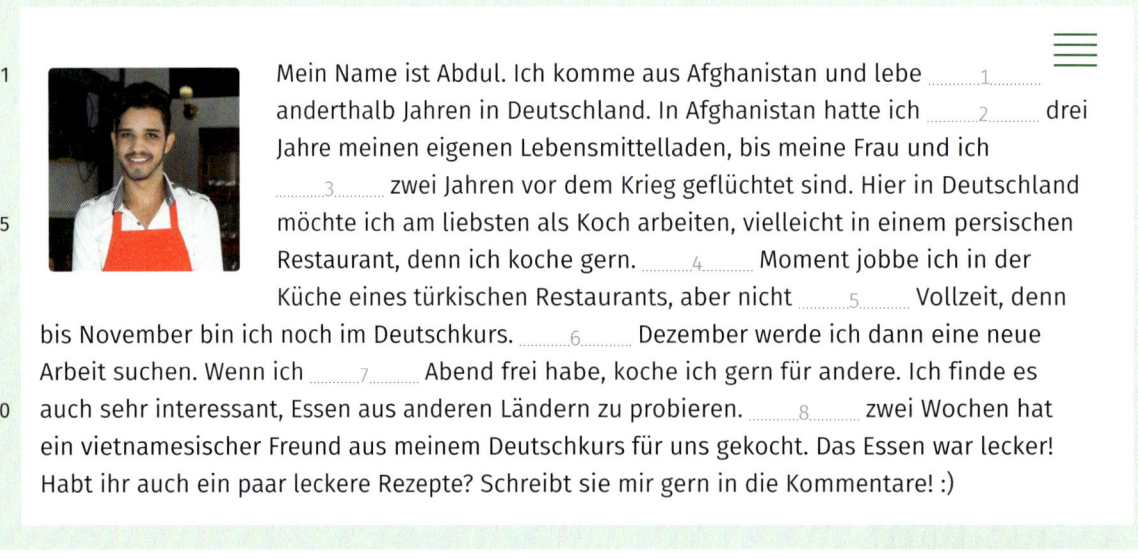

1

5

Mein Name ist Abdul. Ich komme aus Afghanistan und lebe ....1........ anderthalb Jahren in Deutschland. In Afghanistan hatte ich ....2........ drei Jahre meinen eigenen Lebensmittelladen, bis meine Frau und ich ....3........ zwei Jahren vor dem Krieg geflüchtet sind. Hier in Deutschland möchte ich am liebsten als Koch arbeiten, vielleicht in einem persischen Restaurant, denn ich koche gern. ....4........ Moment jobbe ich in der Küche eines türkischen Restaurants, aber nicht ....5........ Vollzeit, denn bis November bin ich noch im Deutschkurs. ....6........ Dezember werde ich dann eine neue Arbeit suchen. Wenn ich ....7........ Abend frei habe, koche ich gern für andere. Ich finde es

10

auch sehr interessant, Essen aus anderen Ländern zu probieren. ....8........ zwei Wochen hat ein vietnamesischer Freund aus meinem Deutschkurs für uns gekocht. Das Essen war lecker! Habt ihr auch ein paar leckere Rezepte? Schreibt sie mir gern in die Kommentare! :)

d Schreiben Sie einen Text über die Frau auf dem Foto in Ihr Heft.
Nutzen Sie viele Präpositionen aus 2b und c.

- Wie heißt sie? Woher kommt sie?
- Wann ist sie nach Deutschland gekommen?
- Was möchte sie beruflich machen?
- Wie geht es ihr?

3   Bei der Arbeitsagentur am Empfang 📖 2

a Bringen Sie den ersten Teil des Gesprächs in die richtige Reihenfolge. Hören Sie dann zur Kontrolle.   85 (◖►

- [7] Guten Tag, bitte schön?
- ◯ Seit vorgestern.
- ◯ Ja, denn vielleicht werden Sie ja gar nicht arbeitslos, wenn Sie bis Juni eine neue Arbeit finden, zum Beispiel mit unserer Hilfe.
- ◯ Gut, dass Sie jetzt kommen, denn man muss das innerhalb von drei Tagen melden.
- ◯ Stimmt, das wäre natürlich am besten.
- ◯ Okay, Sie möchten sich also bei der Agentur für Arbeit arbeitssuchend melden.
- ◯ Guten Tag. Ich möchte mich arbeitslos melden, weil ich im Juni meine Arbeit verliere.
- ◯ Arbeitslos, arbeitssuchend – ist das ein Unterschied?
- ◯ Seit wann wissen Sie denn, dass Sie Ihre aktuelle Arbeit verlieren werden?

b Lesen Sie den zweiten Teil des Gesprächs und ergänzen Sie.

unterhalten | Daten | beschäftigt | Antrag | verdienen | Liste | kümmert |
interessiere | Termin | bewerben

▶ Ah, ja! Und wie läuft das jetzt, was muss ich tun? Ich habe mich mit diesen Dingen noch nicht
_____1_____ . Ich wollte gleich hier fragen.

▷ Also, ich werde jetzt gleich noch Ihre _____2_____ aufnehmen, und Sie bekommen von mir
den _____3_____ auf Arbeitslosengeld und eine _____4_____ mit Dokumenten, die
Sie dafür brauchen. Außerdem bekommen Sie einen _____5_____ mit einer Beraterin oder
einem Berater.

▶ Ah, das ist gut. Ich _____6_____ mich sehr für eine Berufsberatung. Ich hätte gern ein paar
neue Ideen, bei wem ich mich _____7_____ kann. Ich lebe jetzt nämlich von meinem Mann
getrennt und müsste ein bisschen mehr Geld _____8_____ .

▷ Um diese Fragen _____9_____ sich dann Ihr Berater. Er wird sich ausführlich mit Ihnen über
Ihre Situation _____10_____ .

▶ Alles klar.

c Ordnen Sie die Wörter den Erklärungen zu.

1	der Reisepass	a	die Erlaubnis, in Deutschland zu arbeiten
2	die Meldebescheinigung	b	die Erlaubnis, in Deutschland zu leben
3	die Sozialversicherungsnummer	c	der Brief des Arbeitgebers mit der Kündigung
4	die Aufenthaltserlaubnis	d	eine Nummer, die man von Behörden bekommt
5	die Arbeitserlaubnis	e	ein internationaler Ausweis mit Foto
6	das Kündigungsschreiben	f	ein Nachweis über den Wohnort

d Diktat. Hören Sie und schreiben Sie in Ihr Heft. Korrigieren Sie dann mithilfe der Lösungen.   86 (◖►

4 Wann bewirbst du dich?

a Was passt? Ergänzen Sie die Sätze.

> uns über die Arbeit unterhalten. | dich um die Dokumente kümmern? | mich noch
> arbeitssuchend melden. | sich mit diesen Dingen nicht beschäftigt. | sich um die Stelle
> beworben? | interessiert euch für die Berufsberatung.

1 Ich hoffe, ihr ....
2 Wir möchten ....
3 Sie haben ....
4 Kannst du ....
5 Ich muss ....
6 Hat er ....

b Schreiben Sie die Reflexivpronomen aus 4a in die Tabelle.

Personalpronomen	Reflexivpronomen
ich	*mich*
du	2
er / sie / es	3

Personalpronomen	Reflexivpronomen
wir	4
ihr	5
sie / Sie	6

c Ergänzen Sie die Präposition. ⭐

1 sich interessieren f........
2 sich beschäftigen / sich unterhalten / sich verabreden m........
3 sich melden / sich bewerben / sich bedanken b........
4 sich kümmern / sich bewerben u........
5 sich unterhalten ü........

d Ergänzen Sie die Präposition. ⭐⭐

1 Ich möchte mich jetzt bald .... meine Bewerbungsunterlagen kümmern.
2 Naima hat sich nett .... ihrer Nachbarin über die Jobsuche unterhalten.
3 Melde dich .... deiner Migrationsberaterin.
4 Du könntest dich .... unserer Stadt .... eine Stelle als Müllwerker bewerben.
5 In meinem Beratungsgespräch will ich mich .... dem Berufsberater .... meine aktuelle
   Situation unterhalten.

e Ergänzen Sie das Reflexivpronomen und die Präposition. ⭐⭐⭐

▶ Interessierst du ....1.... schon lange ....2.... das Arbeiten mit Holz?
▷ Ja, schon seit meiner Kindheit. Ich habe ....3.... aber jetzt länger nicht ....4.... Holzarbeiten
   beschäftigt. Ich möchte ....5.... ....6.... einer Werkstatt bewerben.
▶ Wir könnten ....7.... auch mal ....8.... Fatih darüber unterhalten. Er hat mehr Erfahrung
   mit Bewerbungen.
▷ Das ist eine gute Idee. Wir können ....9.... ....10.... ihm am Wochenende verabreden.

5 Neue Berufsideen

a Lesen Sie die Informationen. Welche Lösung (a, b oder c) passt am besten? Kreuzen Sie an.

> **1 Berufsprofil: Verkäufer*in**
>
> Der Beruf Verkäufer ist ein Ausbildungsberuf, aber man braucht nicht immer eine Ausbildung, um als Verkäufer oder Verkäuferin zu arbeiten. Verkäufer werden in allen Läden gebraucht, zum Beispiel im Supermarkt, im Elektronikmarkt, im Fahrrad- oder im Handyladen. Für die Beratung
> 5 der Kunden ist es am besten, wenn man die Dinge gut kennt, die man verkauft. Ansonsten sortiert man Waren in Regale ein, bestellt Waren nach, zeichnet die Preise aus und bedient die Kasse. Die Ausbildung dauert zwei Jahre, das ist kürzer als die durchschnittlichen drei Jahre der meisten Ausbildungen. Einen Schulabschluss braucht man dafür nicht.

1 Als Verkäufer …
- a ☐ braucht man eine Ausbildung.
- b ☐ braucht man keine Ausbildung.
- c ☐ kann man keine Ausbildung machen.

2 Für die Kundenberatung ist es wichtig, …
- a ☐ die Produkte gut zu kennen.
- b ☐ dass man die Kunden kennt.
- c ☐ viel zu lernen.

3 Die Ausbildung dauert …
- a ☐ länger als andere Ausbildungen.
- b ☐ 2 Jahre.
- c ☐ 3 Jahre.

4 Für die Ausbildung braucht man …
- a ☐ den Hauptschulabschluss.
- b ☐ keinen Schulabschluss.
- c ☐ irgendeinen Schulabschluss.

b Schreiben Sie die Sätze in die Tabelle. Beachten Sie die Position der Verben. ⭐

Wir würden gern bezahlen. | Könnten Sie mir bitte eine Tüte geben? | Ich hätte gern noch eine Pomelo. | Wäre es möglich, den Kassenzettel zu bekommen?

	Verb 1		Verb 2

c Ergänzen Sie die Tabelle. ⭐⭐

	haben	sein	können	werden
ich	hätte			
du		wärst		
er/sie/es			könnte	
wir				würden
ihr	hättet	wärt		
sie/Sie				würden

d Welche Formulierung ist richtig? Unterstreichen Sie. ⭐⭐⭐

1 **Wärst / Könntest** du mir das bitte kurz erklären?
2 Ich **würde / hätte** gern Pause machen. Passt das?
3 Wir **hätten / wären** gern die Speisekarte.
4 **Würde / Wäre** es vielleicht möglich, die Schicht zu tauschen?

6 Der Vorschlag des Beraters

a Wer sagt das: die Beraterin / der Berater oder die Kundin / der Kunde? Sortieren Sie die Redemittel in eine Tabelle in Ihr Heft.

> Würden Sie bitte hereinkommen? | Ich würde jetzt sowieso gern mehr Geld verdienen. | Was haben Sie denn in der Türkei gemacht? | Ich würde gern in einem anderen Bereich arbeiten. | Ich habe als Verkäuferin in einer Bäckerei gearbeitet. | Was wäre Ihnen noch wichtig für Ihre nächste Stelle? | Ich würde lieber früh am Morgen arbeiten. | BiZ, was ist das? | Das ist das Berufsinformationszentrum. | Außerdem müssten Sie dann wohl auch zum Jobcenter gehen. | Wären Sie gern in diesem Bereich tätig?

die Beraterin / der Berater	die Kundin / der Kunde

b Was passt? Verbinden Sie.

1 In welchem Bereich würden   a Verkäuferin.
2 Ich hätte gern   b auch abends arbeiten?
3 Am liebsten wäre ich   c eine Vollzeitstelle.
4 Könnten Sie   d Sie gern arbeiten?

c Was passt? Ergänzen Sie.

1 Ich _____ nicht so gern am Wochenende arbeiten.
2 Welcher Bereich _____ Ihnen am liebsten?
3 Ich _____ gern eine unbefristete Stelle.
4 Am liebsten _____ ich mit Menschen arbeiten.
5 Ich _____ gern eine Ausbildung machen.

d Und Sie? Ergänzen Sie die Sätze mit Ihren eigenen Wünschen.

1 Nach dem Deutschkurs würde ich gern _____.
2 Ich wäre am liebsten _____.
3 Ich könnte als _____ arbeiten.
4 In drei Jahren hätte ich gern _____.
5 Mein Traumberuf wäre _____.
6 Ich würde nicht so gern _____.

Lernwortschatz

Branchen und Berufe

das Müllversorgungsunternehmen
die Müllabfuhr
der / die Müllwerker / in
der / die Pflegehelfer / in
der / die Kassierer / in
die Tagesmutter / der Tagesvater

> Suchen Sie die Berufe im Kursbuch.

Persönliche Situation

das Einkommen
im Durchschnitt
die 25-Stunden-Stelle
das Training absolvieren
getrennt leben
in verschiedene Richtungen überlegen
so schnell wie möglich
der Kampfsport
das Judo
jmdm. Kraft geben

> Schreiben Sie die Wörter auf Karteikarten. Lernen Sie unterwegs.

Arbeitsamt und Jobcenter

das Arbeitsverhältnis
der Arbeitsvertrag
das Kündigungsschreiben
sich arbeitssuchend / arbeitslos melden
das Arbeitslosengeld I / II
der Antrag auf Arbeitslosengeld
die Grundsicherung
Hartz IV
innerhalb von drei Tagen
die Daten aufnehmen
zuständig
sich ausführlich unterhalten über
die Bewerbung
der Lebenslauf
sich bewerben
sich beschäftigen mit
das Berufsinformationszentrum (BiZ)

> Lesen Sie die Wörter dreimal. Schließen Sie das Buch: An wie viele Wörter können Sie sich erinnern?

Behörden & Dokumente

Bürgeramt
Meldebescheinigung
Aufenthaltserlaubnis
Aufenthaltstitel
Arbeitserlaubnis
Sozialversicherungsausweis
Führerschein

> Ergänzen Sie die Artikel.

1 Informationen zum Sozialversicherungssystem verstehen

Lesen Sie den Text. Sind die Aussagen dazu richtig oder falsch? Kreuzen Sie an.

Das deutsche Sozialversicherungssystem

1 In Deutschland gibt es ein gesetzlich geregeltes Sozialversicherungssystem. Das bedeutet, dass der Staat dafür sorgt, die Bürger gegen Krankheit, Arbeitslosigkeit und für die Zeit der Rente ab- zusichern. Finanziert wird dieses System durch das Solidaritätsprinzip: Die Menschen, die es 5 können, müssen in dieses System einzahlen, zum Beispiel in Form von Beiträgen zur Krankenver- sicherung, Rentenversicherung und Arbeitslosenversicherung. Dadurch können die Menschen, die es brauchen, weil sie zum Beispiel krank oder arbeitslos werden, Geld ausgezahlt bekommen. Dieses System ist schon alt: Es geht auf den deutschen Reichskanzler Otto von Bismarck zurück, der in den 1880er-Jahren einen Versicherungsschutz für alle Bürger einführte. Seitdem wurde 10 dieses System immer weiter ausgebaut und den Bedürfnissen der Zeit angepasst.

✓ ✗

1 „Sozialversicherungssystem" bedeutet, dass Menschen durch ihre Familie versichert sind. ☐ ☐

2 Es ist eine Pflicht, für dieses System Beiträge zu bezahlen. ☐ ☐

3 Die Menschen sind auch für den Fall der Arbeitslosigkeit versichert. ☐ ☐

4 Dieses System gibt es grundsätzlich seit den 1980er-Jahren. ☐ ☐

☺ ☺ ☹
☐ ☐ ☐

2 Im Beratungsgespräch Fragen beantworten

🔊 87 Sie hören ein Gespräch. Zu dem Gespräch gibt es zwei Aufgaben. Ist die Aussage richtig oder falsch und welche Antwort (a oder b) passt am besten?

✓ ✗

1 Mansur Abduls Beratungsgespräch beim Jobcenter ist nicht das erste Gespräch. ☐ ☐

2 Nächste Woche wird Mansur Abdul
   a ☐ als Lagerhelfer Probearbeit leisten.
   b ☐ ein Vorstellungsgespräch als Security-Mitarbeiter haben.

☺ ☺ ☹
☐ ☐ ☐

3 Informationen zur aktuellen beruflichen Situation geben

Wie ist Ihre momentane berufliche Situation? Haben Sie schon eine Arbeit? Welche Art von Arbeit suchen Sie und warum? Was würden Sie gern machen? Schreiben Sie einen Text in Ihr Heft.

☺ ☺ ☹
☐ ☐ ☐

1 Die passende Branche

a Bilden Sie aus den Worthälften 10 Berufe. Schreiben Sie die Berufe in Ihr Heft. ⭐

Bau- | Blumen- | Lager- | Gerüst- | Küchen- | Ernte- | Service- | Lkw- | Einräum- | Feld-

-arbeiter | -bauer | -verkäuferin | -helferin | -Fahrer | -hilfe | -helfer | -kraft | -hilfe | -arbeiter

b Ordnen Sie die Berufe aus 1a den Branchen zu. ⭐⭐

1 Baubranche ....

2 Einzelhandel ....

3 Lager und Logistik ....

4 Gastronomie ....

5 Landwirtschaft ....

c Lesen Sie die Beschreibung der Berufe und ergänzen Sie. ⭐⭐⭐

beraten | Möbel | Körperpflege | anstrengend | verpackt | Senioren | online | Pakete | montieren | Ware | Bargeld | älter | Kühlschrank

Viele Menschen ziehen um. Als Umzugshelferin / Umzugshelfer liefern und ....1......... sie Küchen und ....2......... . Für diese Arbeit braucht man viel Kraft, denn sie ist körperlich sehr ....3......... . Die Waschmaschine oder den ....4......... in den 3. Stock zu liefern, braucht Ausdauer und handwerkliches Geschick.

Immer mehr Menschen bestellen ....5......... . Die Lageristin / der Lagerist sucht und ....6......... die Ware, wiegt sie, misst die Größe der ....7........., schreibt die Lieferpapiere und berechnet die Lieferkosten. Dann gibt sie die Waren weiter an den Lieferdienst, der die ....8......... liefert.

Verkäuferinnen und Verkäufer kümmern sich um die Kundinnen und Kunden. Sie ....9......... sie und helfen ihnen bei der Kaufentscheidung. Zu ihren Aufgaben gehört auch das Bedienen der Kasse. Sie müssen mit ....10........., EC- oder Kreditkarten umgehen und Gutscheine und Quittungen ausstellen. Manchmal gibt es auch Reklamationen, und dann sind die Verkäufer die Ansprechpartner.

Wir werden immer ....11......... und die Altenpflegehelferinnen / Altenpflegehelfer unterstützen Altenpflegerinnen / Altenpfleger dabei, ältere Menschen zu pflegen und zu versorgen. Es gibt verschiedene Arbeitsorte, aber sie arbeiten oft in Altenpflege- und Seniorenheimen und manchmal fahren sie auch zu den ....12......... nach Hause. Sie übernehmen Aufgaben der ....13........., sie helfen beim An- und Auskleiden, bei der Zubereitung von Mahlzeiten und manchmal auch beim Essen.

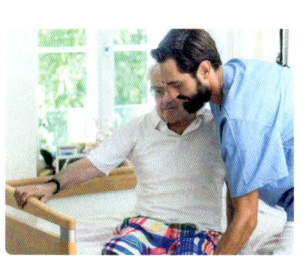

2   Berufsinformationszentrum 📖 [1]

🔊 88   **a**   Was findet man wo im Berufsinformationszentrum? Lesen Sie zuerst die Aufgabe. Hören Sie dann den Beitrag und ordnen Sie zu.

1 im violetten Bereich	a Bewerbung schreiben
2 im orangefarbenen Bereich	b Informationen über Deutschkurse
3 im roten Bereich	c Informationen zu den Ausbildungsberufen
4 im blauen Bereich	d Weiterbildungen und Fortbildungen
	e Experten, die dir helfen
	f Informationen zum Studium
	g eine passende Ausbildung suchen
	h deine Bewerbungsunterlagen ausdrucken
	i Informationen auf Deutsch, Englisch und Arabisch

🔊 88   **b**   Hören Sie den Beitrag noch einmal. Sind die Aussagen dazu richtig oder falsch? Kreuzen Sie an.

       ✓   ✗

1   In Deutschland gibt es 185 Berufsinformationszentren. ☐ ☐
2   In diesen Zentren gibt es nur Informationen zu den Ausbildungsberufen. ☐ ☐
3   Nur in Hamburg ist das BiZ in vier Bereiche eingeteilt. ☐ ☐
4   Es gibt 313 Ausbildungsberufe in Deutschland. ☐ ☐
5   Wenn man noch nicht genau weiß, in welcher Branche man arbeiten möchte, kann man einen Test machen. ☐ ☐
6   Die Experten schreiben die Bewerbung für die Besucherinnen und Besucher. ☐ ☐

c   Recherchieren Sie unter www.biz.de, ob es ein Berufsinformationszentrum in Ihrer Nähe gibt.

d   Planen Sie eine Exkursion ins BiZ für Ihren Deutschkurs. Diese Stichpunkte helfen Ihnen. Schreiben Sie zu jedem Stichpunkt zwei Ideen. Planen Sie dann die Exkursion mit Ihrer Partnerin / Ihrem Partner im Kurs.

– Vorteile
– Wann?
– Adresse und Verkehrsmittel
– Treffpunkt
– Fragen an die Experten

Wann sollen wir ...?

Ich finde es wichtig, dass ...

Einverstanden!

3 Ein Blogeintrag 📖 2

a Bringen Sie den Blogeintrag in die richtige Reihenfolge.

1 ☐ Ich komme aus Guatemala. ☰
☐ Seit drei Jahren bin ich nun in Deutschland. Zurzeit suche ich eine Arbeit.
☐ Habt ihr ähnliche Erfahrungen? Ich freue mich über eure Tipps!
☐ Aktuell gehe ich zwar zur Beratung ins Jobcenter, aber ich möchte auch selbst aktiv
5 werden. Könnt ihr mir Tipps für die Jobsuche geben?
☐ Leider habe ich in meinem Heimatland keine Ausbildung gemacht. Ich habe dort als
Lkw-Fahrer und Handwerker gearbeitet.
☐ In Deutschland möchte ich lieber als Busfahrer arbeiten, denn ich möchte nicht immer
tagelang unterwegs sein.
10 ☐ Hallo zusammen, ich heiße Victor.
☐ Schreibt eure Kommentare einfach unter diesen Beitrag. Bis bald, euer Victor

b Schreiben Sie einen Blogeintrag mithilfe der Sätze aus 3a.

c Diktat. Hören Sie und schreiben Sie in Ihr Heft. Korrigieren Sie dann mithilfe der Lösungen. 89 🔊

4 Stellengesuche 📖 3

a Welche Informationen schreibt man in ein Stellengesuch? Kreuzen Sie an. ⭐

1 ☐ Hobbys 3 ☐ Alter 5 ☐ Beruf 7 ☐ Qualifikationen
2 ☐ Telefonnummer 4 ☐ Familienstand 6 ☐ Kinder 8 ☐ Adresse

b Ordnen Sie die Begriffe den Sätzen zu. ⭐⭐

Persönlichkeit | Arbeitszeit | Branche | Alter | Berufserfahrung | Beruf

1 .... Ich bin eine offene / kontaktfreudige / zuverlässige Person.
2 .... Ich bin … Jahre alt.
3 .... Ich habe … Jahre / Monate bei … gearbeitet.
4 .... Ich kann … Stunden am Tag arbeiten, von … bis … Uhr.
5 .... Ich kann vormittags / nachmittags / abends / … arbeiten.
6 .... Ich habe Erfahrung in …
7 .... Ich suche eine Stelle als …
8 .... Ich arbeite gern im Team.
9 .... Montags und dienstags kann ich nicht arbeiten.
10 .... In der …-branche habe ich … gearbeitet.

c Ordnen Sie die Fotos den Stellengesuchen zu. ⭐⭐

 A

 B

 C

⬜   ⬜   ⬜

🏠 **Forum**

1   Kundenorientierter, wetterfester und körperlich ungesunder Paketfahrer mit Erfahrung in der Lieferung von Briefen und Paketen, gut zu Fuß, mit dem Fahrad oder e-Bike unterwegs, sucht Vollzeitstelle, Führerschein Klasse B und C vorhanden, Tel.: 0155 458 753.

2   Hallo, suche einen Nebenjob auf geringfügiger Basis. Erfahrene Reinigungskraft, unzuverlässig und zeitlich flexibel. Freue mich auf Nachrichten. Bitte nur seriöse Stellengesuche unter Tel.: 01913548667.

3   Suche Minijob in Teilzeit oder Vollzeit! Freundlicher, motivierter Mitarbeiter (33), mit Schnelligkeit und Genauigkeit im Umgang mit Kunden an der Supermarktkasse im Raum Pforzheim, Arbeit auch nachts und am Wochenende möglich, Deutschkentnisse auf dem Niveau B2. E-Mail: kassierer_pforzheim@gmx.de

d In jedem Stellengesuch in 4c gibt es zwei sprachliche oder inhaltliche Fehler. Korrigieren Sie sie. ⭐⭐⭐

5 Informationen zu einem Stellengesuch 📖 3

🔊 90 **a** Hören Sie das Telefongespräch und machen Sie sich Notizen dazu.

1 Firma	....	4 Arbeitszeiten	....
2 Stelle als	....	5 Größe des Teams	....
3 Arbeitsbeginn	....	6 Termin Vorstellungsgespräch	....

b Was schreibt Ivan seinem Freund im Chat über das Gespräch mit dem Arbeitgeber aus 5a? Ergänzen Sie.

Tim
Hey Ivan! Wie läuft deine Arbeitssuche?

Ivan
Hey, schön, dass du fragst. Ich habe heute einen Anruf bekommen. ....
....
....

6 Kontakte helfen 📖 4

Sie hören drei Sprachnachrichten. Zu jeder Sprachnachricht gibt es eine Aufgabe. 91 🔊
Welche Lösung (a, b oder c) passt am besten? Kreuzen Sie an.

1 Pedro
a ☐ macht eine Pflegeausbildung.
b ☐ sucht eine andere Arbeit.
c ☐ will etwas dazuverdienen.

2 Michail
a ☐ interessiert sich für eine Arbeit ohne Ausbildung.
b ☐ muss in eine andere Stadt umziehen.
c ☐ plant, nur am Wochenende zu arbeiten.

3 Frau Meksis
a ☐ kann gut griechisch kochen.
b ☐ möchte als Köchin arbeiten.
c ☐ sucht eine Arbeit in der Küche.

7 Verben im Präteritum 📖 5

a Ergänzen Sie die Tabelle mit den richtigen Formen der Verben im Präteritum. ⭐

	sein	haben	wollen	können
ich				
du	warst			
er/sie/es				
wir				
ihr				
sie/Sie				

b Ergänzen Sie die Sätze im Präteritum. ⭐⭐

1 Juan _____ ein Vorstellungsgespräch als Logistikhelfer bei einem Logistikunternehmen. (haben)
2 Auf der Webseite der Firma _____ viele nützliche Informationen. (sein)
3 Beim Vorstellungsgespräch _____ Juan auch die Lagerräume besichtigen. (können)
4 Als Jugendlicher _____ ich in der Veranstaltungsbranche arbeiten. (wollen)
5 Mein erster Minijob in Deutschland _____ im Einzelhandel, da ich noch nicht ausreichend Qualifikationen _____. (sein, haben)
6 Dadurch, dass Elena und Miguel Stellengesuche in den sozialen Medien gepostet haben, _____ sie schneller eine Arbeit finden. (können)

c Bringen Sie die Sätze in die richtige Reihenfolge und schreiben Sie sie in Ihr Heft. ⭐⭐⭐

1 nach Berufserfahrung | fragten | in der Stellenanzeige | sie
2 mussten | sehr | sich konzentrieren | auf diese Arbeit | sie
3 packten | hatten | und alle Pakete | eine andere Größe | sie | viele Pakete
4 legen | der Stapelfahrer | alle Pakete | konnte | in ein anderes Regal
5 50 rote Rosen | verkaufte | an einen verliebten Mann | die Blumenverkäuferin
6 zum ersten Mal | kochte | eine Hühnersuppe | die Küchenhilfe

8 Stellenanzeigen

a Lesen Sie die Informationen zu den Personen und markieren Sie die Schlüsselwörter.
Lesen Sie dann die Anzeigen und vergleichen Sie mit den markierten Wörtern.

1 Mohammed sucht eine Vollzeitstelle als Maurer auf der Baustelle.
2 Ludmilla möchte eine Ausbildung in der Pflegebranche machen.
3 Katja sucht eine Arbeit in der Gastronomie ohne Berufsausbildung.
4 Stefan sucht nach seiner Ausbildung eine Stelle als Kellner.

a **Mitarbeiter (m/w/d) gesucht!**
Hotel „Maritim", Lübeck
Für verschiedene Servicebereiche (Zimmerservice, Restaurant, Hotelbar) suchen wir dringend Hilfskräfte, nur Vollzeit, angestellt, Schicht- und Wochenendarbeit, Mindestlohn, Berufserfahrung nicht notwendig, einsatzbereit, zuverlässig und freundlich
`mehr …`

b **Pflegekraft (m/w/d) immer willkommen!**
Sozialstation „Hand in Hand", Wismar
Wir suchen ausgebildete Mitarbeiter für unseren Pflegedienst. • Sie sind freundlich, sozial engagiert und kommunikativ? • Dann bewerben Sie sich! • Voll- und Teilzeit möglich • kein Nachtdienst • Wochenend- und Feiertagszuschläge • Führerschein erwünscht
`mehr …`

c **Der Kunde ist König**
Lokal „Culinaria", Rostock
Wir suchen zur Verstärkung ausgebildete Mitarbeiter (m/w/d) in der Bedienung. • Vollzeit erwünscht • immer ein Lächeln im Gesicht, charmant, zuvorkommend und flexibel • gutes Gehalt und Zuschläge • kostenloses Essen für Mitarbeiter
`mehr …`

d **Starke Muskeln gesucht**!
Hochbau GmbH, Bremen
Unternehmen sucht mehrere Maurer und Gerüstbauer (m/w/d) mit oder ohne Berufserfahrung, Einsatz im ganzen Bundesgebiet, Vollzeit, übertarifliche Bezahlung, 30 Tage Urlaub, flexibel, sorgfältig und genau, Unterkunft wird organisiert, Führerschein notwendig
`mehr …`

e **Berufe mit Zukunft**
ABC Bildungszentrum, Mainz
Wir bilden Sie aus! • Wenn Sie gern mit Menschen arbeiten, z. B. als Erzieher oder Pflegekraft, dann sind Sie bei uns richtig. • Beginn: September und März möglich • Dauer: 2–3 Jahre • Unterstützung vom Jobcenter möglich
`mehr …`

f **Bau deinen Traum!**
Immobilien GmbH, Erfurt
Bauen Sie in Innenstadtlage ein kleines Restaurant für sich, Umbau/Sanierung notwendig, günstige Konditionen, 2 Monate mietfrei, danach 800,- € monatlich + Nebenkosten, Gästeparkplatz vorhanden, Hof kann man dazumieten
`mehr …`

b Welche Anzeige aus 7a passt zu welcher Person? Ordnen Sie zu.

1 Mohammed   Anzeige ....   3 Katja   Anzeige ....
2 Ludmilla   Anzeige ....   4 Stefan   Anzeige ....

Lernwortschatz

Branchen

die Baubranche
der Maschinenbau
die Produktion
die Logistik
die Landwirtschaft
die Gastronomie
der Einzelhandel
der Internethandel
die Veranstaltungsbranche

> Schreiben Sie zu jeder Branche zwei Berufe.

Berufe

der / die Lagerhelfer / in
der / die Logistikhelfer / in
der / die Paketfahrer / in
der / die Handwerker / in
die Küchenhilfe
die Hilfskraft
die ungelernte Arbeitskraft

> Schreiben Sie eine Liste mit Berufen für jeden Buchstaben im Alphabet.

Erfahrungen bei der Jobsuche

der / das Blog
der Beitrag
motiviert
frustrierend

> Schreiben Sie Sätze.

Stellenangebot

die Festanstellung
Vollzeit / Teilzeit arbeiten
unbefristet
der Minijob
qualifiziert
eine Lizenz erwerben
die Bezahlung nach Tarifvertrag
der Zuschlag
der Transportservice
die Personenbeförderung
die Buchung
umweltfreundlich
die Fernfahrt
der Einsatz nahe Wohnort
das Trinkgeld

> Lesen Sie die Wörter laut vor.

Bewerbung

Bewerbungsunterlagen (Pl.)
Führungszeugnis

> Ergänzen Sie die Artikel.

1 Ein Stellenangebot lesen und verstehen

Lesen Sie das Stellenangebot und beantworten Sie die Fragen in Stichworten.

Die Bau GmbH ist ein mittelständisches Familienunternehmen und sucht zur Verstärkung des Teams ab sofort einen ausgebildeten **Hochbaufacharbeiter (m/w/d)** in Vollzeit.

Wir erwarten:
- handwerkliches Geschick
- praktische Erfahrung im Wohnungsbau
- Motivation, körperliche Belastbarkeit und eine zuverlässige Arbeitsweise
- Führerschein ist von Vorteil

Das erwartet Sie:
- ein junges, offenes Team
- vielseitige Aufgaben
- faire Bezahlung
- ein unbefristeter Vertrag
- Weiterbildungsmöglichkeiten

Neugierig geworden? Dann schicken Sie uns Ihre Bewerbung nur per E-Mail an Frau Sonja Wilhelm: info@baux.de

---

1 In welcher Branche wird eine Arbeit angeboten? ....
2 Ab wann ist die Stelle frei? ....
3 Braucht man eine Ausbildung? ....
4 Braucht man einen Führerschein? ....
5 Ist die Stelle befristet oder unbefristet? ....
6 Wie kann man sich bewerben? ....

2 Sich über eine ausgeschriebene Stelle informieren

🔊 92   Lesen Sie zuerst die Fragen. Hören Sie dann das Telefongespräch und beantworten Sie die Fragen in Ihrem Heft.

1 Wo hat Herr Pop die Stellenanzeige gefunden?
2 Wo hat Herr Pop Erfahrung in der Baubranche gesammelt?
3 Wann kann Herr Pop anfangen?
4 Für welche Baustelle soll Herr Pop arbeiten?
5 Wann ist das Vorstellungsgespräch?

3 Sich über eigene Erfahrungen bei der Arbeitssuche austauschen

Was schreibt Ion Pop seinem Freund Rashid über das Telefongespräch aus Aufgabe 2 mit Frau Wilhelm? Schreiben Sie in Ihr Heft.

1   Die Bewerbung 📖 1

a   Was ist richtig? Kreuzen Sie an. ⭐

1	☐ der	☐ die	☐ das	Bewerbung	5	☐ der	☐ die	☐ das	Anschreiben
2	☐ der	☐ die	☐ das	Stellenanzeige	6	☐ der	☐ die	☐ das	Lebenslauf
3	☐ der	☐ die	☐ das	Bewerbungsmappe	7	☐ der	☐ die	☐ das	Gehalt
4	☐ der	☐ die	☐ das	Vorstellungsgespräch	8	☐ der	☐ die	☐ das	Job

b   Was passt? Verbinden Sie. ⭐⭐

1   sich auf eine Stellenanzeige   a   verfassen
2   einen Lebenslauf und ein Anschreiben   b   lesen
3   die Bewerbungsunterlagen per Mail   c   anfangen
4   sich in einem Bewerbungsgespräch   d   senden
5   einen neuen Job   e   bewerben
6   Stellenanzeigen   f   vorstellen

c   Beschreiben Sie, wie die Jobsuche in einem Land Ihrer Wahl funktioniert (z. B. Angebote finden, Beratung, Bewerbung schreiben, Vorstellungsgespräch). Schreiben Sie zuerst Ihre Ideen ins Heft. Präsentieren Sie sie dann circa zwei Minuten Ihrer Partnerin / Ihrem Partner. ⭐⭐⭐

2   Stellenanzeigen 📖 1

a   Lesen Sie die Stellenanzeigen. Welcher Beruf passt? Ergänzen Sie.

Lageristen | Friseur | Servicekraft

A

Wir suchen **Verstärkung** für unser Team:

.... (m / w / d)

im Landgasthof zur Linde in Eggebek, Schleswig-Holstein. Es kann sofort losgehen (25 Std./Woche)! Wir bewirten unsere Gäste im Gasthaus und im Sommer auch im gemütlichen Biergarten.
Kundenberatung, Kassieren und Bedienen sind Ihre Aufgaben. Vorkenntnisse in der Gastronomie sind wünschenswert, aber keine Bedingung. Sind Sie zeitlich flexibel und bereit, auch an Wochenenden oder Feiertagen zu arbeiten? Sind Sie zuverlässig, motiviert und belastbar? Dann bewerben Sie sich bitte unter Tel. 0 46 09-48 73 09 oder schicken uns Ihre Bewerbung per Mail an landgasthof-zur-linde@xmail.com.

B

Wir suchen Sie!

.... (m / w / d) in Voll- und Teilzeit, auch Azubis und Fachkräfte auf der Suche nach 538 €-Jobs sind herzlich willkommen! In unseren Filialen in Gütersloh brauchen wir dringend Verstärkung.
Wir bieten ein freundliches, kundenorientiertes Team und eine faire Vergütung. Zu Beginn Ihrer Tätigkeit werden Sie kostenlos in unserer Pflanzenfarben-Produktpalette geschult. Haben wir Ihr Interesse geweckt?
Dann bewerben Sie sich bitte bei Haargenau Gütersloh, E-Mail: info@haargenau-guetersloh.de. Wir freuen uns auf Ihre Bewerbung! Bei Rückfragen schicken Sie uns bitte eine E-Mail oder rufen Sie uns an unter 0177-542 30 87.

c

Omega Logistics GmbH

Wir sind ein führendes Unternehmen in der Lagerlogistik mit 40 Standorten in ganz Deutschland. Zur Unterstützung unseres Teams suchen wir ab sofort mehrere _____ (m / w / d).

Diese Aufgaben erwarten Sie:
– Sie be- und entladen Lkws.
– Sie nehmen Waren an und prüfen sie auf Vollständigkeit.
– Sie lagern die Waren fachgerecht ein.

Was Sie mitbringen sollten:
– idealerweise Berufserfahrung im Lager und einen gültigen Staplerschein
– Bereitschaft zur Schichtarbeit

Wir bieten:
– eine attraktive Vergütung inkl. Nacht-, Wochenend- und Feiertagszuschlägen
– flexible Arbeitszeiten
– individuelle Weiterbildungsmöglichkeiten

Arbeitsort: Chemnitz, Kassel oder Saarbrücken. Interessiert? Dann bewerben Sie sich bitte in unserem Bewerberportal auf www.omega-logistics.de.
Gern beantworten wir Ihre Fragen: Tel.: 040 / 76 436-0.

b Lesen Sie die Anzeigen aus 2a noch einmal. Zu jeder Anzeige gibt es eine Aufgabe. Kreuzen Sie die richtige Antwort an.

1   Als Kellner im Landgasthof zur Linde braucht man

   a ☐ Vorkenntnisse in der Gastronomie.

   b ☐ keine Berufserfahrung in der Gastronomie.

   c ☐ eine Ausbildung zum Restaurantfachmann / zur Restaurantfachfrau.

2   Im Haarsalon Haargenau

   a ☐ muss man vor Arbeitsbeginn an einer kostenpflichtigen Schulung teilnehmen.

   b ☐ kann man auf 538 €-Basis arbeiten.

   c ☐ kann man ohne Ausbildung arbeiten.

3   Lageristen bei Omega Logistics müssen

   a ☐ einen gültigen Staplerschein besitzen.

   b ☐ ausgebildete Lageristen sein.

   c ☐ in Schichten arbeiten.

🔊 93 **c** Wer bewirbt sich auf welche Stellenanzeige? Hören Sie und ordnen Sie zu. Zu zwei Personen passen keine Stellenanzeigen.

1   Edith: Stellenanzeige _____

2   Achim: Stellenanzeige _____

3   Sina: Stellenanzeige _____

4   Moritz: Stellenanzeige _____

5   Erika: Stellenanzeige _____

3 Der tabellarische Lebenslauf

a In einem deutschen Lebenslauf kommen viele Nomen vor. Finden Sie die Nomen zu den folgenden Verben.

1 an einem Abendkurs teilnehmen *Teilnahme* an einem Abendkurs
2 die Grund- und Mittelschule besuchen .... der Grund- und Mittelschule
3 im Küchenbereich arbeiten .... im Küchenbereich
4 im Bereich Küche mitarbeiten .... im Bereich Küche
5 auf dem Bauernhof der Familie aushelfen .... auf dem Bauernhof der Familie
6 Integrationskurse besuchen .... von Integrationskursen
7 sich zum Kaufmann weiterbilden .... zum Kaufmann

b In einem Lebenslauf dürfen keine Fehler sein, sonst wird er meistens nicht gelesen. Finden Sie die Fehler und korrigieren Sie den Lebenslauf.

Lebenslauf Anne Wehrstein

Persönliche Daten

Geburtsdatum / -ort	15.08.1998 in Koblenz
Staatsangehörigkeit	deutsch
Familienstand	ledig
Adresse:	56 Hansestr., 40470 Düsseldorf *Fehler 1:* ....

Berufserfahrung

seit 2020	Festanstellung in der Harburg gGmbH, Düsseldorf
2010–2013	Verkauf von Snacks und Getränken im Kinoland, Koblenz

Schulsachen   *Fehler 2:* ....

2017–2019	Ausbildung zum Kaufmann für Büromanagement in der Harburg gGmbH, Düsseldorf	*Fehler 3:* ....
2008–2016	Besuch des Heinrich-Heine-Gymnasiums, Koblenz Abschluss: Abatur	*Fehler 4:* ....
2004–2008	Städtische Grundschule Burgwiesenstraße, Koblenz	

Kenntnisse

Sprechen	Deutsch (Muttersprache), Englisch (konversationssicher)	*Fehler 5:* ....
Computer	Microsoft Office-Programme, sicherer Umgang mit Datenbanken	

Düsseldorf	*Anne Wehrstein*	*Fehler 6:* ....

c Schreiben Sie Ihren eigenen tabellarischen Lebenslauf in Ihr Heft. Schreiben Sie dann den Lebenslauf am Computer.

4 Das Anschreiben

a Eine Freundin bittet Sie, ihr Bewerbungsschreiben zu verbessern, weil ihr Deutsch noch nicht so gut ist. Die Groß- und Kleinschreibung und die Satzzeichen sind falsch. Finden Sie die Fehler und korrigieren Sie sie. Schreiben Sie dann den Text richtig in Ihr Heft.

Betreff:	bewerbung als friseurin

≡ ▼

1 sehr geehrte damen und herren

mit großem interesse habe ich ihre stellenanzeige bei www.jobmeister.de gesehen und bewerbe mich deshalb um die stelle als friseurin

ich habe nach der hauptschule eine ausbildung zur friseurin gemacht und vor drei monaten
5 meine gesellenprüfung mit „gut" bestanden leider kann mich mein ausbildungsbetrieb nicht übernehmen sodass ich nun eine neue beschäftigung suche ich bin eine freundliche kommunikative person und meine ausbilder loben meine flexibilität und belastbarkeit außerdem bringe ich ein starkes interesse an mode und trends und viel motivation mit

gern möchte ich sie in einem vorstellungsgespräch persönlich von meinen stärken überzeu-
10 gen über eine einladung von ihnen freue ich mich daher ganz besonders

mit freundlichen grüßen

shabnam ansour

b Was ist richtig: *damit* oder *indem*? Kreuzen Sie an. ⭐

1 Ich möchte gern meine Computerkenntnisse erweitern,
  a ☐ damit ich einen besser bezahlten Job bekomme.
  b ☐ indem ich einen besser bezahlten Job bekomme.

2 Hannes sammelt Berufserfahrung in der Gastronomie,
  a ☐ damit er am Wochenende in einem Café jobbt.
  b ☐ indem er am Wochenende in einem Café jobbt.

3 a ☐ Damit Frau Klarenbach als Nachtschwester arbeitet,
  b ☐ Indem Frau Klarenbach als Nachtschwester arbeitet,
  bekommt sie einen Nachtzuschlag und etwas mehr Gehalt.

4 Als Koch muss man viel üben,
  a ☐ damit man ein Gefühl für die verschiedenen Zutaten bekommt.
  b ☐ indem man ein Gefühl für die verschiedenen Zutaten bekommt.

5 Emil hat eine gute Stelle als Sicherheitsmitarbeiter gefunden,
  a ☐ damit er wochenlang im Internet Stellenanzeigen gesucht und sich darauf beworben hat.
  b ☐ indem er wochenlang im Internet Stellenanzeigen gesucht und sich darauf beworben hat.

6 a ☐ Damit ich mich beruflich weiterentwickle und etwas Neues lerne,
  b ☐ Indem ich mich beruflich weiterentwickle und etwas Neues lerne,
  mache ich eine Fortbildung.

c Formen Sie die Sätze um. Beginnen Sie mit *dadurch, dass.*

1 Ich konnte viel Berufserfahrung sammeln dadurch, dass ich in vielen Abteilungen der Firma gearbeitet habe.

> *Dadurch, dass ich in vielen Abteilungen der Firma gearbeitet habe, konnte ich viel Berufserfahrung sammeln.*

2 Müslüm verbessert sein Anschreiben dadurch, dass er es einem deutschen Muttersprachler zum Lesen gibt.
3 Ilona beruhigt sich vor einem Bewerbungsgespräch dadurch, dass sie mehrmals tief durchatmet.
4 Frau Nader überzeugt in ihrem Anschreiben dadurch, dass sie ihre Berufserfahrung beschreibt.
5 Ich habe mich beruflich weiterentwickelt dadurch, dass ich immer mehr Verantwortung übernommen habe.

d Verbinden Sie die Sätze mit *damit* oder *um … zu.* Schreiben Sie die Sätze in Ihr Heft.

1 Konstantin kontrolliert die Ladung im Lkw. Der Lkw fährt pünktlich ab.

> *Konstantin kontrolliert die Ladung im Lkw, damit der Lkw pünktlich abfährt.*

2 Elena bewirbt sich bei Fit24. Sie bekommt eine bessere Stelle.
3 Herr Lehmann verschickt eine E-Mail mit Informationen zu den neuen Öffnungszeiten. Alle Mitarbeiterinnen und Mitarbeiter sind informiert.
4 Am Montag sollten wir neues Druckerpapier bestellen. Die Drucker und Kopierer im Büro sind nicht leer.
5 Sie müssen diesen Link anklicken. Sie registrieren sich im Onlineportal.
6 Mohamed stellt die Fritteuse eine Stufe herunter. Die Pommes frites verbrennen nicht.
7 Frau Hamami bringt ihren Blazer zur Reinigung. Sie sieht beim Vorstellungsgespräch gepflegt aus.
8 Hilda kopiert ihre Zeugnisse. Sie macht ihre Bewerbungsmappe fertig.

e Diktat. Hören Sie und schreiben Sie in Ihr Heft. Vergleichen Sie dann mit den Lösungen. 94 ◀

5 Das Vorstellungsgespräch

a Was bedeuten diese Wörter aus Mias Vorstellungsgespräch? Ordnen Sie den Begriffen die passende Erklärung zu.

1 der Kundenservice

2 die Kassenabrechnung

3 die Teilzeitstelle

4 Bruttoeinkommen

5 die Karrieremöglichkeiten

6 berufsbegleitend

a Man arbeitet nicht Vollzeit (40 Std./Woche), sondern weniger, z. B. 20 Stunden pro Woche.
b neben dem Job, oft abends oder am Wochenende
c das volle Gehalt, bevor Steuer und Versicherungen abgezogen werden
d die Chancen, im Job aufzusteigen
e am Ende der Schicht das Geld in der Kasse zählen und den Gewinn errechnen
f eine Abteilung, die sich um die Bedürfnisse und die Zufriedenheit der Kunden kümmert.

b Lesen Sie die Kurznachrichten. Zu jedem Text gibt es eine Aufgabe. Ist die Aussage richtig oder falsch? Kreuzen Sie an.

> Hey Kathy,
> ich komme gerade vom Vorstellungsgespräch und bin immer noch ganz aufgeregt. Ich glaube, es ist ganz gut gelaufen. Meine Erfahrung hat ihnen gut gefallen und auch meine Flexibilität fanden sie toll. Hoffentlich bekomme ich den Job! Das wäre so toll. Nächste Woche wollen sie sich wegen der Entscheidung melden. Natürlich bin ich jetzt sehr gespannt, wie es weitergeht. Aber erst mal muss ich warten. Drück mir die Daumen!
> Liebe Grüße
> Mia

> Hallo Irem,
> mach dir keine Sorgen wegen deiner Bewerbung! Wir können gern das Anschreiben zusammen schreiben. Ich habe erst vor ein paar Wochen ein Bewerbungstraining gemacht und kann dir bestimmt helfen. Hast du deinen Lebenslauf denn schon fertig? Vielleicht schickst du mir den mal. Dann kann ich schon überlegen, was du in dem Anschreiben schreiben solltest. Hast du am Samstagnachmittag dafür Zeit?
> Gruß
> Can

1 Mia hat den Job bekommen. ✓ ✗ ☐ ☐

2 Can bietet Irem seine Hilfe bei der Bewerbung an. ✓ ✗ ☐ ☐

6 Im Vorstellungsgespräch

a In einem Vorstellungsgespräch muss man viel über sich selbst sprechen. Lesen Sie die Wortwolke mit typischen Eigenschaften von Arbeitnehmerinnen / Arbeitnehmern. Übersetzen Sie die neuen Wörter in Ihre Muttersprache.

kundenorientiert schnell respektvoll
selbstständig flexibel belastbar kreativ
produktiv kollegial aufgeschlossen
zielstrebig verantwortlich
diszipliniert mobil ergebnisorientiert
lernbereit kompetent zuverlässig
konsequent organisiert
einfühlsam kompromissbereit freundlich
verantwortungsbewusst pünktlich
leidenschaftlich teamfähig

b Welche Adjektive aus 6a passen zu Ihnen? Sortieren Sie sie in eine Tabelle in Ihr Heft und schreiben Sie auch drei Schwächen. ⭐⭐

Meine Stärken	*Meine Schwächen*

c Wie können Sie es anders sagen? Formulieren Sie die Aussagen im Vorstellungsgespräch mit einem Nomen. Falls Sie das Nomen nicht kennen, sehen Sie in einem Wörterbuch nach. ⭐⭐⭐

1 Ich bin sehr belastbar.   →   Meine _Belastbarkeit_ ist ein großer Vorteil für das Unternehmen.

2 Ich bin teamfähig.   →   Die Kollegen mögen meine _____.

3 Ich bin zuverlässig.   →   Wegen meiner _____ arbeite ich sehr fleißig.

4 Ich bin kompetent.   →   Meine _____ hilft mir, Probleme zu lösen.

5 Ich bin offen.   →   Durch meine _____ lerne ich schnell Neues.

6 Ich bin produktiv.   →   Mein letzter Chef hat meine _____ sehr gelobt.

7 Ich bin flexibel.   →   Durch meine _____ kann ich auch abends oder am Wochenende arbeiten.

d Bereiten Sie sich auf ein Vorstellungsgespräch vor. Schreiben Sie die Antworten auf folgende Fragen. Lernen Sie dann die Antworten auswendig. ⭐⭐⭐

1 Erzählen Sie doch ein wenig über sich.

2 Was sind Ihre Stärken?

3 Wie haben Sie sich weiterqualifiziert?

4 Warum möchten Sie bei uns arbeiten?

5 Wie viel Berufserfahrung haben Sie?

6 Wo sehen Sie sich in fünf Jahren?

Lernwortschatz

Branchen und Berufe

die Systemgastronomie
der Kundenservice
der/die Kassenmitarbeiter/in
der/die Schichtleiter/in
die Aushilfe

Buchstabieren Sie die Wörter.

Interne Stellenanzeige

die Kassenführung
der Kassenbestand
die Dokumentation
die Warenlieferung
die Hygienevorschrift
der Qualitätsstandard
die Kundenzufriedenheit
abwechslungsreich
die Belastbarkeit
die Teamfähigkeit
das freundliche Auftreten

Welche Wörter beschreiben persönliche Fähigkeiten? Markieren Sie.

Lebenslauf

die Kenntnis
die persönlichen Fähigkeiten (Pl.)
die Kontaktdaten (Pl.)
die persönlichen Daten (Pl.)
vollständig
die Staatsangehörigkeit

Übersetzen Sie in Ihre Muttersprache.

Anschreiben

die Berufserfahrung
die Filiale
Stationen durchlaufen
vertraut sein mit
sich weiterentwickeln
die Herausforderung

Lesen Sie diese Wörter laut vor.

Vorstellungsgespräch

die Stelle besetzen
sich ein Bild machen (von)
die Anforderung
die Einarbeitung
einer Sache gewachsen sein
gut/schlecht umgehen können mit
die Aufstiegschance
berufsbegleitend
brutto

Schreiben Sie die Wörter auf Karteikarten. Schreiben Sie auf die Rückseite einen Satz mit den Wörtern.

1 Einen Lebenslauf schreiben

Lesen Sie den Text. Sind die Aussagen richtig oder falsch? Kreuzen Sie an.

---

1 **Vier Tipps für einen guten Lebenslauf**

Das wichtigste Dokument in den Bewerbungsunterlagen ist der Lebenslauf. Er entscheidet, ob man zu einem Vorstellungsgespräch eingeladen wird oder nicht. Hier kommen vier Tipps für einen guten Lebenslauf:

5 **1.** Der Lebenslauf darf keine Rechtschreib-, Grammatik- oder Tippfehler enthalten. Viele Personalchefinnen und -chefs sortieren Lebensläufe mit Fehlern aus. Am besten gibt man den Lebenslauf einem deutschen Muttersprachler zum Lesen, bevor man ihn abschickt.

2. Ein Foto ist in Deutschland keine Pflicht mehr. Untersuchungen haben aber gezeigt, dass das Bild vielen Arbeitgebern wichtig ist. So bekommen sie einen Eindruck von der Bewerberin oder
10 dem Bewerber. Auf dem Porträtfoto sollte man gepflegt und professionell aussehen und vor einem neutralen Hintergrund sitzen. Ein leichtes Lächeln ist besser als ein zu ernster Blick.

3. Bei der Angabe der Lebensdaten sollte man mit der aktuellen Beschäftigung anfangen und dann die Daten chronologisch rückwärts aufführen. Die Schulbildung kommt als Letztes. Der höchste Schulabschluss ist am wichtigsten. Es wird empfohlen, den tabellarischen Lebenslauf in
15 Kategorien zu ordnen, z. B. in Berufserfahrung, Ausbildung, Schulbildung usw.

4. Ein Lebenslauf sollte einen guten Überblick bieten und nicht zu detailliert und lang sein. Im Idealfall hat er eine oder maximal zwei Seiten.

                       ✓ ✗

1 Das Anschreiben ist wichtiger als der Lebenslauf in den Bewerbungsunterlagen. ☐ ☐

2 Der Lebenslauf muss zu 100 % richtig sein. ☐ ☐

3 Das Foto ist den meisten Arbeitgebern unwichtig. ☐ ☐

4 Die Informationen sollte man im Lebenslauf geordnet nach Kategorien darstellen. ☐ ☐

5 Ein Lebenslauf muss mindestens zwei Seiten lang sein. ☐ ☐

☺ 😐 ☹
☐ ☐ ☐

2 Ein Vorstellungsgespräch führen

🔊 95 Hören Sie das Bewerbungsgespräch und ergänzen Sie die Sätze.

1 Das Vorstellungsgespräch von Herrn Noseck ist um _____ Uhr.

2 Herr Noseck stellt sich für eine Stelle als Nachtportier im _____ Europa vor.

3 Vor dem Gespräch hat er Frau Thurn die _____ übersendet.

4 Tagsüber lernt Herr Noseck an einer Universität. Er ist _____ .

5 Herr Noseck spricht Englisch, Spanisch und lernt _____ .

6 Frau Thurn spricht heute noch mit _____ anderen Bewerbern.

☺ 😐 ☹
☐ ☐ ☐

3 Ein Anschreiben verfassen

 Suchen Sie unter https://con.arbeitsagentur.de/prod/jobboerse/jobsuche-ui/ eine Stelle in Ihrer Stadt, auf die Sie sich gern bewerben möchten. Verfassen Sie ein Anschreiben. Schreiben Sie auch, warum Ihr Profil besonders gut zu der Stelle passt.

1 Der Arbeitsvertrag 📖①

a Lesen Sie die Begriffe und ordnen Sie ihnen die Erklärungen zu. ⭐

1	Tätigkeiten	a	der gesamte Arbeitszeitraum
2	Arbeitszeit	b	Arbeitsunfähigkeit, also nicht arbeiten können
3	Urlaubsanspruch	c	das monatliche Bruttogehalt
4	Kündigungsfrist	d	die Zeit, in der man auf Probe angestellt ist
5	Beginn des Arbeitsverhältnisses	e	alle weiteren Punkte im Vertrag
6	weitere Vereinbarungen	f	wie lange man täglich arbeiten muss
7	Dauer des Arbeitsverhältnisses	g	Stellenbeschreibung
8	Probezeit	h	die Frist, die man bei der Kündigung beachten muss
9	Krankheit	i	der erste Arbeitstag
10	Arbeitsvergütung	j	Anzahl der Urlaubstage

b Lesen Sie den Arbeitsvertrag im Kursbuch in 1b noch einmal. Welche Aussage ist richtig? Kreuzen Sie an. ⭐⭐

		✓	✗
1	Tülins Arbeitsverhältnis beginnt Mitte Januar.	☐	☐
2	Tülin hat einen unbefristeten Arbeitsvertrag.	☐	☐
3	Sie kann den Beginn ihrer täglichen Arbeitszeit selbst wählen.	☐	☐
4	Ihre Probezeit beträgt drei Monate und zwei Wochen.	☐	☐
5	Nach drei Monaten beträgt ihre Kündigungsfrist vier Wochen zum Monatsende.	☐	☐

c Ergänzen Sie die Lücken. ⭐⭐⭐

> schriftlichen | monatliche | Abfuhrplan | Dauer | Anspruch | eingestellt | Arbeitsverhältnis | wöchentliche

§ 1 Beginn des Arbeitsverhältnisses: Das ....1................ beginnt am 01.09.20...

§ 2 ....2................ **des Arbeitsverhältnisses:** Das Arbeitsverhältnis endet ohne gesonderte Vereinbarung nach 3 Jahren zum 01.09.20.... Das Ende des Arbeitsverhältnisses bedarf keiner ....3................ Kündigung. Ein vorzeitiges Ende des Arbeitsverhältnisses bedarf einer schriftlichen Kündigung.

§ 3 Tätigkeiten: Der Arbeitnehmer wird als Müllwerker ....4................ und wird als Fahrer für eines der Müllfahrzeuge eingesetzt. In dieser Tätigkeit wird er das Fahrzeug nach ....5................ zu den einzelnen Haushalten fahren, sodass der Haushaltsmüll eingesammelt werden kann. Anschließend fährt er den Müll zu den unterschiedlichen Deponien, um ihn dort zu entladen.

§ 4 Arbeitsvergütung: Das ....6................ Bruttogehalt beträgt 2400 Euro.

§ 5 Arbeitszeit: Die ....7................ Arbeitszeit umfasst 38 Stunden. Beginn und Ende der täglichen Arbeitszeit richten sich nach der betrieblichen Einteilung.

§ 6 Urlaub: Der Arbeitnehmer hat einen ....8................ auf 24 Arbeitstage Urlaub pro Jahr.

2   Verben und Nomen im Arbeitsvertrag   📖 1

a   Lesen Sie die Verben und ergänzen Sie das passende Nomen mit der Endung *-ung*. ⭐

1	vergüten	*die Vergütung*		4	versichern	
2	vereinbaren			5	kündigen	
3	zahlen			6	bezahlen	

b   Welche Wörter passen nicht? Streichen Sie durch. ⭐⭐

1. Einen Arbeitsvertrag kann man   **anmelden / unterschreiben / verlängern / kündigen.**
2. Die Arbeitszeit kann man   **verkürzen / kündigen / verlängern / ändern.**
3. Die Tätigkeiten kann man   **wechseln / ändern / einreichen / übernehmen.**
4. Die Kündigung kann man   **wechseln / schreiben / einreichen / aussprechen.**
5. Den Arbeitsplatz kann man   **kündigen / verschenken / wechseln / aufgeben.**

c   Bringen Sie die Sätze in die richtige Reihenfolge und schreiben Sie sie. ⭐⭐⭐

1. auf unbestimmte Zeit | das Arbeitsverhältnis | geschlossen | wird

2. besteht | zur Vorlage | eines Attests | ab dem dritten Krankheitstag | die Pflicht

3. beiderseits | während der Probezeit | von zwei Wochen | das Arbeitsverhältnis | gekündigt | kann | mit einer Frist | werden

🔊 96   **d**   Diktat. Hören Sie und schreiben Sie in Ihr Heft. Korrigieren Sie dann mithilfe der Lösungen.

3   Der erste Arbeitstag   📖 2

a   Welche Fragen kann man am ersten Arbeitstag stellen? Kreuzen Sie an.

1. ☐ Wie heißen Sie?
2. ☐ In welcher Abteilung arbeiten Sie?
3. ☐ Sind Sie verheiratet?
4. ☐ Welche Aufgaben haben Sie in der Firma?
5. ☐ Mit welchem Kollegen kann man gut zusammenarbeiten?

b   Was passiert normalerweise am ersten Arbeitstag? Kreuzen Sie an.

Die Personalchefin / die Teamleiterin / die Abteilungsleiterin …
1. ☐ … begrüßt den neuen Mitarbeiter.
2. ☐ … geht mit dem Mitarbeiter zum Betriebsarzt.
3. ☐ … zeigt dem Mitarbeiter seinen Arbeitsplatz.
4. ☐ … bespricht mit dem Mitarbeiter sein Gehalt.
5. ☐ … stellt den Mitarbeiter seinen Kolleginnen und Kollegen vor.
6. ☐ … übergibt das Arbeitsmaterial oder die Arbeitskleidung.

c Lesen Sie den Chat zwischen Tülin und ihrer Freundin Rana. Beantworten Sie dann die Fragen in ganzen Sätzen.

Rana
Hey Tülin, wie war dein erster Arbeitstag?

Tülin
Ganz gut! Ich habe zuerst Herrn Lemmert, den Teamleiter, kennengelernt.

Musstest du denn schon richtig arbeiten?

Ja, aber erst wurde ich zur Kleiderkammer geschickt. Dort habe ich von Frau Frese meine Arbeitskleidung erhalten. Leider hatte Frau Frese keine Sicherheitsschuhe in meiner Größe da, sodass ich heute größere Schuhe tragen musste.

Oje! Ist das gut gegangen?

Das war nicht so bequem, aber Arbeitsschuhe in meiner Größe sind bestellt.

Wie sind denn die Kollegen?

Ich habe heute mit Tim Strasser und Sami Abdul zusammengearbeitet. Beide sind sehr nett und haben mir alles erklärt. Das hat mir beim Arbeitsstart geholfen.

Arbeitest du jetzt immer mit den beiden?

Nein, die Teams wechseln leider täglich und ich hoffe, dass ich morgen auch in ein nettes Team komme.

Das hört sich doch alles prima an.

Ja schon, aber wir machen mehrere Touren am Tag und auch wenn das gar nicht so aussieht, ist der Job anstrengend. Ich bin schon sehr müde. Aber das Betriebsklima ist super.

1 Wen hat Tülin zuerst kennengelernt?

2 Welches Problem hatte Tülin mit ihrer Arbeitskleidung?

3 Was findet Tülin schade für das Arbeitsteam?

4 Wie hat sich Tülin am Ende des ersten Arbeitstags gefühlt?

4 Sich mit den Kolleginnen und Kollegen unterhalten 📖 3

a Ergänzen Sie den Dialog.

> Das ist ganz normal am ersten Tag. **|** Ja, gern, das ist nett von Ihnen. **|** Ich bin Ihre neue Kollegin. **|** Mein Name ist Hannes Lüder. **|** Nein, wir sind mit mir fünf Personen im Team.

▶ Guten Tag, ich bin Ariana Breuer. ....1.............................. .

▷ Guten Tag, Frau Breuer und herzlich willkommen in unserer Firma.
.............................2.............................. . Ich bin der Abteilungsleiter hier.
Kann ich Ihnen Ihren Arbeitsplatz zeigen?

▶ ....3.............................. . Arbeite ich in einem großen Team?

▷ ....4.............................. .

▶ Das ist schön. Ich habe natürlich noch ganz viele Fragen.

▷ ....5.............................. . Fragen Sie mich oder die Kollegen einfach, wenn Sie etwas wissen möchten.

b Sehen Sie sich die Fotos an. Welche Fotos zeigen Kolleginnen und Kollegen im Gespräch? Kreuzen Sie an.

☐ ☐ ☐ ☐

🔊 97 **c** Hören Sie die Dialoge. Schreiben Sie, zu welchem Foto aus 4b die Dialoge passen.

Dialog 1: Foto ☐   Dialog 3: Foto ☐
Dialog 2: Foto ☐   Dialog 4: Foto ☐

🔊 98 **d** Hören Sie noch einmal die zwei Gespräche zwischen Kolleginnen und Kollegen. Zu jedem Gespräch gibt es zwei Aufgaben. Ist die Aussage richtig oder falsch und welche Antwort (a oder b) passt am besten? Kreuzen Sie an.

　　　　　　　　　　　　　　　　　　　　　　　✓　✗

1 Die Kollegen sprechen über eine kaputte Produktionsmaschine. ☐ ☐

2 Laura
　a ☐ hat den Fehler gefunden.
　b ☐ hält die Reparatur für sehr wichtig.

3 Die Kolleginnen unterhalten sich über eine Fortbildung. ☐ ☐

4 Katja
　a ☐ wird sicher Teamleiterin.
　b ☐ hat am Montag ein Gespräch mit ihrer Chefin.

5 Infinitiv mit *zu* 📖 4

a Welches Verb passt? Ergänzen Sie die Dialoge mit *zu* + Infinitiv. ⭐

> treffen | werden | helfen | verstehen | unternehmen | aufstehen

1

> Ich habe Probleme, den Arbeitsauftrag
> .... Hast du kurz Zeit,
> mir .... ?

> Mal sehen, was ich tun kann.

2

> Um rechtzeitig mit beiden Abfuhrtouren
> fertig ...., müssen wir um
> halb sieben losfahren.

> Es fällt mir schwer, morgens so
> früh ....

3

> Wegen der Arbeitszeiten ist es nicht
> einfach mit Freunden am Wochenende
> etwas ....

> Ich finde es toll, Freunde auch mal
> in der Woche ....

b Bringen Sie die Sätze mit *zu* + Infinitiv in die richtige Reihenfolge. Schreiben Sie sie. ⭐⭐

1 als | Krankenpflegerin | arbeiten | es ist nicht einfach

....

2 nette Kollegen | Pia | freut sich | haben | auf der Arbeit

....

3 nicht vergessen | an der Schulung | teilnehmen | darfst | du

....

4 leiten | hat die Möglichkeit | Ariana | das neue Team

....

5 eine Ausbildung | abschließen | es ist wichtig

....

c Bilden Sie Sätze mit *zu* + Infinitiv. Schreiben Sie die Sätze in Ihr Heft. ⭐⭐⭐

1 Auf dem Betriebsgelände ist das Rauchen nicht erlaubt.
2 Nehmen Sie regelmäßig an Sicherheitsschulungen teil. Das ist wichtig.
3 Erklären Sie mir den Arbeitsauflauf noch einmal. Ich bitte Sie darum.
4 Halten Sie Termine ein. Das ist notwendig.
5 Ab dem dritten Arbeitstag muss man ein Attest vorlegen. Es besteht die Pflicht.

6 Der erste Tag [5]

a Welche Aussage ist richtig? Lesen Sie die E-Mail der Personalchefin und kreuzen Sie an.

Betreff: Ihr erster Arbeitstag

[≡ ▼]

1   Liebe Frau Senna,

herzlich willkommen in der Firma Duotech AG. Die Personalleitung und alle Mitarbeiter freuen sich, Sie als Verstärkung unseres Teams begrüßen zu dürfen.

Ihr erster Arbeitstag ist am Montag. Bitte kommen Sie um 9:00 Uhr in die Personalabteilung.

5   Meine Kollegin, Frau Hannemann, wird dann mit Ihnen einen kleinen Rundgang durch die Firma machen und Ihnen alle Abteilungen kurz zeigen und vorstellen. Im Anschluss begleitet Sie Frau Hannemann in die Produktionsabteilung und stellt Ihnen Herrn Markwart, Ihren zukünftigen Teamleiter, vor.

Bitte bringen Sie am Montag noch Ihre Steuernummer mit. Diese müssen wir in Ihren Unterlagen

10   noch ergänzen. Alle weiteren Angaben zur Ihrer Person haben wir der Bewerbung entnommen.

Ich wünsche Ihnen einen guten Start und gutes Gelingen.

Beste Grüße

Sandra Jakobi
Personalleiterin Duotech AG

---

1   Frau Senna soll um 9:00 Uhr

   a ☐ zu Herrn Markwart gehen.

   b ☐ zu Frau Jakobi kommen.

2   Der Personalabteilung fehlt noch die Angabe

   a ☐ zum Familienstand.

   b ☐ zur Steuernummer.

🔊 99 **b** Bringen Sie den Dialog in die richtige Reihenfolge. Hören Sie dann zur Kontrolle.

[1] ○ Guten Tag, Frau Senna, ich habe Sie erwartet. Willkommen in meinem Team.

☐ ○ In der Frühstückspause haben Sie dann die Möglichkeit, das gesamte Team kennenzulernen. Haben Sie Ihre Arbeitskleidung schon erhalten?

☐ ○ Nun, das ist die Produktionsabteilung. Wir sind hier insgesamt 15 Mitarbeiter. Sie arbeiten mit Frau Neli eng zusammen. Möchten Sie, dass ich Ihnen zuerst Ihren Arbeitsplatz zeige?

☐ ○ In der Regel schon. Es kann manchmal wechseln, wenn eine Kollegin oder ein Kollege krank ist. Haben Sie diese Tätigkeit schon vorher gemacht?

[11] ○ Das macht Herr Becker von der Materialausgabe. Das erledigen wir gleich gemeinsam.

☐ ○ Das ist ganz normal. Frau Neli wird Sie einarbeiten und Ihnen alles erklären. Kommen Sie, ich stelle Ihnen die Kollegin vor.

☐ ● Guten Tag, Herr Markwart. Ich freue mich.

☐ ● Schön. Lerne ich heute auch die anderen Kollegen kennen?

☐ ● Bisher noch nicht. Wer händigt mir die Arbeitskleidung aus?

☐ ● Ja, das wäre sehr gut. Arbeite ich immer mit derselben Person zusammen?

☐ ● Nein, bisher noch nicht. Ich habe da noch viele Fragen.

Lernwortschatz

Der Arbeitsvertrag

die Vertragsunterzeichnung
die Zusage
einstellen
der Arbeitnehmer
die Arbeitsvergütung
die Dauer
auf unbestimmte Zeit
betriebliche Einteilung
sich richten nach
die Probezeit
die Kündigung
Anspruch haben auf
die Frist
beiderseits
regelmäßig
der Kalendermonat
die Arbeitsunfähigkeit
die Krankschreibung
die Pflicht
die Vorlage
das Attest
die gesetzliche Bestimmung

Lernen Sie die Wörter mit Karteikarten.

Der erste Arbeitstag

Tour
Sicherheitsvorschrift
Arbeitskleidung
Kleiderkammer
Personalbüro
Steuernummer
Bankverbindung
sich gut/schlecht verstehen mit
jmdn./einander duzen
ein Recht haben auf

Ergänzen Sie die Artikel.

Bei der Schulung

die Praxis
praktisch
theoretisch
die Chipkarte
einchecken
die Fahrgastbeförderung
die Lizenz
offiziell
Prüfungen ablegen
die Reihenfolge
mitschreiben

Markieren Sie die Verben.

1 In einem Arbeitsvertrag Informationen verstehen

Lesen Sie den Text. Sind die Aussagen dazu richtig oder falsch? Kreuzen Sie an.

---

1 **Der Arbeitsvertrag** ⌂ ☰

Einen Arbeitsvertrag kann man im Prinzip auch nur mündlich abschließen. Meistens jedoch wird er schriftlich verfasst. Insbesondere wenn das Arbeitsverhältnis befristet ist, muss der Arbeitsvertrag schriftlich erfolgen. Man nennt diesen Arbeitsvertrag auch befristeter Arbeitsvertrag. Ein

5 unbeschränktes Arbeitsverhältnis bezeichnet man als unbefristeten Vertrag.

In einem Arbeitsvertrag wird ein Austausch von Leistungen geregelt: Der Arbeitnehmer macht seine Arbeit, dafür zahlt der Arbeitgeber dem Arbeitnehmer einen Lohn. Daher muss in einem Arbeitsvertrag alles stehen, was mit dem Arbeitsverhältnis zu tun hat und dieses regelt. Dort sind nicht nur der Arbeitsort und die Arbeitszeit vermerkt, sondern auch die Tätigkeit und die Aufga-

10 ben des Arbeitnehmers. Ebenfalls müssen dort der Urlaubsanspruch und eine eventuelle Probezeit vermerkt sein.

		✓	✗
1	Es muss immer einen Vertrag in Papierform geben.	☐	☐
2	Der Arbeitsort ist in einem Arbeitsvertrag nicht notwendig.	☐	☐
3	Im Arbeitsvertrag steht immer, für welche Tätigkeit man angestellt wird.	☐	☐
4	Die Anzahl der Urlaubstage steht im Arbeitsvertrag.	☐	☐
5	Es gibt immer eine Probezeit.	☐	☐

🙂 😐 ☹
☐ ☐ ☐

2 Nachfragen zu einem Arbeitsvertrag stellen

🔊 **100** Hören Sie das Telefonat zwischen Frau Senna und der Personalchefin Frau Jakobi. Über welche Themen aus dem Arbeitsvertrag sprechen sie? Kreuzen Sie an.

1 ☐ Urlaubstage   4 ☐ Nebentätigkeit

2 ☐ Kündigungsfrist   5 ☐ die monatliche Bezahlung

3 ☐ Arbeitsorte   6 ☐ die Probezeit

🙂 😐 ☹
☐ ☐ ☐

3 E-Mails an das Personalbüro schreiben

Am Montag ist Ihr erster Arbeitstag in einer neuen Firma. Schreiben Sie dem Personalchef, Herrn Müller, eine kurze E-Mail. Schreiben Sie etwas zu folgenden Punkten.

- wann Ihr Arbeitsantritt ist
- welche Unterlagen noch fehlen
- wer Ihre Ansprechpartnerin oder Ihr Ansprechpartner ist
- wo Sie Ihre Arbeitskleidung bekommen.

🙂 😐 ☹
☐ ☐ ☐

1 Eine Teambesprechung 📖 1

a Bilden Sie aus den Worthälften zehn Wörter. Schreiben Sie sie in Ihr Heft.

Urlaubs- | Arbeits- | Arbeits- | Einsatz- | Konferenz- | Ruhe- | Sonder- | Team- | Schicht- | Telefon-

-planung | -antrag | -raum | -stand | -leiter | -zeiten | -plan | -urlaub | -ablauf | -training

b Lesen Sie die E-Mail. Sind die Aussagen dazu richtig oder falsch? Kreuzen Sie an.

Von:	jenny@lagerlogistik.de
An:	mitarbeiter@lagerlogistik.de
Betreff:	Teambesprechung

≡ ▼

1 Liebe Kolleginnen und Kollegen,

da Herr Hartmann am Ende des Monats in den Ruhestand geht, werde ich die Organisation unserer monatlichen Teambesprechungen übernehmen. Heute sende ich euch die TOPs für das kommende Meeting am Montag:

5 – Telefontraining Mitarbeiterinnen und Mitarbeiter: Termine
– Urlaubsantrag: neues Formular
– Verabschiedung Herr Hartmann in den Ruhestand: Organisation der Feier
– Sonstiges

Bitte sendet mir bis Freitag weitere Themen zu, die ich unter Sonstiges aufnehmen kann. Wir
10 treffen uns wie üblich um 10:00 Uhr im Konferenzraum.

Viele Grüße

Jenny Schmidt
Teamleiterin

	✓	✗
1 Die Teambesprechungen finden jeden Montag statt.	☐	☐
2 Die Mitarbeiter sollen noch weitere Besprechungspunkte zusenden.	☐	☐
3 Herr Hartmann wird bald in Rente gehen.	☐	☐

c Welche Themen könnten als TOPs zu „Sonstiges" passen? Kreuzen Sie an.

1 ☐ Betriebsausflug   3 ☐ Regelung Überstunden   5 ☐ Urlaubplanung
2 ☐ Freizeitgestaltung   4 ☐ Krankmeldung   6 ☐ Kindergeld

d Schreiben Sie Ihrer Teamleiterin, Jenny Schmidt, eine Antwort auf die E-Mail in 1b. Teilen Sie ihr weitere Themen für die Teambesprechung aus 1c mit. Vergessen Sie nicht die Anrede und den Gruß.

2 Kommunikation im Team 📖 1

a Bringen Sie die Ja-/Nein-Fragen in die richtige Reihenfolge. Schreiben Sie in Ihr Heft. ⭐

1 Sie | der Firma | bei | arbeiten | Müller   *Arbeiten Sie bei der Firma Müller?*

2 beschäftigt | Sie | im Unternehmen | sind | lange | schon

3 die Teambesprechung | 11:00 Uhr | heute | um | statt | findet

4 erstellt | die Einsatzplanung | schon | ist

b Welche Formulierung ist richtig? Unterstreichen Sie. ⭐

1 **Wer / Wo** arbeiten Sie?

2 **Wie / Wann** oft haben wir eine Teambesprechung im Monat?

3 **Warum / Welche** Themen werden in einer Teambesprechung angesprochen?

4 **Wann / Welche** kann man Sonderurlaub beantragen?

5 **Wer / Was** organisiert eine Teambesprechung?

c Welche der indirekten Fragen passt zu der direkten Ja-/Nein-Frage? Kreuzen Sie an. ⭐⭐

1 Paul: Kann ich mich als Automechaniker selbstständig machen?

  a ☐ Paul möchte wissen, ob er sich als Automechaniker selbstständig machen kann.

  b ☐ Paul fragt, warum er sich als Automechaniker selbstständig machen kann.

2 Susanna: Müssen alle Teammitglieder an der Fortbildung teilnehmen?

  a ☐ Susanna fragt, wann alle Teammitglieder an der Fortbildung teilnehmen müssen.

  b ☐ Susanna fragt, ob alle Teammitglieder an der Fortbildung teilnehmen müssen.

3 Rashad: Dauert die Teambesprechung heute sehr lange?

  a ☐ Rashad möchte wissen, ob die Teambesprechung heute sehr lange dauert.

  b ☐ Können Sie mir sagen, wie lange die Teambesprechung heute dauert?

d Bilden Sie aus den direkten Fragen indirekte Fragen. Schreiben Sie in Ihr Heft. Es gibt auch mehrere Möglichkeiten. ⭐⭐⭐

1 Wo ist die Kantine?   Naima | wissen

  Naima, weißt du, wo die Kantine ist? / Naima möchte wissen, wo die Kantine ist.

2 Sind das alle TOPs für die heutige Besprechung?   Herr Lose | sagen

3 Welche Qualifikation hat Frau Hansen?   Herr Maier | wissen

4 Soll die Personalabteilung Ihnen den Arbeitsvertrag zuschicken?   Herr Agnielli | sagen

5 Wann hast du Urlaub?   Semih | sagen

6 Bekommen wir Urlaubsgeld?   Frau Steger | wissen

7 Was sind Ihre Aufgaben?   Frau Albers | sich interessieren

8 Hat Piotr den Job bekommen?   du | wissen

3 Urlaub beantragen 📖2

a Lesen Sie die E-Mail. Beantworten Sie die Fragen in ganzen Sätzen in Ihrem Heft.

---

1 Sehr geehrter Herr Kader,

hiermit bestätige ich Ihnen den Eingang Ihrer E-Mail zum Urlaubsantrag und genehmige Ihnen Ihren Jahresurlaub vom 7. bis 21. Mai. Das sind 10 von den Ihnen zustehenden 21 Werktagen.

Für den einen Tag Sonderurlaub benötigen wir zur Anerkennung zusätzlich einen Nachweis,
5 z. B. in Form einer Heiratsurkunde oder der entsprechenden Seite aus dem Stammbuch in Kopie. Diese können Sie selbstverständlich nach Ihrem Urlaub bei uns einreichen.

Ich wünsche Ihnen einen erholsamen Urlaub und eine unvergessliche Hochzeitsfeier.

Mit freundlichen Grüßen

Edith Tillich

---

1 Von wem ist die E-Mail?
2 Wer bekommt die E-Mail?
3 Worum geht es in der E-Mail?
4 Was muss Kazim nach dem Urlaub einreichen?

b Hören Sie das Gespräch zwischen Kollegen. Sind die Aussagen richtig oder falsch und welche Antworten (a oder b) passen am besten? **101** 🔊

	✓	✗
1 Die Kollegen planen den Urlaub für alle Teammitglieder.	☐	☐
2 Die anderen Teammitglieder haben ihre Wünsche geäußert.	☐	☐

3 Mustafas Sohn
  a ☐ ist schon volljährig.
  b ☐ fährt nie in Urlaub.

4 Die Kollegin
  a ☐ geht zuerst in Urlaub.
  b ☐ macht nach Mustafa Urlaub.

c Mustafa hat es sich anders überlegt und schreibt Sina eine Kurznachricht.
Schreiben Sie Mustafa eine Antwort.

Mustafa
Ich muss meinen Urlaub doch nochmal verschieben. Können wir tauschen?

Sina
Nicht so gern.

Warum nicht?

....
....
....
....

4 Die Krankmeldung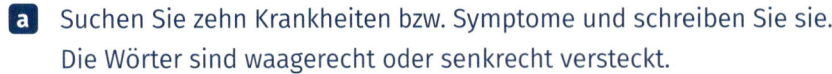

a Suchen Sie zehn Krankheiten bzw. Symptome und schreiben Sie sie.
Die Wörter sind waagerecht oder senkrecht versteckt.

K	O	P	F	S	C	H	M	E	R	Z	E	N	A	N	X
E	P	Q	I	A	Ü	A	L	L	E	R	G	I	E	F	U
I	E	W	E	P	P	L	U	I	P	N	Y	A	Q	U	I
N	I	E	B	L	L	S	E	R	Z	U	Q	Z	E	J	G
E	R	R	E	K	O	S	A	O	P	C	V	T	A	K	H
R	S	Ü	R	J	U	C	U	T	O	P	T	G	X	E	F
Z	S	B	A	U	C	H	S	C	H	M	E	R	Z	E	N
E	G	E	Y	B	A	M	S	V	U	E	U	I	A	N	G
R	O	L	B	V	E	E	C	A	S	Q	O	P	H	K	A
B	S	K	I	E	R	R	H	U	T	A	P	P	N	E	E
E	S	E	M	N	T	Z	L	W	E	R	U	E	W	R	N
U	D	I	L	U	J	E	A	E	N	S	E	A	E	A	U
R	F	T	L	I	M	N	G	I	E	V	R	U	H	X	U

b Was passt? Ordnen Sie zu.

1 Sehr geehrter Herr Braun,

2 Arbeitsunfähigkeit

3 Mit freundlichen Grüßen

4 leider kann ich heute nicht zur Arbeit kommen.

5 Ich bin krank und habe um 10 Uhr einen Arzttermin.

6 Sobald ich weiß, wie lange ich krankgeschrieben sein werde, melde ich mich.

7 Jan Nowak

a Betreff

b Name

c Einleitung

d Anrede

e Grund

f Grußformel

g Schlusssatz

c Schreiben Sie die E-Mail aus 4b in Ihr Heft. Achten Sie auf die Reihenfolge.

◀)) 102 **d** Hören Sie das Telefonat und beantworten Sie die Fragen dazu in ganzen Sätzen.

1 Warum kann Herr Clausen nicht zur Arbeit kommen?

2 Wohin will Herr Clausen nach dem Telefonat gehen?

3 Was muss Herr Clausen unbedingt heute noch machen?

4 Wer organisiert seine Vertretung?

5 Das Kind ist krank. 📖 4

a Ihr Kind ist krank. Was machen Sie? Ergänzen Sie die Verben. Bringen Sie dann die Schritte in die richtige Reihenfolge.

☐ Arbeitgeber _____ ☐ Schule / Klassenlehrerin _____

☐ Medikamente _____ ☐ zum Kinderarzt _____

b Tülin schreibt eine E-Mail an die Klassenlehrerin ihrer Tochter. Ergänzen Sie die E-Mail.

Nachmittag | Dank | Kinderarzt | Woche | Schule | Tagen | Arbeitsblätter

---

≡ ▼

1 Liebe Frau Schrader,

meine Tochter, Melda Pamuk, kann heute leider nicht in die _____1_____ kommen.
Sie ist krank. Der _____2_____ empfiehlt, sie für den Rest der _____3_____
zu Hause zu behalten.

5 Bitte geben Sie Leonie Morris alle _____4_____ mit und schreiben Sie mir kurz auf,
was Melda in der Schule verpasst. Ich werde die Unterlagen morgen _____5_____
bei ihr abholen. Wir werden versuchen, den Lernstoff in den nächsten _____6_____
nachzuarbeiten.

Vielen _____7_____ .

10 Viele Grüße

Tülin Pamuk

---

6 Die Gehaltsabrechnung 📖 5+6

a Welche Wörter finden Sie in der Wortschlange? Markieren Sie und schreiben dann die Wörter mit Artikel in Ihr Heft. ⭐

ARBEITSLOSENVERSICHERUNGABSICHERUNGPFLEGEVERSICHERUNGGEHALTSABRECHNUNGKRANKENVERSICHERUNGSTEUERKLASSERENTENVERSICHERUNGSOZIALABGABENBRUTTOVERDIENSTSTEUER

b Ordnen Sie die Sozialabgaben aus 6a den Fotos zu. ⭐⭐

A
Ihre Renteninformation
Sehr geehrter He
Deutsche Rentenversicherung
Bund

B
Agentur für Arbeit

C
Pflegegrad 1
Geringe Beeinträchtigun
(12,5 bis unter 27 Punkte)
Pflegegrad 2
Erhebliche Beeinträch

D
Gesundheitskart
Gesundheitska

a _____ b _____ c _____ d _____

c  Wer bezahlt welche Abgaben? Lesen Sie den Informationstext und füllen Sie dann die Tabelle aus.
★★★

---

1 Der Unterschied zwischen Netto- und Bruttogehalt

Festanstellung

Im Arbeitsvertrag ist das Bruttogehalt vereinbart. Jeden Monat bekommt man aber das Netto-gehalt, das heißt die Steuern und die Sozialabgaben sind abgezogen. Die Einkommenssteuer

5 zahlt jeder Arbeitnehmer allein. Arbeitnehmer, die Mitglied einer Kirche sind, zahlen außerdem Kirchensteuer. Auch diese zahlen sie allein.

Anders ist das mit allen Sozialabgaben: Da zahlt der Arbeitgeber bei allen Abgaben den gleichen Betrag wie der Arbeitnehmer zusätzlich dazu.

Freiberufliche Tätigkeit

10 Bei Selbstständigen oder freiberuflich Tätigen ist es anders, da sie keinen Arbeitgeber haben. Neben der Einkommenssteuer und evtl. der Kirchensteuer zahlen selbstständig tätige Menschen alle Sozialabgaben komplett selbst.

Minijob

Manche Firmen beschäftigen Minijobber, die nur maximal 538 Euro pro Monat verdienen dürfen.

15 Beim Minijob zahlt der Arbeitgeber pauschal die Lohnsteuer und die wichtigsten Sozialleistun-gen, jedoch nicht Arbeitslosenversicherung und Pflegeversicherung. Wer also seinen Minijob verliert, bekommt kein Arbeitslosengeld.

Die einzige Sozialabgabe, die der Arbeitnehmer bezahlen kann, ist die Rentenversicherung. Er kann sich aber auch davon befreien lassen.

20 **Aber aufgepasst!**

Als „Schwarzarbeit" bezeichnet man die bezahlte Arbeit, die nicht offiziell angemeldet ist oder ohne eine Rechnung gemacht wird. „Schwarzarbeit" ist illegal und strafbar, das heißt, dass man hohe Geldstrafen bekommen kann oder sogar ins Gefängnis muss. Wenn man so arbeitet, ist man auch nicht sozial abgesichert, zum Beispiel bekommt man keine Hilfe, wenn man die

25 Arbeit verliert, und auch keine Rente.

	Arbeitnehmer	Arbeitgeber	Freiberufler
Festanstellung	– Einkommenssteuer		——
Selbstständige Tätigkeit	——	——	
Minijob			——

d Für welche Art von Arbeit aus 6c interessieren Sie sich und warum? Schreiben Sie einen kurzen Text in Ihr Heft. ★★★

🔊 **103** **e** Diktat. Hören Sie und schreiben Sie die Zahlen in Ihr Heft. Korrigieren Sie dann mithilfe der Lösungen.

Lernwortschatz

Teambesprechung

der Tagesordnungspunkt (TOP)
die Einsatzplanung
der Arbeitsablauf
etw. ausprobieren
etw. vermeiden
den Urlaub abstimmen
der Sonderurlaub
zusätzlich
extra
von jmds. Seite

Lesen Sie laut vor.

Urlaubsantrag

der Jahresurlaub
der unbezahlte Urlaub
der Anlass
das besondere Ereignis
die Bestätigung
im Voraus
regulär
gleichzeitig

Übersetzen Sie in
Ihre Muttersprache.

Krankmeldung

die Buchhaltung
krankgeschrieben sein
die Vertretung
einverstanden sein
die Erkältung
erkältet sein
sich kümmern um
zeitig
wahrscheinlich

Schreiben Sie Sätze.

Gehaltsabrechnung

die Steuer
die Steuerklasse
finanzieren
die Sozialabgaben (Pl.)
die Rentenversicherung (RV)
die Arbeitslosenversicherung (AV)
die Krankenversicherung (KV)
die Pflegeversicherung (PV)
der Brutto-/Nettoverdienst
Geld abziehen
die Absicherung
weiterleiten
auf jeden Fall

Suchen Sie die Wörter
im Kursbuch.

1 Tagesordnungspunkte einer Teambesprechung verstehen

Lesen Sie die E-Mail und ergänzen Sie die Tagesordnungspunkte (TOPs) der Besprechung.

Von:	l.abels@stadtwerke.de
An:	mitarbeiter-buero@stadtwerke.de
Betreff:	Mitarbeiterbesprechung

≡ ▼

1 Liebe Mitarbeiterinnen und Mitarbeiter,

ich möchte Sie alle am Donnerstag um 9:00 Uhr zu einer Besprechung im Aufenthaltsraum einladen. Wir haben ein paar Punkte, die wir besprechen müssen. So werden wir ab April unsere Öffnungszeiten für das Service-Center erweitern. Auch unsere Telefonzeiten werden
5 angepasst. Das bedeutet, dass wir die Arbeitszeiten neu einteilen müssen. Auch werden wir mehr Mitarbeiter brauchen. Die neuen Kolleginnen/Kollegen müssen in der ersten Zeit einge-arbeitet werden.

Zusätzlich bekommen wir ein neues Computersystem. Da werden wir alle eine Schulung absolvieren. Hierzu kann ich Ihnen schon die ersten Informationen geben.

10 Zum Schluss möchte ich noch über den anstehenden Betriebsausflug sprechen. Haben Sie schon Ideen, was wir machen können?

Viele Grüße

Lena Abels, Teamleiterin Service-Center Stadtwerke

TOP 1: ....
TOP 2: ....
TOP 3: ....
TOP 4: .... 🙂 😐 🙁
TOP 5: .... ☐ ☐ ☐

2 Sich telefonisch krank melden

🔊 104   Hören Sie das Gespräch. Was passt? Kreuzen Sie an.

1 Frau Özgün ruft
   a ☐ ihren Chef an.
   b ☐ ihren Arzt an.

2 Frau Özgün soll
   a ☐ in die Apotheke gehen.
   b ☐ zum Arzt gehen.

3 Die Vertretung plant
   a ☐ der Chef.
   b ☐ Frau Özgün.

3 Einer Gehaltsabrechnung Detailinformationen entnehmen

🙂 😐 🙁
☐ ☐ ☐

Ein neuer Kollege schreibt Ihnen eine Kurznachricht. Antworten Sie ihm.

Auf meiner Gehaltsabrechnung sind neben der Lohnsteuer noch insgesamt 350 Euro abgezogen worden. Warum?

Das sind sicher die Sozialabgaben.

Was sind denn die Sozialabgaben?

....
....

🙂 😐 🙁
☐ ☐ ☐

1 Bestellungen 📖 ①

a   Was passt nicht? Streichen Sie durch.

1	ein Verkaufsgespräch	**führen / machen / beginnen**
2	im Büro Telefonate	**erledigen / anrufen / führen**
3	sich mit Kunden	**verbringen / unterhalten / austauschen**
4	einer Kundin Ware	**einkaufen / verkaufen / zeigen**
5	Ware im Lager	**stapeln / sortieren / legen**
6	E-Mails	**beantworten / ausschreiben / schreiben**
7	Rechnungen	**schreiben / schicken / verkaufen**
8	eine Bestellung	**bestätigen / aufgeben / überweisen**

b   Wählen Sie die passende Antwort aus. Mehrere Antworten können richtig sein.

1   Welcher Satz passt in eine Bestellung?
- a ☐ Hiermit bestelle ich …
- b ☐ Ich brauche sofort …
- c ☐ Ich möchte bitte … bestellen.
- d ☐ Bestell bitte …

2   Welche Grußformel passt in eine Bestellung?
- a ☐ Liebe Grüße
- b ☐ Gruß und Kuss
- c ☐ Mit freundlichen Grüßen
- d ☐ Mach's gut!

3   Welche Nummer kann in einer Bestell-bestätigung vorkommen?
- a ☐ die Artikelnummer
- b ☐ die Kundennummer
- c ☐ die Versicherungsnummer
- d ☐ die Bestellnummer

4   Welche Anrede verwendet man in einer Bestellung?
- a ☐ Liebste/r … (+ Vorname)
- b ☐ Hallo Herr / Frau … (+ Nachname)
- c ☐ Hey … (+ Nachname)
- d ☐ Sehr geehrte Damen und Herren

5   Was bekommt man als Antwort auf eine Bestellung?
- a ☐ eine Beschwerde
- b ☐ ein Bestellformular
- c ☐ eine Bestellbestätigung
- d ☐ eine Reklamation

c   Hören Sie die zwei Telefonate. Schreiben Sie die Informationen dazu in Stichworten.   105 🔊

1

Bestellung von Otto Fechner:

Bestellung: *1 T-Shirt „Alpenluft"*

Artikelnummer: ....

Größe: ....

Zeitraum für Umtausch: ....

Farbe: ....

2

Beschwerde von ....

Bestellnummer: ....

Geburtsdatum: ....

Bestellung: ....

Beschwerdegrund: ....

Lösung: ....

2 Relativsätze 📖 ①

a Ergänzen Sie die Relativpronomen im Nominativ. ⭐

1 Da vorn steht der Verkäufer, *der* immer so nett grüßt.
2 Ich hätte gern Möhren, _____ frisch sind.
3 Warum verkaufen Sie keine Äpfel, _____ aus Deutschland stammen?
4 Ich nehme bitte die Honigmelone, _____ am größten ist.
5 Der Mann, _____ gerade ins Geschäft kommt, war früher mein Teamleiter.
6 Meine Freundin mag am liebsten Gemüse, _____ gekocht wird.
7 Woher kommt der Spargel, _____ im Schaufenster liegt?
8 Bitte vergessen Sie nicht das Wechselgeld, _____ Ihnen gehört.

b Überlegen Sie, ob der Relativsatz im Nominativ oder im Akkusativ steht. Wandeln Sie dann den Satz in zwei Sätze um und schreiben Sie sie in Ihr Heft. ⭐⭐

1 Ich habe mich sehr über die Lieferung geärgert, die Sie mir geschickt haben. (Akkusativ)

   Ich habe mich sehr über die Lieferung geärgert. Sie haben mir die Lieferung/sie geschickt.

2 Heute kommt endlich die Bestellung, die ich schon vor drei Tagen erwartet habe.
3 Das ist ein Artikel, der nicht funktioniert.
4 Beim Auspacken habe ich eine große Enttäuschung erlebt, die mich noch immer ärgert.
5 Bitte erstatten Sie mir das Geld zurück, das ich bezahlt habe.
6 Sie machen in Ihrer Werbung Versprechungen, die Sie nicht einhalten.

c Ergänzen Sie die Sätze mit Relativsätzen im Dativ. Nutzen Sie dafür die Wörter in der Klammer und das passende Relativpronomen aus dem Grammatikkasten. ⭐⭐⭐

> **GRAMMATIK**
>
> **Relativpronomen im Dativ**
> dem
> der
> dem
> denen

1 Herr Sommer ist ein Kundenbetreuer, (ich | herzlich | danken).
   Herr Sommer ist ein Kundenberater, dem ich herzlich danke.
2 Zu dem Meeting kommt die Besitzerin, (das Geschäft | gehören).

   ....

3 An der Kasse wartet ein Kunde, (ich | mit einem Umtausch | helfen).

   ....

4 Wo sind die zwei Kundinnen, (ich | andere Größen | aus dem Lager | geholt haben)?

   ....

5 Yunus und Stephan sind zwei Kollegen, (der Chef | immer mehr Verantwortung | geben).

   ....

6 Wie heißt der Kunde, (wir | morgen | die richtige Obstkiste | liefern müssen)?

   ....

🔊 **106** **d** Diktat. Hören Sie und schreiben Sie in Ihr Heft. Korrigieren Sie dann mithilfe der Lösungen.

3 Anfragen bearbeiten 📖 2

a Suchen Sie 17 Obst- und Gemüsesorten. Schreiben Sie sie dann mit Artikel und Pluralform in Ihr Heft.

~~Bir~~ | Ap | na | ne | Kür | ma | Ap | bis | bee | Kohl | bi | tro | ne | Pfir | Kar |
sich | fel | Brok | tof | Por | Möh | li | To | re | te | Blau | fel | re | ~~ne~~ | Sel |
rie | ri | ko | se | ra | Me | le | ne | ree | Zwie | ko | Zi | bel | Ba | lo

1 die Birne, die Birnen
2 ...

b Der Obst- und Gemüseladen, in dem Kazim Kader arbeitet, bekommt auch viele Anfragen per E-Mail. Kazim hat ein paar Notizen für die Antworten vorbereitet. Helfen Sie Kazim und beantworten Sie die zwei Kundenanfragen. Schreiben Sie etwas zu den beiden Punkten auf den Notizzetteln.

1

Von:	ingo.wolf@xmail.com
An:	info@saidan.de
Betreff:	Vorbestellung von großen Mengen möglich?

≡ ▼

1 Sehr geehrte Damen und Herren,

kann man in Ihrem Geschäft große Mengen vorbestellen? Ich bräuchte am Dienstag in zwei Wochen 10 Kisten Tomaten für ein Treffen von unserem Kochclub.

Mit freundlichen Grüßen

5 Ingo Wolf

– Große Vorbestellungen sind möglich.
– Die Hälfte vom Preis muss aber im Voraus bezahlt werden.

2

Von:	drosselberg@mail.de
An:	info@saidan.de
Betreff:	Öffnungszeiten

≡ ▼

1 Sehr geehrter Herr Saidan,

bitte teilen Sie mir Ihre Öffnungszeiten am Samstag mit. Ich kann sie leider nicht auf Ihrer Homepage finden. Vielen Dank!

Beste Grüße

5 Maria Drosselberg

– Öffnungszeiten am Samstag: 8:00–16:00 Uhr.
– Die Öffnungszeiten stehen auf der Homepage unter „Über uns".

4 Beraten und verkaufen

a Suchen Sie zehn Wörter aus Beratungs- und Verkaufsgesprächen und schreiben Sie sie. Die Wörter sind waagerecht oder senkrecht versteckt. ⭐

B	V	W	E	I	T	E	R	H	E	L	F	E	N	R
P	K	T	Y	I	M	M	C	M	E	Z	Q	L	D	S
O	S	O	N	D	E	R	A	N	G	E	B	O	T	C
V	X	C	R	V	S	T	E	H	E	N	B	F	B	B
O	A	H	I	W	U	Y	O	U	P	I	E	L	E	L
L	L	X	U	M	S	E	H	E	N	A	S	G	R	M
A	P	O	T	Z	Y	C	V	B	E	R	T	E	A	X
G	A	K	O	S	T	E	N	B	A	L	E	W	T	F
E	D	I	U	Y	U	U	E	F	L	A	L	T	U	H
R	M	R	E	S	U	C	H	E	N	A	L	S	N	U
I	E	D	B	T	C	V	Z	R	Z	U	E	U	G	L
B	E	S	T	I	M	M	T	E	S	N	N	A	Q	B

....
....
....
....
....
....
....
....
....
....

b Ergänzen Sie die Lücken in den folgenden Redemitteln mit den Wörtern aus 4a. Achten Sie auf die richtige Form. ⭐⭐

Die Verkäuferin / Der Verkäufer

1 Ich kann es gern für Sie ....
....

2 Kann ich Ihnen .... ?

3 Vielleicht haben wir noch etwas auf ....

4 Suchen Sie etwas .... ?

5 Das ist gerade im ....

Die Kundin / Der Kunde

6 Ich möchte mich erst einmal nur ein bisschen ....

7 Wie viel .... das?

8 Wo .... bitte der Reis?

9 Ich bin noch etwas unentschieden und brauche Ihre ....

10 Guten Tag, ich ....

c Was sagt der Verkäufer? Ergänzen Sie den Dialog mit den Sätzen aus 4b. ⭐⭐⭐

Verkäufer: Guten Tag!
Kunde: Guten Tag!
Verkäufer: ....1........ ?
Kunde: Danke, aber ich möchte mich erst einmal nur ein bisschen umsehen.
Verkäufer: In Ordnung. Ich bin hier, wenn Sie mich brauchen.
...
Kunde: Ich bin noch etwas unentschieden und brauche Ihre Hilfe.
Verkäufer: Sehr gern. ....2........ ?
Kunde: Haben Sie vielleicht das passende Gewürz für ein indisches Dhal mit Linsen?
Verkäufer: Hm, da bin ich nicht sicher. Hier vorne haben wir es nicht. Aber ....3........ .
...
Kunde: Haben Sie es gefunden?
Verkäufer: Nein, leider nicht. ....4........ .
Kunde: Gut, dann komme ich übermorgen wieder. Ich nehme aber auch noch Suppengemüse, bitte.
Verkäufer: Da haben Sie Glück! ....5........ .

🔊 **107** **d** Hören Sie den Dialog und lesen Sie in 4c mit. Sprechen Sie die Rolle des Verkäufers.

5 Ich war sehr enttäuscht. 📖 4

a Wie arbeitet man in diesen Berufen? Kreuzen Sie an. Es gibt mehrere Möglichkeiten.

	draußen	am Schreibtisch	im Team	mit Kunden	allein
1 Landschaftsgärtner/in	☐	☐	☐	☐	☐
2 Einzelhandelskauffrau/-mann	☐	☐	☐	☐	☐
3 Fotograf/in	☐	☐	☐	☐	☐
4 Callcenteragent/in	☐	☐	☐	☐	☐
5 Kontrolleur/in	☐	☐	☐	☐	☐
6 Kosmetiker/in	☐	☐	☐	☐	☐
7 Musiklehrer/in	☐	☐	☐	☐	☐
8 Lkw-Fahrer/in	☐	☐	☐	☐	☐

b Wer könnte diese Beschwerden bekommen? Ordnen Sie den Beschwerden die Berufe aus 5a zu. ⭐

1 „Meine neue Bluse ist beim Waschen eingelaufen."   *Einzelhandelskauffrau/-mann*
2 „Der Unterricht war zu kompliziert für mein Kind."
3 „Die Hochzeitsbilder sind unprofessionell."
4 „Ich warte jetzt schon über eine Stunde am Telefon."
5 „Mein Zug hatte schon wieder 30 Minuten Verspätung."
6 „Bei der Lieferung fehlen fünf Pakete."
7 „Der Rasen hat zu wenig Wasser, er ist schon ganz braun."
8 „Die Gesichtsmaske riecht schlecht."

c Formulieren Sie in Relativsätze um. ⭐⭐

1 eine einlaufende Bluse   *eine Bluse, die einläuft*
2 eine nervende Wartezeit
3 fünf fehlende Pakete
4 eine schlecht riechende Gesichtsmaske
5 ein vertrocknender Rasen
6 ein langsam fahrender Zug
7 unprofessionell wirkende Hochzeitsbilder
8 ein nicht lernendes Kind

d Bei wem und worüber beschweren sich die Kundinnen und Kunden?
Schreiben Sie Sätze mit den Relativsätzen aus 5c in Ihr Heft. ⭐⭐⭐

1 Die Kundin beschwert sich bei der Einzelhandelskauffrau über die Bluse, die einläuft.

6 Der Umgang mit schwierigen Kunden 5

a Sortieren Sie die Redemittel zum Thema „mit Beschwerden umgehen" in eine Tabelle in Ihr Heft.

> ~~Es tut uns sehr leid, dass das passiert ist.~~ | Wir bedauern, dass … | Bitte nennen Sie uns
> den Tag der Lieferung, damit wir den Vorgang nachvollziehen können. | Wir möchten
> uns für diesen Fehler bei Ihnen entschuldigen. | Bitte entschuldigen Sie vielmals die
> Unannehmlichkeiten. | Könnten Sie uns bitte die Bestellnummer mitteilen? | Als Entschädigung
> möchten wir Ihnen … anbieten. | Wir haben Ihnen heute einen neuen Artikel zugesandt. |
> Bitte teilen Sie uns Ihre Kontodaten mit, damit wir Ihnen den Betrag zurückerstatten können. |
> Wir würden Ihnen gern 20 Prozent Rabatt auf Ihren nächsten Einkauf anbieten.

sich entschuldigen/ Bedauern ausdrücken	Informationen erfragen	Lösungen anbieten
Es tut uns sehr leid, dass das passiert ist.		

b Wählen Sie einen Beruf aus und schreiben Sie einen kurzen Text in Ihr Heft.

- Welche Aufgaben hat man in diesem Beruf?
- Muss man in diesem Beruf viel mit Kundinnen und Kunden kommunizieren?

- Welche Fehler können bei der Arbeit passieren?
- Was ist wichtig für die Kommunikation mit Kolleginnen / Kollegen?

c Kundenbeschwerden. Markieren Sie, ob die Beschwerde begründet oder unbegründet ist. Wählen Sie dann die passende Reaktion a oder b.

1

> ☰ ▾
>
> Ich möchte Ihnen mitteilen, dass mir die Hose doch nicht gefällt. Die Farbe finde ich ganz altmodisch. Bitte erstatten Sie mir den Kaufpreis.

☐ begründet   ☐ unbegründet

a Wir bedauern sehr, dass Ihnen die Hose nicht gefällt. Leider können wir den Kaufpreis nicht erstatten. Wir bieten Ihnen aber gern eine Hose in einer anderen Farbe an.

b Wir bitten um Entschuldigung, aber das ist nicht unser Problem. Sie haben sich die Hose so ausgesucht.

2

> ☰ ▾
>
> Ich bin sehr verärgert, weil ich über eine Stunde auf Ihren Fahrer gewartet habe. Die Lieferung ist deshalb zu spät bei unserem Kunden angekommen. Natürlich möchte der Kunde die Transportkosten jetzt nicht zahlen, weil es eine eilige Sendung war.

☐ begründet   ☐ unbegründet

a Es tut uns sehr leid, dass unser Fahrer nicht pünktlich bei Ihnen sein konnte. Selbstverständlich übernehmen wir die Kosten für den Eiltransport. Wir versprechen Ihnen, dass das nicht wieder vorkommt.

b Das Wetter war leider sehr schlecht und unser Fahrer konnte nicht schneller fahren. Daran können wir auch nichts ändern. Bitte bezahlen Sie unseren Service baldmöglichst.

Lernwortschatz

Nahrungsmittel und Zubereitung

der Wirsing
das Radieschen
die Zucchiniblüte
die Kaktusfeige
der Ricotta
frittieren

Kennen Sie fünf weitere Nahrungsmittel? Schreiben Sie sie auf.

Waren bestellen

der Auftrag
die Bestellung
das Bestellformular
die Artikelnummer
die Bezeichnung
das Detail
das Herkunftsland
der Liefertermin
der Gesamtbetrag
der Rabatt
die Lieferkosten (Pl.)
die Mehrwertsteuer (MwSt.)
überweisen
innerhalb von 14 Tagen
der Eingang der Ware

Setzen Sie diese Nomen in den Plural.

Beschwerden

das Feedback
das Anliegen
bearbeiten
verärgert sein
abonnieren
austrocknen
schimmeln
die gewohnte Qualität
die Entschädigung
den Preis erstatten
der Gutschein
vorkommen
etw. austauschen (gegen)
unbegründet

Schreiben Sie Beispielsätze.

Beratungsgespräche

die Telefonnotiz
die Inspiration
das Sonderangebot
sich umsehen
unentschlossen

Buchstabieren Sie die Wörter.

1 Mit Beschwerden umgehen

Lesen Sie den Text. Sind die Aussagen dazu richtig oder falsch? Kreuzen Sie an.

Von:	großhandel.wackenknecht@info.com
An:	feinkostladen-rauh@xmail.de
Betreff:	Re: Beschwerde über verspätete Lieferungen

≡ ▼

1 Sehr geehrter Herr Rauh,

vielen Dank für Ihre E-Mail vom 26.08. Wir bedauern sehr, dass die zwei letzten Lieferungen an Ihren Feinkostladen mit großer Verspätung angekommen sind. Wir hatten Probleme mit der Lieferung von unserem Importhändler.

5 Wir bitten Sie, die Unannehmlichkeiten zu entschuldigen. Wir würden es sehr bedauern, Sie als langjährigen Kunden zu verlieren. Inzwischen konnten wir unsere Logistikprobleme lösen und möchten Ihnen versichern, dass alle Lieferungen wieder rechtzeitig ankommen.

Für Ihr Feedback möchten wir uns bedanken. Auch in Zukunft sind wir immer gern für Sie da.

Mit freundlichen Grüßen

10 Kundenservice Großhandel Wackenknecht

		✓	✗
1	Herr Rauh hat eine Beschwerde an den Großhandel Wackenknecht geschrieben.	☐	☐
2	Die zwei letzten Lieferungen waren pünktlich.	☐	☐
3	Der Importhändler hat nicht wie vereinbart geliefert.	☐	☐
4	Im Moment kommen immer noch viele Lieferungen zu spät an.	☐	☐

2 Ein Beratungsgespräch führen

🔊 **108** Hören Sie das Gespräch. Welche vier Fehler macht der Verkäufer? Kreuzen Sie an.

Der Verkäufer …

1 ☐ ist unfreundlich.

2 ☐ konzentriert sich nicht auf seine Arbeit mit den T-Shirts.

3 ☐ ist zu freundlich.

4 ☐ nimmt sich keine Zeit für die Kundin.

5 ☐ will unbedingt etwas verkaufen.

6 ☐ ist sehr unhöflich.

7 ☐ bedient zu lange einen anderen Kunden.

8 ☐ nennt den Onlineshop, anstatt ins Lager zu gehen.

3 Eine Bestellung aufgeben

Ihr Chef möchte, dass Sie eine Bestellung für ihn erledigen. Schreiben Sie eine E-Mail.
Auf dem Notizzettel finden Sie die Informationen zur Bestellung.

Bitte bestell beim Obstverkauf Röhrich 10 gelbe Wassermelonen (Artikelnr. 2754-#P), Preis pro kg: 1,99 €, und 20 Cherimoya (Artikelnr. 2763-#Q), Preis pro Stück 1,00 €. Lieferung bitte am Samstag. Danke!

1 Arbeitsgeräte

a Ordnen Sie die Wörter den Fotos zu.

> Nähmaschine | Bohrmaschine | Kopierer | Werkzeugkasten | Spaten | Küchenmaschine |
> Kaffeeautomat | Bügeleisen

A

B

C

D

E

F

G

H

b Bilden Sie das Partizip II der Verben. ⭐

1	kochen	*gekocht*	3	wählen		5	regeln	
2	ausdrucken		4	trocknen		6	kaufen	

c Ergänzen Sie die Sätze mit den Verben im Passiv. ⭐⭐

1 In der Textilreinigung .... Textilien aller Art .... (waschen).
2 Pakete .... von Paketboten .... (liefern).
3 Autos .... in der Werkstatt .... (reparieren).
4 Das Werkzeug .... vom Handwerker .... (benutzen).
5 Der Haushaltsmüll .... von den Müllwerkern .... (abholen).

d Schreiben Sie Sätze im Passiv in Ihr Heft. ⭐⭐⭐

1 Bohrmaschine | Löcher | in eine Wand | bohren
   Mit der Bohrmaschine werden Löcher in eine Wand gebohrt.
2 Hammer | Nägel | in das Holzbrett | schlagen
3 Kopierer | Unterlagen | in der Firma | kopieren
4 Friseurschere | dem Kunden | Haare | schneiden
5 Bügelmaschine | Kleidung | bügeln

e Diktat. Hören Sie und schreiben Sie in Ihr Heft. Korrigieren Sie dann mithilfe der Lösungen.　109 ((▶

2 Geräte bedienen

a Welche Wörter finden Sie in der Wortschlange? Markieren Sie und schreiben Sie die Wörter mit Artikel in Ihr Heft. Suchen Sie die neuen Wörter im Wörterbuch.

b Lesen Sie den Dialog und ergänzen Sie die Lücken mit *wird* oder *werden*. ⭐

○　Kannst du mir bitte erklären, wie ich dieses Gerät bediene?

●　Also die Bedienung ist eigentlich ganz einfach. Hier _____1_____ die Kleiderbügel mit der gereinigten Kleidung eingehängt.

○　Ok, also so.

●　Nein, alle Bügel _____2_____ mit den Haken nach innen aufgehängt.

○　Wie setze ich das Gerät in Bewegung?

●　Mit dem gelben Startknopf _____3_____ das Band in Bewegung gesetzt und die Kleidung _____4_____ nach rechts transportiert. Und mit dem blauen Drehknopf _____5_____ die Richtung geändert.

○　Und wann braucht man den roten Knopf?

●　Das ist der Notfallknopf. Damit _____6_____ das Transportband sofort gestoppt.

c Schreiben Sie Sätze in der Passivform. ⭐⭐

1　Zuerst **|** Bügelmaschine **|** Strom **|** anschließen

_____ .

2　Dann **|** Arbeitshöhe **|** einstellen

_____ .

3　Danach **|** Temperatur **|** regulieren

_____ .

4　Anschließend **|** Textilien **|** bügeln

_____ .

5　Zum Schluss **|** Textilien **|** falten

_____ .

d Welches Gerät benutzen Sie sehr oft zu Hause oder bei der Arbeit? Beschreiben Sie, wie dieses Gerät funktioniert. Benutzen Sie Verben im Passiv. ⭐⭐⭐

3 Bedienungsanleitungen

a Lesen Sie die Kurzanleitung des Kaffeeautomaten und markieren Sie die Schlüsselwörter.

Vor dem ersten Gebrauch

Entfernen Sie zuerst die Schutzfolien. Stellen Sie den Kaffeevollautomaten auf eine ebene Fläche. Reinigen Sie das Gerät gründlich, bevor Sie Wasser und Kaffeebohnen in den Kaffeevollautomaten füllen.

Kaffee zubereiten

Stecken Sie den Netzstecker des Kaffeevollautomaten in die Steckdose. Entnehmen Sie den Wassertank und füllen Sie frisches, kaltes Wasser ein. Setzen Sie anschließend den Wassertank wieder ein. Nehmen Sie den Deckel des Bohnenbehälters ab, füllen Sie geröstete Kaffeebohnen ein und setzen Sie den Deckel wieder auf. Wählen Sie im Menü die Art des Kaffees aus: Espresso, kleiner Kaffee, großer Kaffee, 2 Tassen. Stellen Sie eine Tasse unter den Ausguss und drücken Sie den Startknopf.

b Lesen Sie die Kurzanleitung erneut und beantworten Sie die Fragen.

1 Was entfernt man zuerst? ....
2 Was macht man vor dem Auffüllen des Geräts? ....
3 Wo füllt man frisches Wasser ein? ....
4 Wo wählt man die Art des Kaffees aus? ....
5 Wohin stellt man die Tasse? ....

c Ordnen Sie die Anweisungen zum Kaffeekochen den Schritten zu.

5
3
4
1
2
8
6
7

☐ gefüllten Wassertank einsetzen
☐ Tasse unter den Ausguss stellen
☐ Deckel des Bohnenbehälters schließen
☐ Startknopf drücken
☐ Deckel des Bohnenbehälters öffnen
☐ Art des Kaffees auswählen
7 Wassertank entnehmen
☐ Kaffeebohnen einfüllen

4   Defekte Geräte   📖 4

a   Gerade oder gestern? Sortieren Sie die Sätze in eine Tabelle in Ihr Heft.

> Der Laden wurde geschlossen. | Die Lebensmittel werden transportiert. | Die Haare werden
> geschnitten. | Der Bus wurde gefahren. | Das Brot wird gebacken. | Die Hosen wurden
> umgenäht. | Die Häuser wurden gebaut. | Der Müll wird abgeholt.

gerade	*gestern*

b   Daja schreibt ihrer Schwester. Lesen Sie und ergänzen Sie die Verben im Partizip II.

> ☰ ▾
>
> 1   Liebe Laila,
>
> die neue Arbeit macht mir sehr viel Spaß! Es wird aber auch viel von mir ___*erwartet*___
> **(erwarten).** Letzte Woche wurden mir alle technischen Geräte ___2___ **(zeigen).**
> Jeden Tag wurde mir bisher die Bedienung eines anderen Geräts ___3___
> 5   **(erklären).** An einem Tag wurden 50 Bettlaken ___4___ **(waschen).** Stell dir das
> mal vor! Nach dem Waschen wurde jedes Bettlaken mit der Bügelmaschine ___5___
> **(glätten).**
>
> Ich bin gut eingearbeitet, aber gestern hatte ich ein Problem: Ich sollte allein 30 Hemden
> reinigen und bügeln. Zum Bügeln konnte ich die Bügelmaschine benutzen, aber die Hemden
> 10   wurden einfach nicht ___6___ **(bügeln).** Ich habe dann den Kundendienst
> angerufen. Zum Glück wurde die Maschine schnell vom Kundendienst ___7___
> **(reparieren).**
>
> Liebe Grüße
>
> Daja

🔊 110   **c**   Hören Sie und ergänzen Sie den Dialog.

▷   Technischer Kundendienst Friseurbedarf Schmidt, guten Tag. Was kann ich

___1___ ?

▶   Guten Tag, mein Name ist Hüppe vom Friseurstudio „Haarscharf". Ich habe hier

___2___ einer unserer Trockenhauben.

▷   Guten Tag, Frau Hüppe. ___3___ denn nicht?

▶   Nun, sie funktioniert schon, aber nicht richtig. Sie schaltet sich nicht von allein aus.

▷   Können Sie das Problem ___4___ ?

▶   Man kann doch normalerweise die Trockenzeit am Regler einstellen. Aber wenn die Zeit
abgelaufen ist, läuft die Trockenhaube jetzt trotzdem weiter.

▷   ___5___ , das Gerät auszuschalten und dann wieder einzuschalten?

▶   Ja, das hat leider auch nicht geholfen.

▷   ___6___ einen Mitarbeiter vorbei. Passt Ihnen morgen früh um 9 Uhr?

▶   Ja, vielen Dank. Auf Wiederhören.

🔊 111   **d**   Hören Sie noch einmal und sprechen Sie die Rolle der Kundin (▶).

5   Sicherheitsregeln   📖 5

a   Welche Zeichen sind das? Ordnen Sie zu. ⭐

Rettungszeichen | Brandschutzzeichen | Verbotszeichen | Gebotszeichen | Warnzeichen

1 ....   2 ....   3 ....

4 ....   5 ....

b   Welche Farben haben die Zeichen? Schreiben Sie. ⭐

1   Rettungszeichen sind   3   Gebotszeichen sind ....

2   Brandschutzzeichen sind   4   Warnzeichen sind ....

c   Was bedeuten die Sicherheitszeichen? Ordnen Sie zu. ⭐⭐

a   Schutzhelm tragen
b   Sammelpunkt
c   Rutschgefahr
d   Feuerwehrschlauch

1 ☐   2 ☐   3 ☐   4 ☐

d   Was bedeuten die Sicherheitszeichen? Schreiben Sie Ihrer Kollegin / Ihrem Kollegen. ⭐⭐⭐

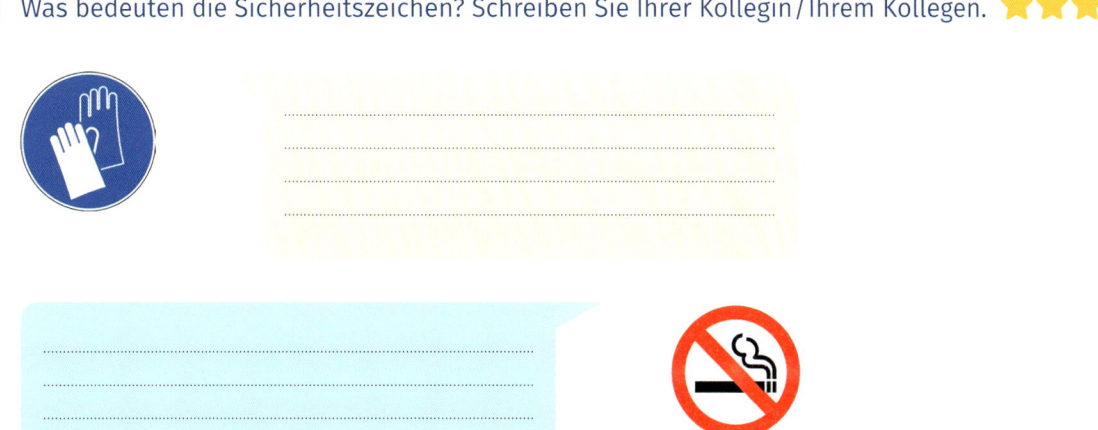

6   Ein Arbeitsunfall   📖 6

a   Was macht man bei einem Arbeitsunfall? Bringen Sie die Schritte in die richtige Reihenfolge.

- ☐ Den Rettungsdienst anrufen
- ☐ Das / Die Unfallopfer ansprechen
- ☐ Beim Unfallopfer bleiben, bis Hilfe kommt
- ☐ Erste Hilfe leisten
- ☐ Den Arbeitgeber informieren

🔊 112   **b**   Bringen Sie den Dialog in die richtige Reihenfolge. Hören Sie dann zur Kontrolle. ⭐

- ☐ ○ Wie heißt Ihr Kollege und hat er Verletzungen?
- ☐ ○ Bleiben Sie bitte bei ihm, ein Krankenwagen kommt sofort.
- ☐ ○ Wie ist Ihr Name und was ist genau passiert?
- ☐1 ○ Rettungsdienst – Mein Name ist Sven Esser. Wie kann ich Ihnen helfen?
- ☐ ○ Ist er ansprechbar?

- ☐ ● Mein Name ist Deniz Özgür. Ich bin Hausmeister an der Schule in der Lilienthalstraße 9. Mein Kollege und ich wollten hier ein Fenster reparieren. Ich habe das Fenster geöffnet, als mein Kollege neben mir auf der Leiter stand. Als ich das Fenster geöffnet habe, ist es gekippt und hat meinen Kollegen getroffen. Er ist von der Leiter gefallen.
- ☐ ● Er heißt Hannes Schmidt und er hat eine Platzwunde am Kopf und sein Fuß schmerzt.
- ☐2 ● Mein Kollege hatte einen Unfall.
- ☐ ● Ja, schon, aber es geht ihm nicht gut.

c   Ordnen Sie die Antworten den W-Fragen zu. ⭐⭐

1	Wo?	a	Kopf gestoßen und von der Leiter gefallen
2	Was?	b	Platzwunde am Kopf und Schmerzen im Fuß
3	Wie viele Verletzte?	c	Schule in der Lilienthalstraße
4	Welche Verletzungen?	d	eine Person

d   Schreiben Sie den Unfallbericht mithilfe der Informationen aus 6b und 6c. ⭐⭐⭐

Bericht über einen Arbeitsunfall

Wann und wo ist der Unfall passiert?
Am _25.09.20…_   Uhrzeit: _10:20 Uhr_   Ort: _____

Schildern Sie kurz den Unfall, die beteiligten Personen und die Verletzungen:

_____

_____

_____

_____

Lernwortschatz

In der Wäscherei

reinigen
bügeln
die Bedienung
das Display
kompliziert
die Dosierung
die Folie
der Vorgang
regeln
einwickeln
falten
elektronisch
bei Bedarf
von Hand

Markieren Sie die Verben.

Bedienungsanleitung

_____ Installation
_____ Wartung
_____ Inbetriebnahme
_____ Netzstecker
_____ Steckdose
_____ Transportsicherung
_____ Untergrund
_____ Textilien (Pl.)
anschließen
geeignet

Ergänzen Sie die Artikel.

Anruf beim Kundendienst

defekt
der Kopierer
der Papierstau
der Dampf
schleudern
glatt

Übersetzen Sie in Ihre Muttersprache.

Arbeitssicherheit und Unfallmeldung

der Feuerlöscher
der Fluchtweg
das Sicherheitszeichen
der giftige Stoff
achten auf
warnen
die Rettung
ansprechbar sein
die Atmung
verbrennen
die medizinische Behandlung

Lesen Sie laut vor.

1 Einen Arbeitsunfall beschreiben

Ergänzen Sie den Unfallbericht.

Knie | Straße | Bibliothek | Aachen, Petersstraße | Fußgänger | 12.05.20… | Fahrradfahrer | Taxi | 13:30 Uhr

---

Bericht über einen Arbeitsunfall　　　　　　　　　　　logout　≡

Wann und wo ist der Unfall passiert?　Am [　　　　] ▦　Uhrzeit: [　　]

Name: [Peter Heinen]　Ort: [　　　　　　　　　　　　　　　　]

Schildern Sie kurz den Unfall, die beteiligten Personen und die Verletzungen:

Ich war mit meinem ....1........ auf der Peterstraße Richtung Auguststraße unterwegs. Am Fußgängerüberweg in Höhe der ....2........ habe ich gehalten, da einige Fußgänger die Fahrbahn überqueren wollten. Als alle ....3........ sich auf der anderen Straßenseite befanden, habe ich wieder Gas gegeben und bin angefahren. Plötzlich fuhr ein ....4........ über die Straße. Ich habe sofort gebremst. Dennoch ist der Fahrradfahrer vom Fahrrad auf die ....5........ gefallen. Die Person hat sich dabei am Arm und am ....6........ verletzt.

---

2 Mit dem Kundendienst telefonieren

🙂 😐 🙁
☐ ☐ ☐

🔊 113　Sie hören zwei Gespräche. Zu jedem Gespräch gibt es zwei Aufgaben.
Welche Antwort (a oder b) passt am besten? Kreuzen Sie an.

Dialog 1

1 Welches Problem hat Frau Henrichs?
　a ☐ Der Kaffeeautomat brüht keinen heißen Kaffee.
　b ☐ Die Kaffeebohnen werden nicht gemahlen.

2 Frau Heinrichs braucht heute die Kaffeemaschine, weil …
　a ☐ sie ihren Geburtstag feiert.
　b ☐ sie guten Kaffee für eine Feier servieren muss.

Dialog 2

3 Was funktioniert bei Frau Müller nicht?
　a ☐ die Heizung
　b ☐ die Waschmaschine

4 Der Mitarbeiter vom Kundendienst kommt …
　a ☐ heute noch vorbei.
　b ☐ morgen vorbei.

🙂 😐 🙁
☐ ☐ ☐

3 Sich über Störungen bei Arbeitsgeräten austauschen

Ein neuer Kollege schreibt Ihnen folgende Kurznachricht. Antworten Sie Ihrem Kollegen.

Der Kopierer funktioniert nicht richtig. Was soll ich tun?

Was genau funktioniert denn nicht?

Es kommt keine Kopie aus dem Kopierer.

....
....

🙂 😐 🙁
☐ ☐ ☐

1   Lobende Worte   📖 1

a Ergänzen Sie die Sätze. ⭐

> Arbeit | freut | zufrieden | sehr | Super | hören | gern | gut | Dank | so

1 Sie machen das _____!
2 Wir sind _____ zufrieden mit Ihnen.
3 Ich bin _____ mit Ihrer Arbeit.
4 Gute _____!
5 _____ gemacht!

6 Weiter _____!
7 Vielen _____!
8 Das ist schön zu _____.
9 Danke, das _____ mich!
10 Danke, das höre ich _____.

b Bringen Sie die Sätze in die richtige Reihenfolge und schreiben Sie sie. Achten Sie auf die korrekte Verbform. ⭐⭐

1 zufrieden sein mit | meiner Arbeit | der Chef | sehr

_____.

2 loben | oft | uns | unsere Abteilungsleiterin

_____.

3 die neue Arbeitskollegin | haben | immer | gute Laune

_____.

4 die nette Zusammenarbeit | der Kunde | sich bedanken für

_____.

5 dass | leisten | der Chef | gute Arbeit | Raul | meinen

_____.

c Schreiben Sie Ihrer Kollegin eine Notiz und loben Sie sie. Beschreiben Sie, warum sie eine gute Kollegin ist. ⭐⭐⭐

- immer fair sein
- immer hilfsbereit sein
- gut mit ihr zusammenarbeiten
- immer freundlich sein

2   Ich bin sehr zufrieden!   📖 2

a Wofür kann man folgende Personen loben? Schreiben Sie Ihre Ideen auf.

1 Verkäufer   *gute Beratung, Freundlichkeit, Geduld …*
2 Paketlieferant   _____
3 Frisörin   _____
4 Reinigungskraft _____
5 Pflegekraft   _____

b Lesen Sie die E-Mail der Abteilungsleiterin. Sind die Aussagen richtig oder falsch? Kreuzen Sie an.

---

1 Liebe Mitarbeiterinnen und Mitarbeiter,

unser Kunde Herr Müller von der Seba GmbH hat sich bei mir für die gute geleistete Arbeit und die pünktliche Lieferung bedankt. Ich soll Ihnen allen sagen, dass er sehr zufrieden mit uns ist. Herr Müller lobte uns als zuverlässigen Partner. Zudem findet er, dass alle
5 Mitarbeiterinnen und Mitarbeiter hier immer sehr freundlich und zuvorkommend sind.

Ich kann mich dieser Meinung nur anschließen und möchte mich auch auf diesem Weg bei Ihnen allen sehr herzlich bedanken. Es ist gut zu wissen, dass wir so engagierte Mitarbeitende in unserem Unternehmen haben.

Beste Grüße

10 Heidemarie Wiegand

Atlas GmbH

		✓	✗
1	Herr Müller beschwert sich bei Frau Wiegand über ihre Arbeit.	☐	☐
2	Herr Müller lobt die Mitarbeiter der Atlas GmbH.	☐	☐
3	Frau Wiegand schätzt die Arbeit ihrer Mitarbeiter.	☐	☐

3 Mit Kritik umgehen 📖 3

🔊 114 **a** Sie hören zwei Gespräche. Welches Foto passt zu welchem Gespräch? Ordnen Sie zu.

☐

☐

🔊 114 **b** Hören Sie die zwei Gespräche noch einmal. Zu jedem Gespräch gibt es zwei Aufgaben.
Welche Antwort (a oder b) passt am besten? Kreuzen Sie an.

Dialog 1

1 Larissa hat
   a ☐ das falsche Produkt bestellt.
   b ☐ zu viel von dem Produkt bestellt.

2 Bei der bestellten Menge
   a ☐ ist jede Flasche 3 Euro günstiger.
   b ☐ ist die gesamte Bestellung 3 Euro günstiger.

Dialog 2

3 Die Servicekraft hat
   a ☐ zu wenig Brötchen geschmiert.
   b ☐ keine Wurstbrötchen geschmiert.

4 Alle Wurstbrötchen
   a ☐ werden mit Gurke serviert.
   b ☐ werden mit einem Salatblatt und einer Tomatenscheibe serviert.

4 Futur I 📖 3

a Lesen Sie die E-Mail und markieren Sie das Futur I mit *werden* und Infinitiv. ⭐

≡ ▼

1   Lieber Elias,

schön von dir zu hören. Ich hoffe, es gefällt dir in der neuen Firma. Es wird sich in Zukunft auch hier etwas verändern. Die Abteilung wird ab März ins Außenlager umziehen. Das ist eigentlich eine gute Nachricht für mich. Dann werde ich nicht mehr so viel Zeit für den Weg
5   zur Arbeit brauchen. Allerdings wird der Abteilungsleiter dann auch die Teams anders zusammensetzen. Ich werde dann auch ein Team übernehmen. Ich freue mich darauf, aber ich werde sicherlich mehr Stunden arbeiten.

Ihr werdet ja bald Eltern. Dann werdet ihr auch wenig Freizeit haben. Wir werden uns aber trotzdem weiterhin zum Sport verabreden, oder? Und du wirst doch auch in unserer Fußball-
10   mannschaft bleiben? Die Jungs aus dem Team werden dich sonst alle vermissen.

Liebe Grüße und bis bald

Martin

---

b Lesen Sie die E-Mail in 3a noch einmal und ergänzen Sie die Form von *werden*. ⭐

ich	....	wir	....
du	....	ihr	....
er / sie / es	....	sie / Sie	....

c Ergänzen Sie die Verben im Futur I in der richtigen Form. ⭐⭐

brauchen **|** haben **|** erhalten **|** spezialisieren **|** machen **|** zusammenarbeiten

1   Anna .... nächsten Monat eine Fortbildung ....
2   Ihr .... im Juni eure Abschlussprüfung ....
3   Elif, ... du dich nach der Ausbildung auf einen Bereich .... ?
4   Ich glaube, ich .... nach den vielen Überstunden wirklich einen langen
    Urlaub ....
5   Wir .... sicher gut im Team ....
6   Die Mitarbeitenden .... im nächsten Jahr ein besseres Gehalt ....

d Was werden Sie in Zukunft tun / nicht (mehr) tun? Schreiben Sie fünf Sätze in Ihr Heft. ⭐⭐⭐

Ich	werde	in Zukunft ab nächster Woche nächstes Jahr ...	weniger mehr nicht (mehr) ...	lernen rauchen wegfahren ...

5 Das kann jedem passieren!

a Was passt? Verbinden Sie. Es gibt mehrere Möglichkeiten.

1	mit Kritik	a	klären
2	einen Konflikt	b	besprechen
3	ein Problem	c	geben
4	Bescheid	d	umgehen
5	Fragen	e	lösen

b Welche Formulierung ist richtig? Unterstreichen Sie.

1 Ela kann nicht gut mit Kritik **umfahren / umgehen**.

2 Anna möchte nie Hilfe der Kollegen **annehmen / abgeben**.

3 Alicia **bittet / betet** ihre Kollegin um Erklärung der Arbeitsschritte.

4 Serife **besticht / bespricht** mit dem Chef die Arbeitsabläufe.

6 Probleme am Arbeitsplatz

a Lesen Sie die Forumsbeiträge und die Antworten der Expertin, Frau Menke. Ordnen Sie die Antworten a–c den Problemen 1–3 zu.

1 ☐   ⌂ **Forum Konflikte im Beruf**

> 📓 Jelena   Hallo, ich habe ein Problem: Vor einem Monat habe ich die Arbeitsstelle gewechselt. Ich habe zwar Berufserfahrung, aber oft habe ich noch Fragen zu den Arbeitsabläufen. Meine Chefin meint, ich kann jederzeit die Kolleginnen und Kollegen fragen. Das tue ich auch oft. Meistens aber bekomme ich nur kurze Antworten, die mir nicht wirklich weiterhelfen. Was kann ich tun?

2 ☐

> 📦 Mike   Hi, ich heiße Mike und arbeite als Paketzusteller. Normalerweise habe ich eine 39-Stunden-Woche, aber ich arbeite immer mehr, als in meinem Arbeitsvertrag vereinbart ist. In bestimmten Zeiten ist das klar, dass wir mehr zu tun haben, z. B. vor Weihnachten, aber in unserer Firma sind Überstunden die Regel. Wir sind einfach zu wenige Mitarbeiter. Der Chef möchte auch keine weiteren Mitarbeiter einstellen. Er spricht nicht darüber. Ich kann aber so nicht weiterarbeiten. Haben Sie eine Lösung für mein Problem?

3 ☐

> 👔 Hassan   Ich habe das Problem, dass ich noch nicht so gut Deutsch spreche. Ich arbeite in einem Herrenbekleidungsgeschäft. Leider sind die meisten Kunden ungeduldig und wollen lieber mit meinem Kollegen sprechen, wenn sie das bemerken. Mein Kollege ist dann immer genervt, weil er dadurch mehr arbeiten muss. Ich würde gern die Kunden beraten und meinen Kollegen entlasten. Wie kann ich das machen?

🤝 **Forum Konflikte im Beruf**

a

🤝 Menke   Sprechen Sie mit Ihrem Kollegen und erklären Sie ihm, dass Sie ihn gern entlasten möchten und dass Sie gern Ihr Deutsch verbessern würden. Erklären Sie ihm, dass Sie ihn umso schneller und kompetenter entlasten können, je mehr er Ihnen hilft. Das kann aber nur geschehen, wenn Sie beide gemeinsam im Team arbeiten. Beispielsweise könnte er, wenn ein Kunde sich an ihn wendet, dem Kunden erklären, dass Sie ihn beraten und er als Hilfe aber zur Verfügung steht. Sie könnten so gemeinsam den Kunden beraten und Sie würden daraus lernen. Mit der Zeit verbessern Sie so Ihre Sprachkenntnisse und Sie beide würden ein richtig gutes Team werden.

b

🤝 **Menke**   Bitten Sie einen Kollegen oder eine Kollegin um Hilfe, mit dem / der Sie viel zusammenarbeiten oder zu dem / der Sie am meisten Vertrauen haben. Erklären Sie sachlich und ruhig Ihre Lage. Erläutern Sie, dass Sie die Arbeitsabläufe verstehen wollen, um so auch produktiv für das ganze Team zu sein.

c

🤝 **Menke**   Haben Sie mit Ihrem Chef schon einmal darüber gesprochen? Wenn nicht, sollten Sie dies dringend tun. Versuchen Sie Ihrem Chef zu erklären, dass ständige Überstunden nicht gut für die Gesundheit der Mitarbeitenden sind. Fragen Sie vorsichtig nach, warum nicht weitere Mitarbeiter eingestellt werden. Signalisieren Sie Bereitschaft, weiterhin Überstunden zu machen, aber nur in begrenzter Menge. Bieten Sie Ihrem Chef an, das Problem gemeinsam im Team zu lösen.

b Lesen Sie den Beitrag von Maria und antworten Sie ihr. Geben Sie ihr einen Rat und machen Sie Vorschläge, wie sie das Problem lösen könnte.

💐 Maria   Mein Name ist Maria und ich arbeite als Altenpflegerin. Eigentlich sollte ich nur in der Frühschicht arbeiten, damit ich nachmittags meine Kinder betreuen kann. Das war mündlich so mit meinem Arbeitgeber vereinbart, zumindest bis meine Kinder nachmittags einen Platz in der Ganztagsschule bekommen. In letzter Zeit werde ich aber leider oft für die Spätschicht eingeteilt. Ich muss dann immer meine Nachbarin fragen, ob sie meine Kinder von der Schule abholt. Lange wird sie das nicht mehr machen. Mein Mann arbeitet auch und kommt erst abends nach Hause. Haben Sie eine Idee, was ich machen kann?

⚖️ Hallo Maria!

c Diktat. Hören Sie und schreiben Sie in Ihr Heft. Korrigieren Sie dann mithilfe der Lösungen.   **115** 🔊

7 Mit Konflikten umgehen 📖 6

a Wie heißen die Wörter richtig? Schreiben Sie sie mit Artikel.

1 vernisMiständss ....

2 Gnudr ....

3 achsUre ....

4 ichSstweıe ....

5 onfKlikteitpar ....

6 Perktispeve ....

b Verbinden Sie. Übersetzen Sie dann die zweiteiligen Konnektoren in Ihre Muttersprache. ⭐

1 sowohl   a noch   ....

2 zwar   b als auch   ....

3 entweder   c aber   ....

4 weder   d oder   ....

c Welche Formulierung ist richtig? Unterstreichen Sie. Übersetzen Sie dann die Sätze in Ihre Muttersprache. ⭐⭐

1 **Sowohl / Entweder** ich **als auch / oder** meine Kollegin arbeiten gern in dieser Firma.

....

....

2 Ich habe **entweder / zwar** noch keine Ausbildungsstelle, **oder / aber** dafür einen Praktikumsplatz.

....

....

3 Julia möchte **zwar / weder** als Krankenschwester **aber / noch** als Kindergärtnerin arbeiten.

....

....

4 Die Überstunden werden **entweder / zwar** bezahlt, **oder / aber** man kann sich freinehmen.

....

....

d Bringen Sie die Sätze in die richtige Reihenfolge und schreiben Sie sie in Ihr Heft. ⭐⭐⭐

1 Konflikte im Arbeitsleben | unvermeidbar | sind | sie | meistens lösbar | sind | zwar | aber

2 man | ein Problem | im Job | sollte | ignorieren | zu lange | hinauszögern | die Lösung | weder | noch

3 die Konfliktparteien | den Konflikt | lösen | untereinander | nehmen | sie | die Hilfe | einer neutralen Partei | in Anspruch | entweder | oder

4 die Mitarbeiter | der Chef | an einem guten Arbeitsklima | interessiert | sind | sowohl | als auch

Lernwortschatz

Lob erhalten

gute Arbeit leisten

gut im Team arbeiten

zuvorkommend

souverän

bestimmt

aufmerksam

kommunizieren

das Kompliment

> Markieren Sie die Adjektive.

Kritik äußern

kritisieren

etw. deutlich sagen

etw. direkt sagen

etw. ansprechen

etw. besprechen

jmds. Situation erklären

sich entschuldigen

leidtun

etw. beachten

Zeit finden für

etw. besser machen

um Hilfe bitten

keine Gedanken lesen können

in Zukunft

Verständnis

etw. ist ärgerlich

tatsächlich

rechtzeitig

die Nachbestellung

> Lernen Sie die Wörter mit Karteikarten.

Konflikte lösen

etw. klären

sich ärgern

diskutieren

streiten

beschreiben

benennen

jmdn. unterbrechen

ruhig bleiben

die Konfliktpartei

die Ursache

das Missverständnis

die Meinung

die Sichtweise

aus jmds. Sicht

neutral

objektiv

die Überstunde

> Bilden Sie Sätze mit den Wörtern.

1   Lob ausdrücken

Lesen Sie die Texte. Sind die Aussagen dazu richtig oder falsch? Kreuzen Sie an.

> Hallo Samira,
> ich finde es toll, wie du heute das Problem
> mit dem Kunden gelöst hast. Das war kein
> einfacher Kunde und er war sehr unfreundlich
> zu mir. Danke, dass du mir geholfen hast.
> Liebe Grüße
> Elif

> Lieber Herr Aurellio,
> vielen Dank, dass Sie so schnell für den kranken
> Kollegen eingesprungen sind. Sie sind ja noch
> nicht so lange bei uns, aber Sie machen Ihre
> Arbeit sehr gut. Wir sind sehr zufrieden.
> Viele Grüße
> Manfred Holmes

1   Samira bedankt sich bei Elif für ihre Unterstützung.   ✓ ☐ ✗ ☐

2   Herr Aurellio war krank.   ✓ ☐ ✗ ☐

🙂 ☐   😐 ☐   🙁 ☐

2   Probleme benennen und mögliche Lösungen besprechen

🔊 116 **a**   Hören Sie Teil 1 des Gesprächs zwischen Frau Mertens und ihrer Kollegin. Über welches Problem sprechen sie? Kreuzen Sie an.

☐ Arbeit im Team   ☐ Überstundenregelung   ☐ Bezahlung der Überstunden

🔊 117 **b**   Hören Sie Teil 2 des Gesprächs. Wie lösen die Kolleginnen den Konflikt? Kreuzen Sie an.

a ☐ Frau Mertens kommt sonntags zur Arbeit.   c ☐ Alle Kolleginnen arbeiten jeden Samstag.

b ☐ Frau Mertens kommt morgens früher.   d ☐ Frau Mertens arbeitet immer am Wochenende.

🙂 ☐   😐 ☐   🙁 ☐

3   Konstruktiv Kritik üben

Lesen Sie die Szenarien. Wählen Sie eine Situation aus und schreiben Sie Ihrer Kollegin / Ihrem Kollegen eine Chatnachricht.

Situation 1

Sie arbeiten in einer Wäscherei, die die Bett- und Tischwäsche für ein kleines Hotel in der Stadt wäscht. Sie hatten gestern frei und Ihre Kollegin hat die Bettlaken des Hotels gewaschen. Leider hat sie diese aber nicht gebügelt. Schreiben Sie ihr eine Nachricht.

Situation 2

Sie arbeiten in einem Bekleidungs-geschäft. Ihr Kollege ist oft unfreundlich zu den Kunden. Die Kunden kommen zu Ihnen und wollen sich von Ihnen bedienen lassen, sodass Sie immer viel zu tun haben. Schreiben Sie Ihrem Kollegen eine Nachricht.

> Hallo Elena,
> ...

> Lieber Angelo,
> mir ist aufgefallen, dass ...

🙂 ☐   😐 ☐   🙁 ☐

1 Kündigung aus betrieblichen Gründen

a Welche Wörter finden Sie in der Wortschlange? Schreiben Sie die Nomen mit Artikel in Ihr Heft.

KÜNDIGUNGARBEITSVERHÄLTNISEINHALTUNGAUFTRAGSLAGEZUSAMMENARBEITKÜNDIGUNGSFRISTGRUND

b Ergänzen Sie die Endungen. ⭐

	maskulin	feminin	neutrum	Plural
Nom.	der neu *e* Job	die kurz___ Ausbildung	das gut___ Angebot	die neu___ Berufe
	ein neu *er* Job	eine kurz___ Ausbildung	ein gut___ Angebot	neu___ Berufe
Akk.	den neu___ Job	die kurz___ Ausbildung	das gut___ Angebot	die neu___ Berufe
	einen neu___ Job	eine kurz___ Ausbildung	ein gut___ Angebot	neu___ Berufe

c Wandeln Sie die Formulierungen um. ⭐⭐

1 das Gehalt, das gezahlt wurde   *das gezahlte Gehalt*
2 der Job, der gekündigt wurde
3 die Kündigungsfrist, die eingehalten wurde
4 die Arbeitsstellen, die angeboten wurden
5 ein Kollege, der informiert ist
6 ein Zeugnis, das geschrieben wurde

d Ergänzen Sie das Partizip II der Verben mit der richtigen Endung. ⭐⭐

1 Ich mache mir Sorgen über die _____ Auftragslage. (zurückgehen)
2 Die nicht _____ Frist war ein großes Problem. (einhalten)
3 Für die _____ Pakete gibt es keine zusätzliche Gebühr. (liefern)
4 Der gut _____ Kunde bedankte sich bei der Verkäuferin. (beraten)
5 Der Kunde hat sich über das _____ Angebot sehr gefreut. (erhalten)
6 Wir sind Ihnen für den _____ Einsatz sehr dankbar. (leisten)

e   Lesen Sie die Kündigung und ergänzen Sie das Partizip II der Verben mit der richtigen Endung.
⭐⭐⭐

leisten | zurückgehen | kündigen | schließen | vereinbaren | steigen

---

Kündigung Ihres Arbeitsvertrages

Sehr geehrte Frau Jablonsky,

hiermit kündigen wir aus betriebsbedingten Gründen den mit Ihnen am 01.01. 20…
_____1_____ Arbeitsvertrag unter Einhaltung der _____2_____ Kündigungsfrist
zum 31.12.20…. Wir bedauern dies sehr, aber die _____3_____ Auftragslage in unserer
Branche und der nicht _____4_____ Verkauf unserer Produkte zwingt uns zu diesem
Schritt. Den _____5_____ Mitarbeitern steht aber eine Abfindung in Höhe eines
Monatsgehaltes zu.

Wir weisen Sie darauf hin, dass Sie dazu verpflichtet sind, sich innerhalb der nächsten
drei Tage bei der Agentur für Arbeit arbeitssuchend zu melden.

Wir wünschen Ihnen für Ihre berufliche Zukunft alles Gute und bedanken uns für die
vertrauensvolle Zusammenarbeit und Ihren _____6_____ Einsatz.

Mit freundlichen Grüßen
Sandra Eberhard
Unterschrift des Arbeitgebers

_____   Kündigung erhalten am: _____
Unterschrift des Arbeitnehmers

---

2   Adjektive   📖 ②

a   Ergänzen Sie die Adjektivendung. ⭐

1   enorm____ Kosten
2   ein gering____ Gehalt
3   ungünstig____ Arbeitsbedingungen
4   ein gut____ Job
5   eine zügig____ Bezahlung

b   Lesen Sie die Sätze und schreiben Sie die richtige Form des gesteigerten Adjektivs. ⭐⭐

1   Ich habe große Angst, meine Arbeit zu verlieren.
    Mahmud hat _____ Angst, da er nur kurz im Unternehmen arbeitet.

2   Celina hat gute Chancen, einen gut bezahlten Job zu finden.
    Anna hat _____ Chancen, da sie eine qualifizierte Ausbildung hat.

3 Antonio muss eine schnelle Entscheidung treffen.

Sami muss eine _____ Entscheidung treffen, da es viele Bewerber gibt.

4 Hassan bekommt ein geringes Gehalt.

Bei seinem letzten Job hat er allerdings ein noch _____ Gehalt bekommen.

c Schreiben Sie Sätze über sich. Verwenden Sie gesteigerte Adjektive. ⭐⭐⭐

1 toll | Jobangebot   *Das tollste Jobangebot hatte ich vor zwei Jahren.*

2 ungünstig | Arbeitsweg   ....

3 nett | Kollegen   ....

4 unfreundlich | Kunden   ....

5 gut | Angebot   ....

3 Ich kündige! 📖2

a Mesut schreibt seinem Freund Juan. Lesen Sie die Kurznachrichten und bringen Sie den Chat in die richtige Reihenfolge.

☐ Bei den Stadtwerken. Ich habe auch schon mit unserem Chef wegen meiner Kündigung gesprochen.

☐ Wie hat er denn reagiert?

☐ Ganz gut. Er kann es verstehen. Bei den Stadtwerken bekommt man einen unbefristeten Vertrag.

☐ Was gibt es denn, Mesut?

☐ Hallo Juan, ich habe sehr gute Nachrichten.

☐ Das ist ja toll! Bei welcher Firma?

☐ Ich habe die Möglichkeit, als Elektriker zu arbeiten.

b Schreiben Sie einen Text über Ihre Erfahrungen in Ihr Heft. Haben Sie schon einmal gekündigt? Warum haben Sie das getan? Oder wurde Ihnen aus betrieblichen Gründen gekündigt? Schreiben Sie auch, was in dieser Situation wichtig ist.

c Diktat. Hören Sie und schreiben Sie in Ihr Heft. Korrigieren Sie dann mithilfe der Lösungen.   118 🔊

4 Ein Zwischenzeugnis 📖 3

a Bilden Sie Wörter zum Thema „Zwischenzeugnis" und schreiben Sie. ⭐

Le | neh | weg | Zu | frie | heit | Be | bens | dau | den | ern | pünkt | be | ruf |
Auf | lich | ga | Unter | men | ver | ant | wor | ben | tungs | be | wusst | lich

....

....

....

....

b Ordnen Sie den typischen Aussagen aus einem Zwischenzeugnis die richtige Erklärung zu. ⭐⭐

1   im Unternehmen tätig sein
2   verantwortungsbewusst sein
3   zu unserer (vollsten) Zufriedenheit
4   übertragene Aufgaben erfüllen
5   jemanden beschäftigen

a   seine Aufgaben erledigen
b   jemandem eine Arbeit geben
c   Verantwortung für jmd./etw. übernehmen
d   für das Unternehmen arbeiten
e   man ist mit der Leistung (sehr) zufrieden

c Bringen Sie das Zwischenzeugnis in die richtige Reihenfolge. Schreiben Sie es dann in Ihr Heft. ⭐⭐⭐

Zwischenzeugnis

☐ Wir lernten Frau Jablonsky als zuverlässige und sehr verantwortungsbewusste Mitarbeiterin kennen. Sie war pünktlich und hat die ihr übertragenen Aufgaben stets zu unserer vollsten Zufriedenheit erfüllt.

☐ Wir danken ihr für ihre Leistungen und wünschen ihr auf ihrem weiteren beruflichen Lebensweg alles Gute.

☐ Als Facharbeiterin war Frau Jablonsky in der Produktion unserer Feinpapiere tätig.

☐ Von Vorgesetzten und Kollegen wurde sie als außerordentlich freundliche Mitarbeiterin geschätzt.

☐1 Frau Irma Jablonsky, geb. 29.07.1999 in der Ukraine, ist seit 01.01.20… in unserem Unternehmen als Facharbeiterin tätig.

☐ Sie wird bis zum 31.12.20… in unserem Unternehmen beschäftigt sein.

☐ Zu unserem Bedauern können wir Frau Jablonsky aufgrund der schlechten Auftragslage nicht weiter in unserem Unternehmen beschäftigen.

5 Ein Arbeitszeugnis

a Ergänzen Sie die Vokale in den Wörtern.

1 _ r b _ _ t s z _ _ gn _ s
2 w _ h n h _ ft
3 v _ r b _ l d l _ c h
4 _ _ s s c h _ d _ n
5 W _ n s c h

6 V _ rg _ s _ tzt _ r
7 _ ft r _ gsl _ g _
8 P _ s _ t _ _ n
9 L _ _ st _ n g
10 b _ t r _ _ b s b _ d _ n g t

b Lesen Sie das Arbeitszeugnis von Frau Jablonsky und ergänzen Sie die Lücken.

ARBEITSZEUGNIS

Frau Irma Jablonsky, geb. am 29.07.1999, wohnhaft in Köln, war vom 01.01.20... bis zum
31.12.20... in unserem _____1_____ als Facharbeiterin tätig.

Die Meisner Feinpapiere GmbH ist ein seit 1880 traditionsgeführtes Familienunternehmen
in der Herstellung von Papierwaren und Spezialpapieren.

Frau Jablonsky war in ihrer Position als _____2_____ hauptsächlich in der
Produktion der Spezialpapiere tätig.

Wir lernten Frau Jablonsky als eine äußerst zuverlässige und sehr verantwortungsbewusste _____3_____ kennen. Sie war stets pünktlich und zuverlässig. Die ihr
übertragenen _____4_____, wie das Führen der Herstellungsmaschinen, hat sie
stets gewissenhaft und zur vollsten _____5_____ erfüllt.

Von _____6_____, Kollegen und Mitarbeitern wurde sie als fleißige, hilfsbereite
und freundliche Mitarbeiterin allzeit geschätzt. Nennenswert ist auch ihre Bereitschaft,
in auftragsreichen Monaten _____7_____ zu leisten.

Aufgrund der schwierigen _____8_____ müssen wir jedoch Frau Jablonsky zum
31.12.20... betriebsbedingt kündigen. Wir bedauern dies sehr und danken ihr für ihre
Leistungen. Für ihren weiteren _____9_____ wünschen wir ihr alles Gute.

Köln, 31.12.20...

Sandra Eberhard
Geschäftsführerin Meisner Feinpapiere GmbH

a Aufgaben	d Zufriedenheit	g Überstunden
b Auftragslage	e Mitarbeiterin	h Vorgesetzten
c Facharbeiterin	f Unternehmen	i Lebensweg

6 Zeit für das Kind 📖 5

a Bilden Sie aus den Wörtern Komposita. Es gibt manchmal mehrere Möglichkeiten.

> die Maßnahmen | das Geld | die Erziehung | der Schutz | die Arbeit | das Personal |
> die Eltern | der Platz | der Chef | die Zeit | die Mutterschaft | das Gesetz | der Geber |
> die Mutter | die Kinder

....

....

....

b Lesen Sie den Text im Kursbuch 5a. Welche Information ist richtig? Markieren Sie.

1 Die Gesundheit von Schwangeren und ihrem Kind wird durch **den Mutterschutz/Mutterschutzgeld** geschützt.

2 Die Schutzmaßnahmen **in der Freizeit/am Arbeitsplatz** sind vom Gesetzgeber festgelegt.

3 Die Arbeitsfreistellung beginnt sechs Wochen **nach/vor** der Geburt.

4 Das Mutterschaftsgeld entspricht **dem Nettogehalt/dem Bruttogehalt.**

5 Das Mutterschaftsgeld bekommen die Arbeitnehmerinnen, die **gesetzlich/privat** versichert sind.

🔊 119 **c** Sie hören zwei Aussagen zum Thema „Elternzeit".
Welcher der Sätze a–d passt zu den Aussagen 1 und 2?
Ordnen Sie zu.

Aussage 1: ....

Aussage 2: ....

a Die Elternzeit sollte möglichst lange dauern.

b Grundsätzlich ist es nicht gut, wenn Männer Elternzeit nehmen.

c Frauen haben heute mehr Möglichkeiten als früher.

d Die Elternzeit muss mit den Karriereplänen vereinbar sein.

🔊 119 **d** Hören Sie die zwei Ansagen noch einmal. In welcher Ansage hören Sie diese Redemittel?
Schreiben Sie 1 oder 2.

a ☐ Ich finde es gut, dass …

b ☐ Ich bin der Ansicht, dass …

c ☐ Ich bin mir auch nicht sicher, …

d ☐ Meiner Meinung nach …

e ☐ Aber ehrlich gesagt, …

f ☐ Ich bin der Meinung, dass …

g ☐ Einerseits ist es gut, dass …, andererseits denke ich, dass …

Lernwortschatz

Kündigung

.... bestehende Arbeitsverhältnis
.... Kündigungsfrist
.... Eingang der Kündigung
.... Freistellung
.... Abmahnung
.... Auftragslage
aus betriebsbedingten Gründen
vereinbart
fristgerecht
fristlos
verpflichtet sein zu
offen mit jmdm. sprechen
vertraulich
von meiner Seite
zwingen
zurückgehen
sich bessern

> **Ergänzen Sie die Artikel.**

Zwischenzeugnis

das qualifizierte Arbeitszeugnis
wohnhaft
die übertragene Aufgabe
der / die Vorgesetzte
der Einsatz
das Verhalten
verantwortungsbewusst
gewissenhaft
vorbildlich
vertrauensvoll
stets
allzeit
hauptsächlich
das Ausscheiden
der Werdegang
der Lebensweg
bedauern
auf eigenen Wunsch

> **Übersetzen Sie in Ihre Muttersprache.**

Elternzeit

das Mutterschaftsgeld
gesetzlich versichert
in Mutterschutz gehen
gesetzlich geregelt
bewilligen
der Gesetzgeber
mindestens
in Anspruch nehmen
höchstens

> **Schreiben Sie Sätze mit den Wörtern.**

1 Ein Zwischenzeugnis verstehen

Lesen Sie das Zwischenzeugnis und die Aussagen dazu. Sind die Aussagen richtig oder falsch? Kreuzen Sie an.

Zwischenzeugnis

Herr Mihał Szabo, geb. 25.07.1990 in Warschau, ist seit 01.01.20... in unserem Hotel als Empfangsmitarbeiter an der Rezeption tätig.

Als Empfangsmitarbeiter ist Herr Szabo in seiner Position hauptsächlich für das Empfangen und Unterbringen der Gäste zuständig. Außerdem liegen auch Bestellungen unserer Gäste und Zimmerbuchungen zukünftiger Gäste in seinem Aufgabenbereich.

Wir lernten Herrn Szabo als zuverlässigen, engagierten und sehr verantwortungsbewussten Mitarbeiter kennen, der mehrere Sprachen fließend spricht. Er war immer sehr hilfsbereit und hat die ihm übertragenen Aufgaben stets zu unserer vollsten Zufriedenheit erfüllt. Von Vorgesetzten, Mitarbeitern und nicht zuletzt von unseren Gästen wurde er als außerordentlich freundlicher Mitarbeiter geschätzt.

Das Zwischenzeugnis wird Herrn Szabo auf eigenen Wunsch ausgestellt. Wir hoffen, dass Herr Szabo auch weiterhin in unserem Hause tätig sein wird.

Frankfurt, 01.07.20...

Peter Hinzel
Geschäftsführer Hinzel Hotel GmbH

		✓	✗
1	Herrn Szabos wichtigste Aufgabe waren die Bestellungen der Gäste.	☐	☐
2	Herr Szabo hat immer sehr gut gearbeitet.	☐	☐
3	Herr Szabo hat selbst nach einem Zwischenzeugnis verlangt.	☐	☐
4	Der Arbeitgeber will nicht, dass Herr Szabo weiter in dem Hotel arbeitet.	☐	☐

🙂 😐 🙁
☐ ☐ ☐

2 In einem Beratungsgespräch Informationen über Elternzeit verstehen

🔊 120 Hören Sie das Gespräch. Was ist richtig? Kreuzen Sie an.

1 Die Elternzeit beantragt man
   a ☐ beim Arbeitgeber.
   b ☐ bei der Krankenkasse.

2 Anspruch auf Elternzeit
   a ☐ haben beide Elternteile.
   b ☐ hat nur ein Elternteil.

3 Das Elterngeld zahlt
   a ☐ der Staat.
   b ☐ der Arbeitgeber.

🙂 😐 🙁
☐ ☐ ☐

3 Ein Kündigungsschreiben verfassen

Sie arbeiten seit einem Jahr als Maler bei der Firma Schmidt GmbH.
Sie möchten fristgerecht kündigen. Scheiben Sie die Kündigung. Vergessen Sie nicht die Anrede und den Gruß.

🙂 😐 🙁
☐ ☐ ☐

Tests

Zwischentests

- Mit den Zwischentests zu den Lektionen 1–3, 4–6, 7–9 und 10–12 können Sie kontrollieren, wie viel Sie dazugelernt haben.

- Außerdem bereiten die Zwischentests Sie schrittweise auf die Prüfung *Deutsch-Test für den Beruf B1* vor.

Übungstest

- Mit dem kompletten Übungstest *Deutsch-Test für den Beruf B1* können Sie überprüfen, ob Sie schon ausreichend auf die Abschlussprüfung vorbereitet sind.

- Halten Sie sich während der Prüfung an die Zeitvorgaben, die Sie in Lektion 12 gelernt haben.

- Sie können die Prüfung im Unterricht simulieren, indem Sie Ihre Antworten direkt auf den Antwortbogen übertragen. Den Antwortbogen finden Sie hier zum Download: www.telc.net/lehrmaterialien/downloadbereich

Lesen Teil 2

Lesen Sie den Text. Welche Antwort a, b oder c passt am besten?

Deutsch für den Beruf

Gute Deutschkenntnisse sind wichtig, wenn Sie in Deutschland leben und arbeiten möchten. Für alle, die ihr Deutsch speziell für den Beruf verbessern möchten, haben wir zwei neue Kurse im Programm:

Schreiben im Beruf: In diesem Kurs lernen Sie, E-Mails an Kunden, Kollegen und Geschäftspartner zu schreiben. Der Kurs beginnt am 12. März und findet immer donnerstags von 18:30 bis 19:30 Uhr in unserem Computerraum im Erdgeschoss statt (Raum 120). Bitte mitbringen: Lehrbuch „Professionelle E-Mails" (12 Euro), Schreibblock und Stifte. Einen Computer müssen Sie nicht mitbringen. Anmeldungen sind ab 1. Februar möglich.

Telefonieren im Beruf: In diesem Onlinekurs trainieren Sie, im Beruf zu telefonieren. Der Kurs findet montags und mittwochs von 17:30 bis 19:00 Uhr statt. Kursbeginn ist der 4. März. Voraussetzungen: Sie brauchen einen PC oder Laptop, ein Tablet oder Smartphone mit Lautsprechern. Außerdem benötigen Sie eine stabile Internetverbindung. Anmeldungen sind ab sofort möglich.

Die Kurse dauern jeweils zehn Wochen. Am Schluss können Sie eine Prüfung ablegen und ein Zertifikat erhalten. Die Kursgebühr beträgt 80 Euro pro Kurs. Sie können per Überweisung bezahlen oder bar in unserem Sekretariat. Die Kurse werden in Kooperation mit dem Jobcenter organisiert, daher werden für Arbeitssuchende die Kosten übernommen.

Interessiert? Dann melden Sie sich an. Benutzen Sie hierzu bitte das Anmeldeformular auf unserer Internetseite. Falls Sie Fragen haben, rufen Sie uns an oder schreiben Sie uns eine E-Mail: Telefon: 030 26638 81 | E-Mail: info@easy-sprachen.de

Wir freuen uns auf Sie!

---

1 Für den Kurs „Schreiben im Beruf"

   a ☐ braucht man einen eigenen Laptop.

   b ☐ kann man sich ab Mitte März anmelden.

   c ☐ muss man ein Buch kaufen.

2 Der Kurs „Telefonieren im Beruf"

   a ☐ endet immer um 19:30 Uhr.

   b ☐ fängt am 4. März an.

   c ☐ findet einmal in der Woche statt.

Man kann die Kursgebühr

   a ☐ auch im Jobcenter bezahlen.

   b ☐ nicht in bar bezahlen.

   c ☐ überweisen.

4 Beide Kurse

   a ☐ dauern zwei Monate.

   b ☐ kosten gleich viel.

   c ☐ sind Onlinekurse.

Schreiben

Ein Freund schreibt Ihnen folgende Kurznachricht.
Antworten Sie Ihrem Freund.

Kannst du morgen mit mir zum Jobcenter gehen?

Nein, morgen nicht, tut mir leid.

Warum denn nicht?

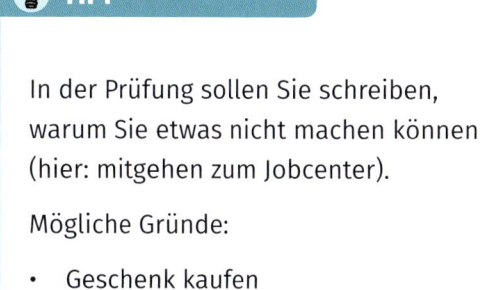

💡 **TIPP**

In der Prüfung sollen Sie schreiben, warum Sie etwas nicht machen können (hier: mitgehen zum Jobcenter).

Mögliche Gründe:

* Geschenk kaufen
* Arzttermin
* Arbeit

Sprechen Teil 2   Mit Kolleginnen und Kollegen sprechen

Sprechen Sie mit Ihrer Gesprächspartnerin oder Ihrem Gesprächspartner.
Stellen Sie Fragen und antworten Sie.

Hören Teil 1

Sie hören drei Gespräche. Zu jedem Gespräch gibt es zwei Aufgaben.
Ist die Aussage richtig oder falsch und welche Antwort (a oder b) passt am besten?
Sie hören die Gespräche **einmal.**

121 ((▶

✓ ✗

1 Herr Müller ruft an, weil er einen Termin verschieben möchte.   ☐ ☐

2 Frau Alhamad

   a ☐ hat Englisch in der Schule gelernt.

   b ☐ interessiert sich nicht für einen Computerkurs.

3 Beide Personen möchten eine Busfahrer-Ausbildung machen.   ☐ ☐

4 Die Ausbildung

   a ☐ beginnt nach den Sommerferien.

   b ☐ dauert länger als sechs Monate.

5 Herr Petrovic findet eine Ausbildung nicht so wichtig.   ☐ ☐

6 Herr Petrovic

   a ☐ möchte Kfz-Mechatroniker werden.

   b ☐ war gut in der Schule.

Lesen Teil 1

Lesen Sie die Informationen zu den Personen 1–5 und die Anzeigen a–h. Welche Anzeige passt zu welcher Person?

1 ☐ Anna ist ausgebildete Elektrikerin und sucht eine Vollzeitstelle.

2 ☐ Michail möchte 20 bis 25 Stunden pro Woche handwerklich arbeiten.

3 ☐ Leonora mag Kinder und möchte nach der Schule etwas Geld verdienen.

4 ☐ Sandra berät gern Kunden, sie kann aber nur nachmittags arbeiten.

5 ☐ Samuel repariert Computer. Er braucht einen Raum für diese Arbeit.

a Gute Bezahlung!
Hausmeister-Service, Paderborn

Kannst du kleine Reparaturen machen, Wände streichen oder tapezieren? Dann bewirb dich jetzt. Wir sind ein kleiner Familienbetrieb und renovieren Wohnungen in ganz Paderborn. Wir bieten: Festanstellung, Vollzeit oder Teilzeit, guten Verdienst, nettes Team.

mehr …

b Junge Familie braucht Unterstützung
Familie Henschel, Lübeck

Du suchst einen Job und hast Lust, gelegentlich bei uns zu Hause auf unseren zweijährigen Sohn aufzupassen? 1–2 Nachmittage pro Woche. 10 €/Std. Möchtest du uns kennenlernen? Dann melde dich!

mehr …

c Keine Ausbildung? Kein Problem.
Reparando, Berlin

Du kannst Handys, Computer und andere elektronische Geräte reparieren? Dann komm zu uns! Wir haben im Moment viele Aufträge und suchen eine Aushilfe für 10–15 Stunden pro Woche (dienstags bis samstags), Stundenlohn 14 Euro.

mehr …

d Verstärkung in Vollzeit gesucht!
Kita „Krabbelkäfer", Erfurt

Wir suchen einen ausgebildeten Erzieher (m/w/d) für unsere Kita. Wenn Sie gern basteln, singen und Ideen für kreative Kinderspiele haben, dann bewerben Sie sich. Unsere Kleinen freuen sich auf Sie!

mehr …

e Haustechnik Firma
Kessler GmbH, Dresden

Wir verlegen Stromkabel, installieren Lampen, bauen Steckdosen ein und vieles mehr. Unser Team sucht ab sofort Verstärkung: 40 Std./Woche, gute Bezahlung. Voraussetzungen: abgeschlossene Ausbildung im Bereich Elektrik, Elektronik oder Elektrotechnik, Führerschein Klasse B.

mehr …

f Kiosk am Bahnhof
„Lesefreund", Potsdam

Sie arbeiten gern mit Kunden, haben Spaß am Verkauf und frühes Aufstehen ist kein Problem für Sie? Dann sind Sie hier richtig. Arbeitszeiten: 5:30–10:30 Uhr. 10 € Stundenlohn. Und: Es gibt guten Kaffee – kostenlos!

mehr …

g **Hansastraße / Ecke Ringstraße**

Immobilien Schuster & Schwarz, Nürnberg

Ob Café, Laden oder kleine Werkstatt, hier ist alles möglich: 45 qm im Erdgeschoss, schnelles Internet, großes Fenster zur Straße, zwei Kundenparkplätze. Ab sofort günstig zu vermieten.

mehr ...

h **Mögen Sie Süßes?**

Chocolaterie, Freiburg

Schokoladengeschäft sucht Mitarbeiter/innen. Aufgaben: Kundenberatung und Verkauf. Arbeitszeiten: montags bis freitags, 14:00 bis 17:00 Uhr. Wir bieten gute Arbeitsbedingungen und sorgen für Ihre Einarbeitung.

mehr ...

Sprechen Teil 1A   Über ein Thema sprechen

Wählen Sie ein Thema aus und sprechen Sie circa zwei Minuten darüber. Danach stellt Ihnen die Prüferin oder der Prüfer Fragen dazu. Zeigen Sie, was Sie können.

1. Beschreiben Sie **einen Arbeitgeber,** für den Sie gearbeitet haben oder arbeiten möchten (z. B. Was macht die Firma? Wie groß ist die Firma? Wo ist diese Firma? Was gefällt Ihnen?).

2. Beschreiben Sie **einen bestimmten Beruf** und warum Sie sich dafür interessieren (z. B. Aufgaben, Vor- und Nachteile, Besonderheiten).

3. Beschreiben Sie, **wie die Jobsuche funktioniert.** Sprechen Sie über ein Land Ihrer Wahl (z. B. Angebote finden, Beratung, Bewerbung schreiben, Vorstellungsgespräch).

 TIPP

Bereiten Sie die Themen gründlich vor.

In der Prüfung bekommen Sie zwei von sechs immer gleichen Themen zur Auswahl. Machen Sie sich Notizen zu den einzelnen Themen und lesen Sie diese immer wieder. Überlegen Sie im Kurs gemeinsam, was man zu den Themen sagen kann und wie man es sagen kann. In der Prüfung wählen Sie dann das Thema, mit dem Sie sich besonders sicher fühlen.

Hören und Schreiben

 **122** Sie hören eine telefonische Mitteilung. Notieren Sie die Informationen.
Sie hören die Mitteilung zweimal.

1 Grund für den Anruf

Wählen Sie die richtige Lösung (a oder b).

a ☐ Beschwerde
b ☐ Bestellung

2 Notizen schreiben

Schreiben Sie Name, Firma, Telefonnummer und weitere Informationen auf.

> 💡 **TIPP**
>
> **Stellen Sie sich die Situation vor.**
> Sie schreiben die Notizen für eine Kollegin oder
> einen Kollegen. Überlegen Sie: Was muss sie oder
> er wissen? Was muss sie oder er tun? So können
> Sie leichter entscheiden, was wichtig ist.

Telefonnotiz	
Name	
Firma	
Kontakt Telefon	
Weitere Informationen	

- ....
....
- ....
....
- ....
....

Lesen Teil 4

Lesen Sie die Texte. Zu jedem Text gibt es eine Aufgabe. Ist die Aussage richtig oder falsch?

Hallo Daria,
heute komme ich ein bisschen später ins Büro. Mein Kühlschrank ist kaputt gegangen, obwohl er noch ziemlich neu ist. Ich sitze jetzt zu Hause und warte auf den Techniker vom Kundendienst. Hoffentlich kann der ihn reparieren, ohne Kühlschrank geht es jetzt im Sommer nicht. Heute soll die Temperatur wieder auf 30 Grad steigen. Puh!
Bis nachher, Isabelle

✓ ✗

1 Isabelle hat einen Techniker ins Büro bestellt. ☐ ☐

Lieber Frank,
hast du heute Nachmittag Zeit? Ich brauche dringend deinen Rat: Du weißt ja, dass ich ständig Ärger mit meiner neuen Chefin habe. Deshalb suche ich jetzt eine andere Stelle. Ich weiß aber nicht, wie ich das mit der Kündigung machen soll. Vielleicht könnten wir einen Kaffee zusammen trinken und darüber sprechen?
Bis später, Claudia

✓ ✗

2 Claudia hat ein Problem in ihrem Job. ☐ ☐

Guten Morgen, Jonas!
Herr Huber vom Städtischen Krankenhaus hat gerade angerufen. Er möchte euren Termin am Montag gern auf den Nachmittag (14 Uhr) verschieben. Vielleicht könntest du die Zeit nutzen und am Vormittag in die Universitätsklinik fahren? Dein Ansprechpartner dort ist Herr Meyer. Ruf ihn doch mal an und frag, ob er Montagvormittag Zeit hat.
Gruß, Mohamed

✓ ✗

3 Jonas soll Herrn Huber anrufen. ☐ ☐

Hallo Matthias,
meine Tochter hat am Donnerstagnachmittag eine Aufführung mit ihrem Chor. Sie möchte so gern, dass ich dabei bin. Jetzt suche ich einen Kollegen, der mit mir die Schicht tauscht. Würdest du das machen? Ich könnte dann am Freitagnachmittag, oder auch an einem anderen Tag, deine Schicht übernehmen. Bitte melde dich kurz bei mir.
Viele Grüße, Giovanni

✓ ✗

4 Giovanni möchte Donnerstagnachmittag frei haben. ☐ ☐

Hallo Katja,
könntest du morgen vielleicht ein bisschen früher ins Restaurant kommen? Wir erwarten zwischen 10 und 12 Uhr eine große Getränkelieferung, deshalb muss ab 10 Uhr jemand da sein, um die Lieferung in Empfang zu nehmen. Ich kann leider erst um 11 kommen, weil ich einen Arzttermin habe. Gib mir bitte Bescheid, ob das geht. Danke!
Gruß, Alexander

✓ ✗

5 Alexander liefert morgen die Getränke. ☐ ☐

Lesen und Schreiben

Ihre Firma erhält eine Nachricht von einer Kundin.

Gesendet: heute, 09:33
Von: Laura Gerlach
An: info@frostigeLeckereien
Betreff: Beschwerde - Eiscafé Venezia

Sehr geehrte Damen und Herren,

seit mehreren Jahren bestelle ich regelmäßig tiefgekühltes Obst bei Ihnen. Mit der Qualität Ihrer Ware bin ich bis jetzt immer sehr zufrieden gewesen.

Leider ist es in letzter Zeit öfter passiert, dass einige Produkte nicht geliefert wurden. Letzte Woche waren die bestellten Mangostücke nicht dabei und diese Woche fehlten die Erdbeeren. Der Lieferfahrer, der übrigens immer sehr freundlich und pünktlich ist, konnte leider auch nichts dazu sagen. Können Sie mir weiterhelfen?

Für mein Eiscafé ist es sehr wichtig, dass Sie alle bestellten Produkte zuverlässig liefern. Ich möchte gern weiterhin mit Ihnen zusammenarbeiten und hoffe, dass wir das Problem schnell lösen können.

Mit freundlichen Grüßen

Laura Gerlach

Notizen für die Antwort an Frau Gerlach:
– warum einige Produkte nicht geliefert wurden
– was Sie tun werden

a Welche Lösung (a oder b) passt am besten?

1 Frau Gerlach

a ☐ ärgert sich über die Qualität der Produkte.

b ☐ hat schon öfter Obst bei der Firma bestellt.

2 Diese Woche

a ☐ hat Frau Gerlach keine Erdbeeren bekommen.

b ☐ ist die Lieferung viel zu spät gekommen.

b Schreiben Sie eine E-Mail an die Kundin. Schreiben Sie etwas zu den beiden Punkten auf dem Notizzettel. Zeigen Sie, was Sie können. Schreiben Sie möglichst viel. Vergessen Sie nicht die Anrede und den Gruß.

Hören Teil 3

🔊 **123** Sie hören zwei Gespräche. Zu jedem Gespräch gibt es zwei Aufgaben. Welche Antwort (a oder b) passt am besten? Sie hören die Gespräche einmal.

1 Die Kundin braucht

a ☐ die Waschmaschine möglichst schnell.

b ☐ eine möglichst große Waschmaschine.

2 Die Waschmaschine

a ☐ kann sofort geliefert werden.

b ☐ muss beim Hersteller bestellt werden.

3 Der Mann möchte

a ☐ ein Geschenk für einen Kunden kaufen.

b ☐ mehr als 50 Euro ausgeben.

4 Der Kunde wählt

a ☐ französischen Käse.

b ☐ italienische Spezialitäten.

Sprechen Teil 3   Gemeinsam etwas planen

Situation

Sie beide arbeiten zusammen in einer Firma.

Sie möchten nach der Arbeit gemeinsam etwas für Ihre Fitness tun.

Aufgabe

Sprechen Sie mit Ihrer Partnerin oder Ihrem Partner über die Einzelheiten. Machen Sie Vorschläge und begründen Sie Ihre Vorschläge. Gehen Sie auf die Ideen Ihrer Partnerin oder Ihres Partners ein. Einigen Sie sich.

Diese Stichpunkte helfen Ihnen:

Was?
_____

Wann?
_____

Wie oft?
_____

Treffpunkt?
_____

…

 **TIPP**

Wiederholen Sie immer wieder den Wortschatz und die Redemittel.

Schreiben Sie sich die Wörter und Ausdrücke auf, die Sie sich noch nicht gut merken können und hängen Sie die Liste dort auf, wo Sie häufig sind. Je mehr Wörter und Redemittel Sie beherrschen, desto sicherer können Sie in der Prüfung sprechen.

Hören Teil 4

Sie hören fünf telefonische Mitteilungen. Zu jeder Mitteilung gibt es eine Aufgabe.   **124 ((▶**
Welche Lösung (a, b oder c) passt am besten? Sie hören jede Mitteilung einmal.

1 Igor
   a ☐ hat Lebensmittel in seinem Lkw.
   b ☐ ist zurzeit bei der Polizei.
   c ☐ will jetzt zum Großmarkt fahren.

2 Zwei Servietten sind
   a ☐ kaputt.
   b ☐ nicht da.
   c ☐ nicht sauber.

3 Natalia
   a ☐ hat um 10 Uhr einen Termin mit einem Kunden.
   b ☐ interessiert sich für das Thema „Schutzkleidung".
   c ☐ kann an der Veranstaltung nicht teilnehmen.

4 Thomas und Jennifer haben
   a ☐ die falschen Hochzeitskarten verschickt.
   b ☐ ein falsches Datum auf die Karten gedruckt.
   c ☐ zu wenig Hochzeitskarten gedruckt.

5 Lisa
   a ☐ hat einen Wasserschaden in ihrer Wohnung.
   b ☐ möchte die Besprechung verschieben.
   c ☐ schreibt das Protokoll in der Besprechung.

Hören Teil 2

🔊 125   Sie hören drei Aussagen zu einem Thema. Welcher der Sätze a–f passt zu den Aussagen 1 und 2?
Lesen Sie jetzt die Sätze a–f. Dazu haben Sie eine Minute Zeit.
Sie hören die Aussagen **einmal.**

1   …
2   …

Beispiel

| | a | b | c | d | e | f |

a   Eine frühe Urlaubsplanung hat viele Vorteile.
b   Ein Urlaub mit Kindern muss perfekt organisiert sein.
c   Ich bin bei meiner Urlaubsplanung gern flexibel.
d   Ich möchte einmal im Jahr einen langen Urlaub machen.
e   Man sollte seine Urlaubspläne mit den Kollegen besprechen.
f   Mehrere kurze Reisen sind besser als eine lange.

Lesen Teil 3

Lesen Sie die Texte. Welche Antwort (a oder b) passt am besten?

Willkommen in der Firma Blitzblank

Die Firma Blitzblank ist seit 20 Jahren im Bereich Gebäudereinigung tätig. Wir reinigen
Krankenhäuser und Arztpraxen im Großraum Köln. Bei der Reinigung medizinischer
Einrichtungen gibt es strenge Regeln, deshalb werden neue Mitarbeiterinnen und
Mitarbeiter gründlich eingearbeitet.

Im ersten Jahr arbeiten Sie bei unterschiedlichen Kunden und wechseln regelmäßig Ihren
Arbeitsbereich. Sie reinigen nicht nur Krankenzimmer, sondern auch Operationsräume,
Labore, Warte- und Sprechzimmer. Es ist uns wichtig, dass Sie von Anfang an alle Bereiche
kennenlernen, damit wir Sie flexibel einsetzen können.

Nachdem Sie die Arbeit an einem Ort beendet haben, sind ein paar Formalitäten zu erledigen.
Dazu gehört, dass Sie bitte immer ein Protokoll ausfüllen, in dem Sie alle Arbeitsschritte
dokumentieren. Außerdem müssen alle Arbeitsstunden in ein Formular eingetragen werden.
Dieses Formular geben Sie zusammen mit dem Protokoll Ihrem Teamleiter.

Wir freuen uns auf eine erfolgreiche Zusammenarbeit mit Ihnen.

1   Neue Mitarbeiterinnen und Mitarbeiter
   a   ☐   arbeiten in verschiedenen Bereichen.
   b   ☐   dürfen keine Krankenzimmer reinigen.

2   Der Teamleiter
   a   ☐   bekommt das Protokoll.
   b   ☐   notiert die Arbeitsstunden.

Supermarkt „ExpressKauf" – Informationen zum Mutterschutz

Mitarbeiterinnen, die ein Kind erwarten, haben Anspruch auf besonderen Schutz am Arbeitsplatz.

Schwere körperliche Arbeiten sind während der Schwangerschaft verboten. Dazu gehört auch langes Stehen, zum Beispiel an der Käse- oder Fleischtheke. Zum Schutz Ihrer Gesundheit passen wir Ihre Arbeitsbedingungen selbstverständlich an. Wir besprechen mit Ihnen individuell, welche Aufgaben Sie übernehmen und in welchen Bereichen Sie arbeiten können. Möglichkeiten sind zum Beispiel: leichte Waren verpacken oder kassieren. Auch bei den Arbeitszeiten gelten besondere Regeln. So dürfen Schwangere zwischen 20:00 Uhr und 6:00 Uhr nicht arbeiten. Überstunden sind ebenfalls nicht erlaubt.

Was sich durch Ihre Schwangerschaft am Arbeitsplatz noch ändert und welche Rechte und Pflichten Sie haben, erfahren Sie in der Broschüre „Arbeit und Schwangerschaft", die Sie im Personalbüro erhalten.

Wir bitten Sie, Arzttermine für Kontrolluntersuchungen außerhalb Ihrer Arbeitszeit zu vereinbaren. Sollte dies nicht möglich sein, sprechen Sie sich bitte mit Ihrem Filialleiter ab.

Ihre Geschäftsleitung

3 Schwangere Mitarbeiterinnen dürfen nicht

   a ☐ an der Kasse arbeiten.

   b ☐ nachts arbeiten.

4 Mehr Informationen zum Mutterschutz bekommt man

   a ☐ beim Filialleiter.

   b ☐ im Personalbüro.

Sprachbausteine

Lesen Sie den folgenden Text. Welcher Ausdruck (a, b oder c) passt am besten in die Lücken?

Betreff: Einladung zum Mitarbeitergespräch

Sehr geehrter Herr Iwanov,

Sie sind seit einem Jahr in unserer Firma beschäftigt und waren in den ersten zehn Monaten ____1____ pünktlich an Ihrem Arbeitsplatz. Ihr Abteilungsleiter hat uns nun informiert, ____2____ dies nicht mehr so ist.

Sie kommen in letzter Zeit morgens ____3____ zu spät zur Arbeit. Dieses Verhalten führt zu Problemen in der Produktion und im Team. Mehrere Mitarbeiter haben sich beschwert, ____4____ sie auf Sie warten mussten und mit ihrer Arbeit nicht pünktlich beginnen konnten.

Ihr Abteilungsleiter hat Sie ____5____ gebeten, pünktlich zu sein, aber leider haben Sie Ihr Verhalten nicht geändert. Das können wir so nicht akzeptieren und ____6____ Sie deshalb um ein Gespräch am Mittwoch, 14. April um 10:30 Uhr in meinem Büro.

Freundliche Grüße

Jana Schulz

Personalabteilung

---

1 a ☐ immer
   b ☐ leider
   c ☐ trotzdem

3 a ☐ endlich
   b ☐ oft
   c ☐ sofort

5 a ☐ mehrmals
   b ☐ nachdem
   c ☐ ziemlich

2 a ☐ damit
   b ☐ dass
   c ☐ ob

4 a ☐ deshalb
   b ☐ obwohl
   c ☐ weil

6 a ☐ bitten
   b ☐ fragen
   c ☐ wünschen

💡 **TIPP**

Einen Lernplan erstellen

Überprüfen Sie, welche Aufgaben Sie schon sehr gut lösen konnten und bei welchen Aufgaben Sie sich noch verbessern möchten. Was müssen Sie dafür noch üben? Erstellen Sie einen Lernplan. Entscheiden Sie, welche Themen, Wörter und Übungen Sie wann wiederholen können. In kleinen Portionen lernen Sie leichter.

Lesen Teil 1

Lesen Sie die Informationen zu den Personen 1–5 und die Anzeigen a–h. Welche Anzeige passt zu welcher Person? Markieren Sie Ihre Lösungen auf dem Antwortbogen.

1 Mariela ist Studentin und möchte abends etwas Geld verdienen.

2 Omar hat keine Ausbildung und arbeitet gern in der Natur.

3 Stefano ist ausgebildeter Lagerist und sucht eine Vollzeitstelle.

4 Justina sucht einen Aushilfsjob in einem Geschäft.

5 Susan möchte sich mit einem Blumengeschäft selbstständig machen.

a **Arbeiten, wo andere Urlaub machen**

Campingplatz, Neustadt

Wir suchen Verstärkung für folgende Bereiche: Gastronomie, Imbiss und Rezeption • Berufserfahrung erwünscht, aber kein Muss • zuverlässig und freundlich • auf Minijob-Basis • vormittags und nachmittags

`mehr ...`

b **Verstärkung gesucht**

Logistikzentrum, Köln

Sie haben eine Ausbildung im Lagerbereich, vielleicht sogar Berufserfahrung? Dann bewerben Sie sich. Ihre Aufgaben: Lkws entladen, Waren kontrollieren, etc. • Schichtarbeit • Voll- oder Teilzeit • überdurchschnittliches Gehalt, 30 Tage Urlaub, Weihnachtsgeld

`mehr ...`

c **Grüner Daumen**

Firma Grünanlagen, Kassel

Wir suchen Mitarbeiter*innen für die Pflege der Pflanzen, Bäume und Sträucher im Stadtpark. Eine Ausbildung ist nicht notwendig, aber Sie sollten Interesse an Pflanzen haben und gern draußen arbeiten. Vollzeit, nette Kollegen.

`mehr ...`

d **Haushaltshilfe**

Privathaushalt, Leipzig

Für unsere 89-jährige Tante suchen wir Unterstützung: Einkäufe und Begleitung bei Spaziergängen, leichte Gartenarbeit, keine Reinigungsarbeiten. Sie sind freundlich und aufgeschlossen? Dann melden Sie sich. Arbeitszeit: Montag bis Freitag, flexibel zwischen 10 und 18 Uhr, Teilzeit.

`mehr ...`

e **Berliner Pflanze**

Gartenmarkt, Berlin

Pünktlich zum Saisonbeginn brauchen wir Verstärkung in Voll- oder Teilzeit. Voraussetzungen: abgeschlossene Ausbildung, Freude im Umgang mit Pflanzen und Blumen, Erfahrung in der Kundenberatung, Teamfähigkeit. Gute Bezahlung und angenehme Arbeitsatmosphäre.

`mehr ...`

f **Reinigungskraft**

Werkzeugfirma GmbH, Wolfsburg

Job zur Aushilfe, 12 €/Std. • Einsatz Di. + Do. entweder 5:00–9:00 Uhr oder 18:00–22:00 Uhr • Reinigung von Geschäftsräumen, Büro- und Sanitärräumen • Sie sind zuverlässig, gründlich, pünktlich? Wir freuen uns auf Ihre Bewerbung.

`mehr ...`

g **Ladenlokal**

Innenstadt, Würzburg

Geschäftsraum (50 qm Erdgeschoss), auch für Imbiss geeignet, Nutzfläche außen • nicht renoviert • Einzug ab sofort • Miete: 400,- € pro Monat zzgl. NK • zentrale Lage • 3 Kundenparkplätze

`mehr ...`

h **Hilfe im Verkaufs- und Lagerraum**

A–Z Supermarkt, Oldenburg

Aushilfe (m/w/d) ab sofort gesucht: ordentlich, freundlich, zuverlässig • Aufgaben: Waren einsortieren, Regale in der Verkaufshalle und im Lager aufräumen • 15 bis 20 Stunden pro Woche zwischen 7:00 und 15:00 Uhr • Mitarbeiterrabatt von 5 %

`mehr ...`

Lesen Teil 2

Lesen Sie den Text. Welche Antwort a, b oder c passt am besten? Markieren Sie Ihre Lösungen zu den Aufgaben 6–9 auf dem Antwortbogen.

Weiterbildungen für das Hotel- und Gaststättengewerbe

Arbeiten Sie in einem Hotel oder Restaurant? Möchten Sie Ihre Chancen auf eine verantwortungsvollere Stelle verbessern? In unseren Kursen lernen Sie alles, was Sie für eine leitende Position im Hotel oder Restaurant brauchen.

Wir führen unsere Kurse flexibel zu verschiedenen Tageszeiten durch. Sie können entweder morgens (9:00 bis 12:00 Uhr), nachmittags (14:00 bis 17:00 Uhr) oder abends (18:30 bis 21:30 Uhr) teilnehmen. So passt Ihre Weiterbildung auf jeden Fall zu Ihren Arbeitszeiten, auch wenn Sie Schichtdienst haben. Der Unterricht findet dreimal wöchentlich statt. Unser Gesamtprogramm umfasst fünf Module zu unterschiedlichen Themen, wobei jedes Modul auch einzeln zum Preis von 180 Euro gebucht werden kann. Das Unterrichtsmaterial und die Bücher sind im Preis enthalten. Sie erhalten beides am ersten Unterrichtstag von Ihrer Kursleiterin / Ihrem Kursleiter.

In unseren Kursen beschäftigen Sie sich mit wichtigen Themen aus dem Berufsalltag in Hotel und Gastronomie. In kleinen Gruppen mit acht bis zehn Personen trainieren Sie zum Beispiel in Rollenspielen die angemessene Kommunikation mit Gästen und die Lösung von Konflikten. Außerdem lernen Sie alles Wichtige zu den Themen Mitarbeiterführung und Finanzen. Wer alle fünf Module besucht hat, kann am Ende des letzten Moduls eine Prüfung ablegen und ein Zertifikat erhalten.

Unser Weiterbildungsinstitut hat viele Standorte in ganz Deutschland – sicher auch in Ihrer Nähe. Schauen Sie einfach auf unsere Internetseite und melden Sie sich dort gleich an! Eine persönliche Anmeldung ist ebenfalls möglich. Telefonische Anmeldungen können wir leider nicht akzeptieren.

6 Der Unterricht

   a beginnt morgens um 8 Uhr.

   b dauert fünf Stunden am Tag.

   c findet mehrmals pro Woche statt.

7 Man muss

   a alle fünf Module buchen.

   b die Kursbücher selbst kaufen.

   c pro Modul 180 Euro bezahlen.

8 Die Teilnehmenden

   a lernen in Gruppen mit maximal acht Personen.

   b machen in den Kursen auch Rollenspiele.

   c machen nach jedem Modul eine Prüfung.

9 Man kann sich

   a auch persönlich anmelden.

   b nicht online anmelden.

   c nur telefonisch anmelden.

Lesen Teil 3

Lesen Sie die Texte. Welche Antwort a oder b passt am besten? Markieren Sie Ihre Lösungen zu den Aufgaben 10–13 auf dem Antwortbogen.

Sicherheit in unserer Großküche

Herzlich willkommen als Auszubildender in unserer Großküche! Im Folgenden finden Sie einige Tipps, die Ihnen helfen, Unfälle an Ihrem Arbeitsplatz zu vermeiden.

Auf den Herd gehört nur Kochgeschirr, also Töpfe oder Pfannen. Stellen oder legen Sie keine anderen Gegenstände darauf, insbesondere, wenn die rote Lampe am Herd leuchtet. Diese zeigt an, dass das Gerät heiß ist.

Seien Sie bitte auch vorsichtig beim Umgang mit heißen Speisen oder Flüssigkeiten. Sollte es doch einmal zu leichten Verbrennungen kommen, kühlen Sie die betroffene Stelle sofort unter kaltem Wasser.

Scharfe Messer sind das wichtigste Werkzeug in der Küche. Gehen Sie vorsichtig und sorgfältig damit um, damit sich niemand verletzt. Besonders wichtig: Lassen Sie keine Messer herumliegen, sondern räumen Sie sie nach der Arbeit immer an ihren Platz zurück.

Innerhalb der ersten Arbeitswoche erhalten Sie von unserem Küchenchef noch ausführlichere Hinweise zum Thema „Sicherheit".

10 Wenn die rote Lampe leuchtet,

    a darf man keine Töpfe auf den Herd stellen.

    b ist der Herd heiß.

11 In der ersten Arbeitswoche

    a bekommt man noch weitere Sicherheits- informationen.

    b darf man noch nicht mit scharfen Messern arbeiten.

Urlaub

Wir möchten sicherstellen, dass die Urlaubsplanung in unserer Firma problemlos klappt. Deshalb bitten wir alle Mitarbeiter*innen, die Urlaubsanträge rechtzeitig auszufüllen und einzureichen. Die Formulare hierfür finden Sie in der Personalabteilung.

Stellen Sie Ihre Urlaubsanträge nach Möglichkeit mindestens sechs Wochen vor dem Beginn Ihres Urlaubs bei Ihren Teamleitenden. Die Anträge werden so schnell wie möglich, spätestens aber innerhalb von zwei Wochen, bearbeitet.

Sie haben Anspruch auf 30 Tage Urlaub im Jahr. Falls Sie im Urlaub krank werden, gehen Sie bitte sofort zu einem Arzt, auch wenn Sie im Ausland sind. Lassen Sie sich Ihre Erkrankung durch ein ärztliches Attest bestätigen. Informieren Sie außerdem so schnell wie möglich unsere Personal- abteilung und schicken Sie das Attest innerhalb von drei Tagen zu. Wenn Sie diese Regeln beach- ten, verlieren Sie Ihre Urlaubstage nicht. Sie können sie später nachholen.

12 Die Angestellten sollen ihren Urlaub

    a bei der Teamleitung beantragen.

    b spätestens zwei Wochen vor Urlaubs- beginn beantragen.

13 Wer im Urlaub krank wird,

    a braucht keine Krankschreibung vom Arzt.

    b soll sich sofort in der Personalabteilung melden.

Lesen Teil 4

Lesen Sie die Texte. Zu jedem Text gibt es eine Aufgabe. Ist die Aussage richtig oder falsch?
Markieren Sie Ihre Lösungen zu den Aufgaben 14–18 auf dem Antwortbogen.

Hallo Jonas,
ich bin dabei, alles für unser Sommerfest
im August zu planen. Wir wollen ja draußen
feiern. Aber: Was machen wir, wenn es regnet?
Im letzten Jahr hast du doch die Firmenparty
organisiert. Wie hast du denn dieses Problem
gelöst? Kannst du mir einen Tipp geben?
Danke für deine Hilfe!
Gruß Frank

14 Jonas organisiert das nächste Sommerfest.

richtig / falsch?

Liebe Emilia,
leider komme ich heute zu spät zu unserer
Teamsitzung. Das tut mir wirklich leid. Die
Straßen sind total voll und ich stehe im Stau.
Eine Weile wird es sicherlich noch dauern, bis
ich da bin. Könntet ihr aber bitte auf mich
warten, ich habe ein paar wichtige Themen,
die ich mit euch besprechen möchte.
Bis später, Marcus

15 Marcus möchte an dem Treffen teilnehmen.

richtig / falsch?

Hallo Isabella, leider kann ich heute nicht
zur Arbeit kommen. Ich habe die ganze Nacht
nicht geschlafen und heute Morgen habe
ich starke Rückenschmerzen. Wenn ich mich
später nicht besser fühle, gehe ich zum Arzt.
Hoffentlich bin ich morgen wieder so fit, dass
ich zum Dienst kommen kann. Ich melde mich
später noch einmal und sage dir Bescheid.
Gruß, Laura

16 Laura kommt gerade vom Arzt.

richtig / falsch?

Hallo Igor,
heute Nachmittag ist doch der Termin mit
dem Kunden auf der Baustelle. Mein Auto
ist im Moment in der Werkstatt und ich bin
heute mit der U-Bahn ins Büro gekommen.
Kannst du mich nachher zur Baustelle mitnehmen? Du bist doch mit deinem Auto da,
oder? Das wäre toll!
Gruß Peter

17 Igor und Peter müssen zur Baustelle fahren.

richtig / falsch?

Liebe Martina, gestern habe ich gehört, dass
Sergei die Stelle als Abteilungsleiter bei
uns bekommen hat. Wollen wir für ihn ein
Geschenk vom ganzen Team organisieren?
Was meinst du? Ich habe nächste Woche
Urlaub und hätte Zeit, was zu besorgen. Viel-
leicht könntest du vorher die Kollegen nach
Ideen fragen und schon Geld einsammeln?
Liebe Grüße, Katja

18 Katja sammelt Geld für das Geschenk.

richtig / falsch?

Lesen und Schreiben

Ihre Firma erhält eine Nachricht von einem Kunden.

Gesendet: gestern, 15:10 Uhr
Von: Sonja Schneider
An: info@reinigungsservice.de
Betreff: Reinigung unserer Büros

Sehr geehrte Frau Fries,

wir arbeiten seit vier Jahren mit Ihrer Firma zusammen. Zu Anfang waren wir sehr zufrieden, aber seit einigen Wochen ist das leider nicht mehr der Fall. Zu den Aufgaben Ihrer Firma gehört es, täglich die Büroräume, Korridore und Sanitäranlagen in unserer Firma gründlich zu reinigen. Wir mussten aber feststellen, dass zurzeit weder die Schreibtische abgewischt noch die Mülleimer geleert werden. Außerdem werden die Korridore nicht ordentlich gesaugt.

Zu Ihren Aufgaben gehört es auch, einmal in der Woche die Fenster zu putzen. Das ist aber schon seit April nicht mehr geschehen. Da wir täglich Kundenverkehr haben, müssen wir uns auf eine gründliche Reinigung verlassen können. Wenn dies nicht möglich ist, werden wir in Zukunft mit einer anderen Reinigungsfirma zusammenarbeiten.

Mit freundlichen Grüßen

Sonja Schneider

Notizen für die Antwort an Frau Schneider:
– Gründe für die Probleme
– Problemlösung

Welche Lösung (a oder b) passt am besten? Markieren Sie auf dem Antwortbogen.

19 Frau Schneider schreibt, dass sie

    a   eine bessere Qualität der Arbeit erwartet.

    b   im April die Reinigungsfirma wechselt.

20 Die Reinigungsfirma

    a   macht die Schreibtische nicht sauber.

    b   soll jeden Tag die Fenster putzen.

21 Schreiben Sie eine E-Mail an die Kundin. Schreiben Sie etwas zu den beiden Punkten auf dem Notizzettel.
Zeigen Sie, was Sie können. Schreiben Sie möglichst viel.
Schreiben Sie zu jedem Punkt mindestens zwei Sätze auf den Antwortbogen. Vergessen Sie nicht die Anrede und den Gruß.

Hören Teil 1

🔊 126 Sie hören vier Gespräche. Zu jedem Gespräch gibt es zwei Aufgaben.
Ist die Aussage dazu richtig oder falsch und welche Antwort (a oder b) passt am besten?
Markieren Sie Ihre Lösungen für die Aufgaben 22–29 auf dem Antwortbogen.
Sie hören die Gespräche **einmal**.

22 Olga erklärt Daniel, wie die Waschmaschine funktioniert.

richtig / falsch?

23 Die Reinigung bekommt am Dienstag

  a neue Reinigungsmittel geliefert.

  b viel Wäsche aus einer Klinik.

24 Die Personen sprechen über die Hochzeit ihrer Kollegin.

richtig / falsch?

25 Das Brautpaar

  a heiratet am Samstag.

  b muss die Blumen noch auswählen.

26 Laura möchte mit Jonas den Dienst tauschen.

richtig / falsch?

27 Jonas möchte am Sonntag

  a Freunde treffen.

  b Fußball spielen.

28 Beide Personen wollen sich um die Praktikantin kümmern.

richtig / falsch?

29 Die Praktikantin

  a ist Studentin an einer Universität.

  b kommt am Montag um 9 Uhr.

Hören Teil 2

Sie hören drei Aussagen zu einem Thema. Welcher der Sätze a–f passt zu den Aussagen 30 und 31? **127 ((▶**
Markieren Sie Ihre Lösungen auf dem Antwortbogen. Lesen Sie jetzt die Sätze a–f.
Dazu haben Sie eine Minute Zeit.
Sie hören die Aussagen **einmal**.

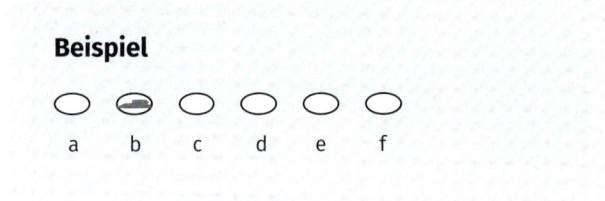

Beispiel

a   b   c   d   e   f

30 ...

31 ...

a   Die Kantine sollte längere Öffnungszeiten haben.
~~**b**~~   Ich finde bargeldlose Bezahlung in der Kantine praktisch.
c   In unserer Kantine ist das Essen viel zu teuer.
d   Jede Kantine sollte eine Terrasse haben.
e   Unsere Kantine ist nicht nur für Mitarbeiter der Firma.
f   Vegetarier haben in unserer Kantine zu wenig Auswahl.

Hören Teil 3

Sie hören zwei Gespräche. Zu jedem Gespräch gibt es zwei Aufgaben. Welche Antwort (a oder b) **128 ((▶**
passt am besten? Markieren Sie Ihre Lösungen für die Aufgaben 32–35 auf dem Antwortbogen.
Sie hören die Gespräche **einmal**.

32 Der Kunde
   a   hat sich bei einer Bank beworben.
   b   trägt selten sportliche Kleidung.

33 Der dunkelblaue Anzug
   a   kommt aus Italien.
   b   kostet 250 Euro.

34 Die Kundin findet das Internet
   a   für Kinder gefährlich.
   b   wichtig für die Schule.

35 Der Verkäufer empfiehlt ein Handy
   a   mit Internetfunktion.
   b   ohne Internetfunktion.

Hören Teil 4

🔊 129   Sie hören fünf telefonische Mitteilungen. Zu jeder Mitteilung gibt es eine Aufgabe. Welche Lösung (a, b oder c) passt am besten? Markieren Sie Ihre Lösungen für die Aufgaben 36–40 auf dem Antwortbogen.
Sie hören jede Mitteilung **einmal**.

36 Linda

   a fährt heute mit dem Bus.

   b ist seit 10 Uhr im Büro.

   c kommt heute nicht zur Arbeit.

37 Marcus Lessmann

   a braucht den Computer für seine Arbeit.

   b möchte den Computer am Mittwoch abholen.

   c will am Nachmittag noch einmal anrufen.

38 Yvonne

   a kann am Freitag nicht arbeiten.

   b möchte zu einer Schulveranstaltung gehen.

   c sucht den Dienstplan für die nächste Woche.

39 Jonas

   a hat Fragen zur Veranstaltung.

   b kommt um 10 Uhr zum Erste-Hilfe-Kurs.

   c möchte bei Max im Auto mitfahren.

40 Isabelle

   a geht mit einem Kunden zum Mittagessen.

   b möchte sich um 11 Uhr mit Miriam treffen.

   c will mit Miriam über eine Feier sprechen.

Hören und Schreiben

Sie hören eine telefonische Mitteilung. Notieren Sie die Informationen auf dem Antwortbogen. Sie hören die Mitteilung **zweimal**.

130 ((▶

41 Grund für den Anruf

Wählen Sie die richtige Lösung (a oder b). Markieren Sie auf dem Antwortbogen.

a Beschwerde
b Bestellung

42–45 Notizen schreiben

Schreiben Sie Name, Firma, Telefonnummer und weitere Informationen auf.

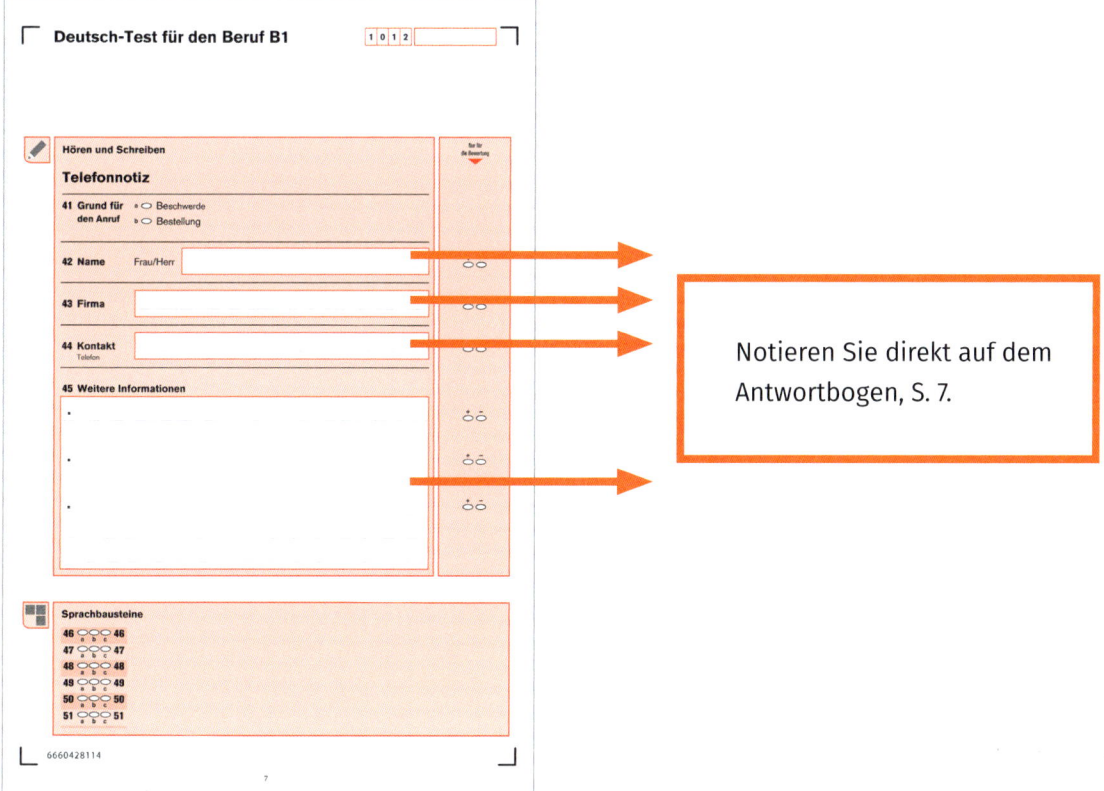

Notieren Sie direkt auf dem Antwortbogen, S. 7.

Sprachbausteine

Lesen Sie den folgenden Text. Welcher Ausdruck (a, b oder c) passt am besten in die Lücken 46–51? Markieren Sie Ihre Lösungen auf dem Antwortbogen.

Betreff: Beschwerde über schlechten Wäscheservice

Sehr geehrter Herr Kienitz,

schon seit vielen Jahren lassen wir unsere Hotelwäsche bei Ihnen waschen, aber leider sind wir in letzter Zeit von der Qualität der Reinigung sehr enttäuscht. Diese Woche waren die Handtücher nicht richtig ___46___ und sie hatten außerdem einen ___47___ Geruch. Wir müssen Ihnen ___48___ heute viele Handtücher zurückschicken, um sie ein zweites Mal waschen zu lassen.

Außerdem haben Sie ___49___ mehrere unserer teuren Tischdecken beschädigt, wir haben diese mit Löchern von Ihnen zurückbekommen. Das finden wir sehr ___50___.

Nun erwarten wir, ___51___ Sie die schmutzigen Handtücher kostenlos ein weiteres Mal für uns reinigen und die beschädigten Tischtücher ersetzen.

Mit freundlichen Grüßen

Gabriela Geissmann

Hotel Zur Post

46	a	gespült	48	a	deshalb	50	a	aggressiv
	b	sauber		b	gern		b	ärgerlich
	c	schmutzig		c	trotzdem		c	wütend
47	a	unangenehmen	49	a	leider	51	a	dass
	b	unbequemen		b	lieber		b	ob
	c	unfreundlichen		c	schade		c	weil

Schreiben

Ein befreundeter Kollege schreibt Ihnen folgende Kurznachricht.
Antworten Sie Ihrem Kollegen.

Für die Besprechung morgen Vormittag brauchen wir noch Stühle und Kaffee für alle. Könntest du das organisieren?

Nein, das klappt leider nicht.

Warum denn nicht?

Sprechen Teil 1A   Über ein Thema sprechen (ca. 2 Minuten pro TN)

Wählen Sie ein Thema aus und sprechen Sie circa zwei Minuten darüber. Danach stellt Ihnen die Prüferin oder der Prüfer Fragen dazu. Zeigen Sie, was Sie können.

Den Teilnehmenden werden jeweils zwei der folgenden sechs Themen angeboten:

1. Beschreiben Sie **einen Arbeitgeber,** für den Sie gearbeitet haben oder arbeiten möchten (z. B. Was macht die Firma? Wie groß ist die Firma? Wo ist diese Firma? Was gefällt Ihnen?).

2. Beschreiben Sie **einen bestimmten Beruf** und warum Sie sich dafür interessieren (z. B. Aufgaben, Vor- und Nachteile, Besonderheiten).

3. Stellen Sie Ihre **berufliche Entwicklung** vor (z. B. Stationen in Ihrem Berufsleben, was haben Sie dort gelernt, wichtige berufliche Entscheidungen, Gründe dafür).

4. Erzählen Sie von **einem Produkt,** das Sie vor Kurzem gekauft haben (z. B. Funktion, Aussehen, Material, Größe, Preis, was Ihnen daran gefällt).

5. Beschreiben Sie **eine Person,** an der Sie sich beruflich orientieren möchten (z. B. wer, was macht die Person, was finden Sie gut / nicht gut, warum).

6. Beschreiben Sie, **wie die Jobsuche funktioniert.** Sprechen Sie über ein Land Ihrer Wahl (z. B. Angebote finden, Beratung, Bewerbung schreiben, Vorstellungsgespräch).

Sprechen Teil 1B   Anschlussfragen beantworten (ca. 2 Minuten pro TN)

Im Anschluss an die Ausführung einer Teilnehmerin bzw. eines Teilnehmers stellt die Prüferin bzw. der Prüfer einige Fragen.

Sprechen Teil 2   Mit Kolleginnen und Kollegen sprechen (ca. 3 Minuten)

Sprechen Sie mit Ihrer Gesprächspartnerin oder Ihrem Gesprächspartner.

Sprechen Teil 3   Gemeinsam etwas planen (ca. 5 Minuten)

Situation
Sie beide arbeiten zusammen in einer Firma.
Sie sollen eine Besprechung organisieren.

Aufgabe

Sprechen Sie mit Ihrer Partnerin oder Ihrem Partner über die Einzelheiten. Machen Sie Vorschläge und begründen Sie Ihre Vorschläge. Gehen Sie auf die Ideen Ihrer Partnerin oder Ihres Partners ein. Einigen Sie sich.

Diese Stichpunkte helfen Ihnen:

Wann?
_____

Wo?
_____

Getränke?
_____

Mitarbeiter informieren
_____

...